beck'sche reihe

bsr

Das 21. Jahrhundert könnte das „asiatische" Jahrhundert werden. Oskar Weggel, der die asiatisch-pazifische Szene seit über dreißig Jahren beobachtet, analysiert diese These anhand zentraler Fragestellungen, die den europäischen Leser für unterschiedliche Wertesysteme, Wirtschaftsweisen und Konflikttoleranzen sensibilisieren und die nicht zuletzt erkunden sollen, ob „die" Asiaten in einer sich globalisierenden Welt als Gegner oder als Partner zu betrachten sind.

Dr. Oskar Weggel, geb. 1935, ist seit 1968 China-Referent am Institut für Asienkunde in Hamburg. Zahlreiche Veröffentlichungen, darunter bei C.H. Beck: China im Aufbruch. Konfuzianismus und politische Zukunft (1997); China. Zwischen Marx und Konfuzius (1994, 4. Aufl.); Taiwan, Hongkong (1992); Indochina. Vietnam, Kambodscha, Laos (1990, 2. Aufl.).

Oskar Weggel

Wie mächtig wird Asien?

Der Weg ins 21. Jahrhundert

Verlag C.H. Beck

Die Deutsche Bibliothek – CIP-Einheitsaufnahme

Weggel, Oskar:
Wie mächtig wird Asien? / der Weg ins 21. Jahrhundert /
Oskar Weggel. – Orig.-Ausg.,– München : Beck, 1999
(Beck'sche Reihe ; 1330)
ISBN 3 406 42130 X

Originalausgabe
ISBN 3 406 42130 X

Umschlagentwurf: + malsy, Bremen
Umschlagabbildung: „Die Leibwächter Buddhas". Kämpferparade
beim jährlich stattfindenden Shaolinfestival in Dengfeng (Vordergrund).
Singapur, Innenstadtansicht (Hintergrund).
Michael Wolf, Agentur Visum, Hamburg

Gesamtherstellung: C. H. Beck'sche Buchdruckerei, Nördlingen
Gedruckt auf säurefreiem, alterungsbeständigem Papier
(hergestellt aus chlorfrei gebleichtem Zellstoff)
Printed in Germany

Inhalt

Anhang

Vorwort

Ein halbes Jahrhundert lang hat „Asien“ den Westen in Atem gehalten – und dabei immer wieder für Ängste und für Verblüffungen gesorgt: sei es nun durch eine nicht enden wollende Kette von Kriegen, sei es durch explosives Wirtschaftswachstum, dessen Druckwellen ganze Industriezweige Europas haben einbrechen lassen, oder sei es – nunmehr umgekehrt – durch alarmierende Krisensignale wie das Platzen der japanischen „Seifenblase“ von 1991 und die Währungseinbrüche von 1997.

Kein Wunder, daß das Verhältnis zwischen „West und Ost“ durch Mißklänge getrübt und das wechselseitige Bild durch Mythen sowie Klischees vernebelt ist, die zunächst in defensive Formulierungen wie „Gefahr aus Fernost“ oder „Eurosklerose“ eingegangen, neuerdings aber – gerade andersherum – durch Begriffe wie „Asiensklerose“ schlagzeilenträchtig geworden sind.

Warum sollte sich ein Europäer eingehender mit dem Asien des 21. Jahrhunderts befassen? Drei Gründe seien hier vorrangig genannt:

Zunächst einmal führt nach wie vor kein Weg an der Erkenntnis vorbei, daß sich Asien, aller „Krisen“-Schwarzmalerei zum Trotz, im 21. Jahrhundert zum Brennpunkt der Weltwirtschaft entwickelt und schon aus diesem Grunde für Europa nicht länger ein weißer Fleck bleiben darf.

Gerade deshalb auch gilt es, zweitens, Klischees abzubauen: Lange genug war „Asien“ für europäische Vorstellungen labyrinthisch und „rätselhaft“, sprungbereit wie ein Tiger und unberechenbar. Eine eingehendere Auseinandersetzung mit dem Kontinent und seinen Problemen läßt jedoch schnell das beruhigende Gefühl aufkommen, daß Asien keine Gefahr, sondern eine Chance ist, *falls* die Europäer ihren nach wie vor virulenten Eurozentrismus aufgeben und drei Bedingungen erfüllen, nämlich zunehmend asiatische Sprachen erlernen, asiatische Spielregeln zur Kenntnis nehmen und nicht zuletzt auch mehr Präsenz zeigen, als es bisher der Fall war.

Drittens aber dürfte ein Europäer über sich und seine Zukunftsfähigkeit nirgends schneller Auskunft erhalten, als wenn er in den asiatischen Spiegel schaut.

Der Blick in die Zukunft des Kontinents Asien soll anhand von sieben Fragestellungen versucht werden, die als solche auch die Gliederung des vorliegenden Buches bestimmen.

Da sich Zukunft nicht ohne Vergangenheit verstehen läßt, orientieren sich die nachfolgenden Prognosen an zwei Hauptrichtmarken, nämlich – langfristig – an Mustern, wie sie den überkommenen Wertesystemen Asiens zugrunde liegen, und – mittelfristig – an Trendindikatoren, wie sie sich aus der Geschichte des Kontinents seit dem Ende des Zweiten Weltkriegs ablesen lassen.

Besonders zu danken hat der Autor seiner Mitarbeiterin, Frau Ruth Cordes, die die Niederschrift des Manuskripts besorgt hat.

Hamburg, im Juni 1999 *Oskar Weggel*

Vorüberlegungen zur Methodik

Wer, wie der Autor, optimistisch genug ist, darauf zu vertrauen, daß sich die Entwicklungen in Asien bis zur Mitte des 21. Jahrhunderts wenigstens in Umrissen prognostizieren lassen, sieht sich augenblicklich mit dem Vorwurf konfrontiert, daß die verfügbaren Zahlen das Gesichtsfeld auf den „Prognosehorizont 2020“ einschränkten.

Diesem Bedenken ist entgegenzuhalten, daß der Statistik und der quantitativen Abwägung bei Reflexionen über engere Zeiträume von zwei bis drei Jahrzehnten hinaus nur untergeordnete Bedeutung zukommen kann. Aussagekräftiger als Zahlenwerke erscheinen dem Autor daher zwei andere Orientierungsmarken, nämlich überkommene *Wertemuster*, die langfristige, sowie *Trendanzeigen*, die mittelfristige Anhaltspunkte liefern.

Auf alle Fälle können *Wertesysteme* als solide Prognosefundamente dienen. Werden sie doch von den Angehörigen der einzelnen asiatischen Kulturen schon von Kindesbeinen an internalisiert und liefern im späteren Leben die Maßstäbe dafür, was „normal“ und was ablehnenswert – weil „anormal“ – ist: Man denke z. B. an den allen Asiaten gemeinsamen Anti-Individualismus, der auch im Jahre 2050 kaum der Vergangenheit angehören und auch dann noch konkreteste Konsequenzen nach sich ziehen dürfte, unter anderem für das Verhältnis der Staaten sowie der Volkswirtschaften untereinander:

Wenn nämlich nicht das Ich (in der Außenpolitik also: die individuelle „Nation“), sondern das *Zwischen-Ich* (und entsprechend im Außenbereich die *Interdependenz*) maßgebend ist, so hat dies Auswirkungen sowohl auf die Prämissen als auch auf die Ziele und Methoden von „Außenpolitik“ und „Außenwirtschaft“: „Internationale Beziehungen“ werden dann nicht als Nullsummenspiel, sondern als „positives“ Summenspiel betrachtet, bei dem jeder Beteiligte profitieren kann. Hauptziel sind dann Friede und „Harmonie“, nicht eine mit Zähnen und Klauen zu verteidigende „Sicherheit“, und Hauptmethode ist in diesem Fall nicht der Erwerb, der Erhalt, die Vermehrung sowie die Demonstration von Macht durch den einzelnen Nationalstaat, sondern ein Verhalten, das der Interdependenz dient, also umfassend sein muß und sowohl wirtschaftliche und politische als auch kulturelle Mechanismen mit einschließt.[1]

Werte sind historisch gewachsen und entgehen deshalb ganz gewiß nicht dem Zahn der Zeit. Doch sollte man im Westen zweierlei bedenken: Erstens ist einstweilen noch keinerlei Verfallsdatum für ihr Fortwirken vorauszusehen und zweitens muß der Änderungsprozeß nicht notwendigerweise von West nach Ost verlaufen; ganz im Gegenteil könnten asiatische Wertesysteme (Plural!) sehr wohl auf den Westen zurückwirken, sobald asiatische Volkswirtschaften nämlich Lokomotivfunktionen übernehmen.

Und die *Trendanzeigen*? Gerade im Bereich der „Zukunftsschau" haben sich zahlreiche Vorgehensweisen herausentwickelt, die unter Bezeichnungen wie „Delphi-Methode", „Szenariotechnik", „Trendextrapolation", „Lebenszyklusanalyse" oder „historische Analogie/Fortschreibung" laufen.

In der vorliegenden Untersuchung sollen vor allem die Methoden der Trendextrapolation sowie der Fortschreibung von Geschichte zur Anwendung kommen, wobei sich der Autor sehr wohl der Gefahr von Trendbrüchen bewußt ist. Es wäre ja nicht das erste Mal, daß sich Konstanten, die ursprünglich gleichsam in Granit gemeißelt zu sein schienen, manchmal schon innerhalb weniger Jahrzehnte in Wachs verwandelt oder völlig in Luft aufgelöst hätten. So galten beispielsweise in der europäischen Staatenwelt noch zu Beginn des 20. Jahrhunderts fünf Prämissen als ausgemacht, nämlich die Fortdauer der Monarchie als Staatsform, die Fortentwicklung des europäischen Kolonialismus, die Überwindung des Kriegs als eines Mittels der Politik (nie mehr dürften sich die Grausamkeiten des 19. Jahrhunderts wiederholen!), das Ende des Hungers auch in den armen Ländern und nicht zuletzt die liebenswürdig-naive Überzeugung, daß Umstürzler, Anarchisten und Atheisten künftig chancenlos seien, weil der Fortschritt ja alle sozialen Wunden heile und revolutionäre Umbrüche damit überflüssig werden lasse.

Schon wenige Jahrzehnte später waren die fahlen Rosse der Apokalypse über all diese Annahmen – und die ihnen zugrundeliegende heile Welt – hinweggegangen.

Bei einer Fortschreibung von Vergangenheit und Gegenwart in die Zukunft des 21. Jahrhunderts ist also ganz gewiß Vorsicht geboten. Gleichwohl lassen sich Projektionen am Ende des 20. Jahrhunderts mit einem weitaus höheren Grad an Zuverlässigkeit anstellen, als dies noch zu Beginn des Säkulums der Fall gewesen war, vor allem im Hinblick auf Asien:

Erstens einmal hat dieser Kontinent in den vergangenen 50 Jahren ein Meer von Kriegen und Leid durchschreiten müssen. Zahlreiche blutige Auseinandersetzungen und gescheiterte Ideologien mahnen seither zu Mäßigung und wirken als Lehrmeister in Richtung Vernunft. Unvorstellbar ist beispielsweise, daß das einstmals so aggressive Japan noch einmal die Risiken eines Angriffskriegs auf sich nehmen würde. Kriegsmüde zeigen sich darüber hinaus aber auch Vietnam, Kambodscha und Laos, nicht zuletzt auch Südkorea und Indien sowie Pakistan. Sogar ein Land wie China kann ernsthafterweise kaum noch an einen Waffengang denken, um damit nationale Ziele durchzusetzen, ist es doch seit 1995 an der Seite der USA zum weltweit führenden Empfänger ausländischer Investitionen geworden und hängt außerdem zu 40% seines BIP „am Tropf" der Außenwirtschaft. Fast überall beginnen sich hier die Zwänge der Interdependenz und der heraufkommenden „kleinen Politik" auszuwirken, die es den politischen Führungen ratsam erscheinen lassen müssen, Zurückhaltung zu üben und mit Konflikten rational umzugehen, zumal die Macht der Ideologie im nachmaoistischen China – wie übrigens auch in den meisten anderen asiatischen Staaten – so gut wie ausgedient hat.

Zweitens zeichnen sich in den meisten asiatischen Gesellschaften bereits kräftige Konturen eines neuen Mittelstands ab, der partizipatorische Forderungen stellt und den Aufbau „zivilgesellschaftlicher" Lebensformen betreibt.

Drittens aber gibt es vor allem aufgrund der Recherchen von Globalinstitutionen wie UNO, Weltbank, IWF oder AEB einen soliden Fundus an Statistiken und wohlkalkulierten Berechnungen, wie ihn sich frühere Generationen allenfalls hätten erträumen können. Da Zahlen freilich immer nur einen Torso liefern und, wie die Asienkrise gezeigt hat, oft auch korrekturbedürftig sind, werden sie hier erst an dritter Stelle in die Betrachtungen einbezogen.

I. Wer gibt im Asien des 21. Jahrhunderts den Ton an?

1. Die Schlüsselfrage: Fester politischer Zugriff oder „freies Spiel der Kräfte"?

Schlüsselfragen zur politischen und wirtschaftlichen Zukunft sind seit dem Ende des Zweiten Weltkriegs zwar häufig genug zuerst in der westlichen Welt aufgeworfen, dann aber nicht selten in Asien beantwortet worden, so u.a. das Kernproblem, ob das Raumschiff Erde auch im 21. Jahrhundert noch *politisch* gesteuert werden oder ob die Politik sich nicht eher auf eine Nebenrolle zurückziehen und die Lenkung jener „unsichtbaren" Hand überlassen soll, die sich im freien Spiel der Kräfte äußert.

Nach dem Katzenjammer, den der Realsozialismus mit seinen dirigistischen Lösungen in den ersten Nachkriegsjahrzehnten hinterlassen hatte, war in den 70er und 80er Jahren eine neoliberale Gegenströmung aufgekommen, die unter Bezeichnungen wie „Thatcherismus" oder „Reagonomics" Schlagzeilen machte und sich mit ihrer Aversion gegen obrigkeitliche Eingriffe auch bei den asiatischen „Drachen"- und „Tiger"-Ländern schnell durchsetzte. Bürokratien sollten sich gefälligst auf die Sicherstellung von Privatisierung, Angebotsorientierung und Wettbewerb zurückziehen, im übrigen aber den Marktkräften grünes Licht geben.

Kaum in Szene gesetzt, sah sich diese Therapiemethode bereits mit drei großen Einwänden konfrontiert, von denen der wichtigste ebenfalls aus Asien herrührte: Erstens kämen die Liberalisierungsrezepte einseitig den ohnehin schon wohlhabenden Industriestaaten des „Nordens" zugute, zweitens gehe mit dem freien Spiel der Kräfte ein Sozial- und Umweltdumping einher, vor dem die Politik keineswegs das Handtuch werfen dürfe, und drittens hätten gerade die asiatischen Drachen- und Tigerländer eindrucksvoll demonstriert, daß Wirtschaftserfolge von staatlichen Bürokratien auf spektakuläre Weise durchaus mit inszeniert werden könnten, daß die dortigen „Wirtschaftswunder" also mit Methoden erarbeitet worden seien, die das Gegenteil dessen verkörperten, was von den „Neoliberalen" immer wieder empfohlen werde.

Wenn die politische Steuerung erhalten bleiben soll, so stellt sich sogleich die Frage nach der Kommandohöhe, die fünffach gestaffelt sein kann, nämlich lokal, national, regional, multilateral oder gar global.

Die nachfolgende Untersuchung lotet zunächst einmal die Extreme aus, wendet sich daraufhin den einzelnen Ebenen zu und zeigt dann die zu erwartenden Innovationstendenzen auf.

2. Keine Chancen für Extremlösungen: Weder Steuerungsverzicht noch Steuerungszentralismus

a) Kein Primat der unsichtbaren Hand

Anders als Europa ist „Asien" kein Kontinuum, sondern ein Kaleidoskop von Kulturen, Volkswirtschaften und politischen Einheiten, die bisweilen von verschiedenen Planeten zu stammen scheinen. Kein Wunder, daß sich hier schon seit den 60er Jahren zwei Kategorien von Entwicklungsgesellschaften herausgebildet haben, von denen die eine auf „Exportförderung" und auf Einbindung in den Weltmarkt, die andere aber auf „Autozentrismus", d.h. auf prinzipielle Verweigerung setzte: Unter keinen Umständen wollten sie sich im a priori „kapitalistischen" Weltmarktprozeß „verwerten" lassen, sondern stattdessen, wie es in der maoistischen Terminologie hieß, „auf eigenen Beinen gehen" (*zi li geng sheng*).

Zur Gruppe der Marktverfechter gehör(t)en Japan, die „Vier kleinen Drachen" (Hongkong, Südkorea, Singapur, Taiwan) und die „Drei kleinen Tiger" (Indonesien, Malaysia, Thailand), zu den „Autozentristen" dagegen das China Mao Zedongs, das Indien der „Nehru-Familie" und die Länder des Realsozialismus, angefangen von Vietnam über die Volksrepublik Kampuchea bis hin zu Laos, vor allem aber Nordkorea, das die *Juche*-Politik (Autarkie) geradezu eingeschreint und in den Rang einer autochthonen marxistischen Eigenschöpfung erhoben hatte.

Bis zum Ausbruch der Asienkrise im Jahre 1997, bei der die dunklen Seiten des „freien Spiels der Kräfte“ erstmals ungeschminkt ans Tageslicht kamen, war die Erfolgsbilanz der Marktverfechter so überwältigend, daß nicht nur hartgesottene Befürworter des autozentristischen Wegs wie China und Vietnam mit fliegenden Fahnen ins Lager der „Drachen und Tiger“ überliefen, sondern daß der Eindruck entstehen konnte, in Asien würde künftig der Markt per se regieren: Diese These zumindest suchte kein Geringerer als Omae Kenichi, der „Guru“ des japanischen Managements, zu vermitteln, als er in seinem 1995 unter dem Titel *The End of the Nationstate* herausgegebenen Buch eine „Welt ohne Grenzen“ vorstellte, ja verherrlichte, die vor allem in Singapur Gestalt angenommen habe:

In einer globalisierten Welt hänge das Leistungsvermögen einer Gesellschaft zunehmend von ihrer Fähigkeit ab, die „Vier Cs“ (Corporations, Communication, Citizens and Capital) überall dorthin zu verlagern, wo sie im gegebenen Augenblick zum Optimum auflaufen könnten. Nichts schade dem freien „Vier C“-Fluß mehr als nationalstaatliches Denken, das vor allem die besonders erfolgreichen Firmen steuerlich zur Ader lasse, um das bei ihnen abgezapfte Steueraufkommen sodann per Gießkanne über den Rest der Nation zu verteilen. Moderne Firmen (und staatliche Bürokratien) sollten sich daher nicht mehr nur mit der eigenen Volkswirtschaft befassen, sondern über den Tellerrand hinausblicken und ihr Augenmerk auf Verdichtungsregionen richten, sei es nun auf historisch gewachsene Hochleistungsstandorte vom Range Hongkongs, Bangkoks oder Tokyos, oder sei es auf neugebildete „Wirtschaftssonderzonen“ und Wachstumsdreiecke, wie sie derzeit überall in der Welt, vor allem aber in Asien, entstünden. Ganz auf dieser Linie habe Singapurs Vier-C-Politik u.a. das Suzhou-Projekt in die Wege geleitet, das zur Zeit unweit von Shanghai mit dem Ziel hochgezogen wird, dort ein zweites Singapur entstehen zu lassen. Möglicherweise würden damit die Voraussetzungen für 20 oder 30 weitere Singapurs auf chinesischem Hoheitsgebiet geschaffen, für neue Wirtschaftsstandorte also, die der Idee des aus dem 19. Jahrhundert überkommenen „Ein-Nationen-Staats“ diametral entgegenstünden, weil sich ihre raison d’être nicht nach Herkunft, Sprache oder Kultur, sondern – eben! – ganz nach wirtschaftlichem Kalkül richte.

Auch andere Entwicklungen scheinen diesen Mythos von der Selbststeuerung zu stärken, vor allem die Praktiken der überall in Asien zusammenwachsenden Finanz-, Transport- und Handelsmärkte, die von Konzernen in Gang gehalten werden, deren Umsatz das BIP der meisten asiatischen „Nationen" bei weitem übersteigt. Zu diesen Unternehmensgiganten gehören japanische Geldinstitute, die in den 90er Jahren die Plätze 1 bis 9 auf der asiatischen Rangliste belegen,[2] sowie zahlreiche weltumspannende Handelshäuser, von denen die umsatzstärksten Fünfzig (mit Ausnahme dreier koreanischer Chaebols, nämlich Samsung, Nr. 28, Hyundai, Nr. 37, und Samsung Electronics, Nr. 42) wiederum alle aus Japan stammen – mit den Giganten Etochu Corporation, Mitsui, Sumitomo, Marubeni und Mitsubishi an der Spitze.

Seit den 80er Jahren werden die weltweiten Umsätze zu rund 90 % von rund 40000 Unternehmen getätigt, zu denen auch asiatische Konzerne vor allem japanischer und koreanischer Herkunft gehören. Zum größten Teil erfolgen diese Transaktionen wiederum *zwischen* eben diesen Firmen; überdies wächst der Welthandel wesentlich schneller als die Weltproduktion. Zusätzlich hält auch noch die weltweite Spekulation, an der nicht zuletzt auch die Börsen Asiens, angefangen von Tokyo über Osaka und Hongkong bis hin zu Singapur und Taipei, kräftig mitmischen, den Globalisierungsprozeß in Gang – und bewirkt *Transnationalisierung*.

Was vermögen kleinere Nationalstaaten wie Sri Lanka, Kambodscha und Laos oder sogar Thailand, deren BIP zum Teil weit unter dem Betriebsvermögen führender Wirtschaftskonzerne liegt, in diesem „sich selbst steuernden" Gesamtsystem noch auszurichten?

Und doch haben sich in den letzten Jahren überall auch die *Grenzen* des „freien Spiels der Kräfte" offenbart – nicht zuletzt beim „Musterknaben" Singapur, der (1) „Globalisierung" nur wirtschaftlich, nicht aber politisch und kulturell praktiziert sehen möchte (bezeichnenderweise sind in Singapur sogar Satellitenschüsseln verboten!), dessen Regierung (2) nicht nur zu Hause höchst dirigistisch durchgreift, sondern auch beim Aufbau von Außenwirtschaftsbeziehungen, so z.B. bei der Ausgestaltung des SIJORI-Dreiecks (Singapur – Johore – Riau, Näheres unten 3.c), auf Schritt und Tritt mit von der Partie war, und dessen grenzüberschreitende Verbindungen (3) weitgehend von Netzwerken getragen werden, die keineswegs nur globalen Gesetzmäßigkeiten, sondern höchst partikularistischen Interessen gehorchen.

In der Tat fällt es nicht leicht, sich das durch notorischen „Neoautoritarismus" geprägte Singapur als glaubhaften Anwalt des „freien Spiels der Kräfte" vorzustellen!

Außerdem kommt es in den asiatischen Staaten immer mehr zur Rückbesinnung auf eigene Traditionen, die – in unterschiedlichem Ausmaß – von kräftigen Steuerungselementen bestimmt waren: auf ein Erbe also, das auch im 21. Jahrhundert noch lange nicht aufgebraucht sein dürfte.

Ob im konfuzianischen China, im hinduistischen Indien, im malaio-islamischen oder aber im theravada-buddhistischen Bereich: Nirgends wären die Menschen hier je auf die Idee verfallen, den Gang der Dinge im allgemeinen und der Wirtschaft im besonderen ganz sich selbst oder aber dem Regelungsgeschick „autonomer Individuen" anzuvertrauen. Vielmehr herrschte hier überall eine hohe Regelungsdichte, wobei die Normen entweder durch ständige Ad-hoc-Vereinbarungen (Konfuzianismus) oder aber, wie in der Welt der hinduistischen Codices sowie des malaio-islamischen Adat, durch feste Regeln gestiftet wurden.

Am stärksten trat das Regelungsbedürfnis in der konfuzianischen Ordnung des Reichs der Mitte zutage, von der ja auch andere Staaten Ostasiens (Japan, Vietnam, Korea – und in der Nachfolge auch Taiwan, Hongkong und Singapur) beeinflußt wurden. Jahrhundertelang hatte sich in diesem Kosmos das Mandarinat – und mit ihm der *Primat des Politischen* – durchsetzen können:

- Fast nie hat deshalb die *Religion* eine dominierende Rolle gespielt: Ein Tauziehen zwischen Kaiser und Papst oder eine „Zwei-Schwerter-Lehre", wie sie für das europäische Mittelalter so typisch gewesen sind, hätten im konfuzianischen China kaum Platz greifen können – ebensowenig wie ein Religionskrieg oder die Macht geistlicher Orden.
- Auch *militaristische* Entwicklungen blieben dem Reich der Mitte weitgehend erspart. Im Konfliktfall konnte sich fast immer der Zivilbeamte gegenüber dem Militärvertreter durchsetzen.
- Des weiteren fehlte es im traditionellen China an eigenwüchsigen (und politisch einflußreichen) „Ständen", wie sie im euro-

päischen Mittelalter in Gestalt der weltlichen und geistlichen Fürsten, des Rittertums oder der Städte eine so überragende Rolle spielten.

- Vor allem aber ist die *Wirtschaft* nie ihren Eigengesetzlichkeiten überlassen worden: Zwar gab es die Tradition des *wu wei*, d.h. des Geschehenlassens und Nichteingreifens, die sich durchaus auch im Sinne marktwirtschaftlicher Entwicklungen hätte auswirken *können*; am Ende setzte sich aber fast immer die Lenkungstradition durch, die u.a. auch im modernen Begriff für „Wirtschaft", nämlich *jingji*, ihren so überaus typischen Ausdruck gefunden hat; setzt sich dieser Terminus doch aus zwei notorischen Bürokratievokabeln, nämlich *jing zhi* (wörtl.: „den Ablauf der Politik regeln") und *ji min* (wörtl.: „die Wohlfahrt des Volkes sichern") zusammen, wobei das Wörtchen *zhi* aus den Partikeln „Wasser" und „Terrasse" besteht, etymologisch also auf Wasserregulierungsvorgänge im Reisterrassenbereich und damit allemal auf handfeste Steuerungsvorgänge zurückverweist. Obwohl der Begriff *jingji* heutzutage „Wirtschaft" schlechthin heißt, ruft er doch Vorstellungen von einer engen Verbindung zwischen Wirtschaft und Bürokratie hervor. Die Diskussion um „zuviel" und „zuwenig" – oder konkreter um *jingji* und *wu wei* – hatte sich im Reich der Mitte seit der Han-Zeit zum Dauerthema entfaltet, das auch noch durch die Volksrepublik geistert und vermutlich auch am Ende des 21. Jahrhunderts noch keineswegs zum alten Eisen gehört.

Wie diese wenigen Beispiele zeigen, findet das „freie Spiel der Kräfte" in Asien meist nur wenig Sympathie – dies ist die eine Seite.

b) Keine zentralistischen Lösungen

Aber auch das andere Extrem, nämlich die zentralistische – und dirigistische – Überformung durch eine globale oder panasiatische Instanz stößt in Asien kaum auf Gegenliebe:

Sobald das Zentralisierungsthema auftaucht, pflegen in der internationalen Diskussion als Träger spontan drei Kandidaten ins Blickfeld zu rücken, nämlich (1) eine Weltregierung, die den Souveränitätsanspruch sämtlicher Nationalregierungen auf sich vereinigt hat und nun in großem Stil Weltinnenpolitik betreibt,

(2) eine zur Weltzentrale erweiterte UNO, deren Vollversammlung zum Weltparlament, deren Sicherheitsrat zum Weltsicherheitsministerium und deren Finanzinstitute (Weltbank, IWF) zur Weltzentralbank würden, nicht zuletzt (3) aber auch die gute alte Supermacht, die es am Ende schon richten würde.

Abgesehen davon, daß keine dieser drei Instanzen in Asien ernsthaft diskutiert, geschweige denn akzeptiert würde, wären sie auch viel zu schwerfällig und vor allem zu abgehoben, um die diffizilen sozialen und ökologischen Probleme vor Ort lösen zu können. Die drei genügen also weder dem Legitimations- noch dem Effizienzkriterium. Als wirklich tauglich – und akzeptabel – dürfte sich auf längere Sicht wohl nur ein Weltregime (im Sinne von global governance) erweisen, bei dem sämtliche Ebenen kooperieren, nicht jedoch eine – als solche in doppeltem Sinn unendlich ferne – Weltregierung (global government).

Stößt die Idee einer Weltregierung bei den politischen Eliten Asiens eher auf kühle Ablehnung, wenn nicht auf Belustigung, so löst andererseits jeder auch noch so geringe Verdacht, daß eine neue Supermacht entstehen könnte, auf der Stelle leidenschaftliche Abwehrreaktionen aus.

Dies weiß vor allem Japan, das zwar noch in den 40er Jahren davon hatte träumen können, zum „Licht Asiens" zu werden, das mittlerweile aber längst zur Kenntnis nehmen mußte, daß bereits ein Yen-Imperialismus für die Nachbarn weit über die Grenzen des Zumutbaren hinausginge, und das sich deshalb kleinlauter gibt, als es eigentlich zu sein bräuchte, da es ja immerhin 60 % des gesamtasiatischen BIP kontrolliert. Bezeichnenderweise hat Japan auch einen „umfassenden" Sicherheitsbegriff entwickelt, der davon ausgeht, daß Verteidigung weniger militärisch als vielmehr wirtschaftlich, technologisch und nicht zuletzt auch kulturell unterfüttert sein muß – immer nach dem Prinzip: „Wer Japan angreift, schadet zuallererst sich selbst!" Mit einer Politik dieses Zuschnitts ist ganz gewiß keine politische Vormachtstellung zu erringen!

Aber auch der andere als Vormacht der Zukunft immer wieder ins Gespräch gebrachte Kandidat, nämlich die VR China, ist kein Anwärter für eine Supermachtrolle: Weder gehen von ihr die drei häufig beschworenen Gefahren militärischer, zivilisatorischer oder wirtschaftlicher Dominanz aus (Näheres dazu siehe Kap. VII.1), noch hat sie die Hände für expansionistische Unternehmungen frei: Werden ihre Kräfte in Zukunft doch hauptsächlich dadurch absorbiert, daß das politische Gefüge des auseinanderstrebenden Subkontinents zusammengehalten und daß nicht zuletzt auch kritische Außenregionen von der Brisanz Xinjiangs, Tibets, Taiwans und des Südchinesischen Meers abgesichert werden müssen. Ob Chinas Souveränitätsansprüche einer Region wie Tibet gegenüber zu Recht oder zu Unrecht bestehen, sei hier einmal dahingestellt; auf keinen Fall wäre jedoch der weitergehende Schluß gerechtfertigt, daß China, weil es die Hand auf Tibet gelegt hat, nun gegenüber Nepal, Bhutan oder Birma ähnlich verfahren werde.

Heute – und wohl auch in Zukunft – verhält sich China nicht expansionistisch, sondern „impansionistisch", d.h., es geht ihm nicht um Territorial-, sondern um Modell- und Ideenexpansion, also um die „Besetzung von Gehirnen": ursprünglich mit konfuzianischen, nach 1949 mit maoistischen und heutzutage mit „reformerischen" Inhalten.[3]

Auch im modernen chinesischen Außenverhalten sind Ordnungsmuster und Sinngebungselemente vorherrschend geblieben, die auf einem ganz anderen Gesellschaftsverständnis beruhen als noch in der europäischen Tradition, nämlich auf der altbewährten Beziehungsphilosophie, bei der nicht das autonome Individuum, sondern das Geflecht *zwischen* den Einzelpersonen im Mittelpunkt steht. Dieses *Beziehungs*denken gilt spiegelbildlich auch im Bereich der Außenpolitik, wo dem einzelnen Individuum die Nation, den zwischenmenschlichen „Beziehungen" (*guanxi*) aber die „Interdependenz" entspricht.

Wo aber *Beziehungen* in den Vordergrund treten, steht nicht, wie im westlichen Denken, die *einzelne Nation* mit ihren „Interessen", sondern die Interdependenz *zwischen* den Nationen mit ihrem Postulat der Wechselseitigkeit im Mittelpunkt, geht es nicht in erster Linie um die „Sicherheit" der einzelnen Nation, sondern um „Harmonie" *zwischen* den am internationalen System Beteiligten, werden Konflikte nicht ohne weiteres in Kauf genommen („Nationale Interessen sind unantastbar!"), sondern stets möglichst vermieden, und findet kein Nullsummen-, sondern ein positives Summenspiel statt, da bei Interdependenz und „wechselseitiger" Abstimmung *jede* Nation profitieren kann, und nicht etwa nur eine einzelne Nation auf Kosten der anderen.

Dieses Verknüpfungs-Denken zwingt bei der Beurteilung chinesischer Außenpolitik zu einem neuen methodischen Ansatz und zum Abschied von den „neorealistischen" Hypothesen jener Morgenthau-Schule, wie sie im Dogma und in der Praxis vor allem der US-Außenpolitik auch heute noch vorherrschen.

Verstärkt wird diese Neigung zu *interdependentem* Verhalten noch durch die von den Reformern nach 1978 eingeführte Politik der „Sozialistischen Marktwirtschaft", die auch außenwirtschaftlich zum Umdenken zwang.

Im übrigen gehört der „Antihegemonismus" mit zu den Grundelementen volksrepublikanischer Außenpolitik und hat sogar in die Verfassung (Absatz 12 der Präambel von 1982) Eingang gefunden.

Zu guter Letzt gilt aber auch die „Neue Weltordnung" aus Beijinger Sicht längst nicht mehr als „einpolig" (wie noch zur Zeit des alten Reichs der Mitte!) und auch nicht mehr als bipolar (Jalta-System), sondern als multipolar – genauer: als Schauplatz zunehmender „Multipolarisierung" (*duojihua*). Hauptpole in diesem neuen System sind Japan, die EU, die USA, Rußland – und China, wobei sich die „Pol"-Fähigkeit immer weniger durch militärische und zunehmend durch wirtschaftliche Kräfte bestimmt.

Besonders heftig pflegt sich China gegen die Behauptung zu wenden, daß von ihm militärische, „zivilisatorische" und wirtschaftliche Gefahren ausgingen (Näheres dazu in Kapitel VII.1).

Trotz solcher Versicherungen dürfte das „Gespenst China" freilich noch lange mit an allen asiatischen Verhandlungstischen sitzen – und dafür sorgen, daß viele Nachbarn Chinas weiterhin enge Beziehungen zu den USA aufrechterhalten.

3. Eine Vielzahl von Akteuren

a) Vorüberlegungen: Eine panasiatische Föderation mit fünf Handlungsebenen und sechs Kooperationsbereichen

Im Zeichen der Globalisierung kommen auf Asien Probleme zu, mit denen der Nationalstaat allein längst nicht mehr fertig werden kann – angefangen von Wirtschafts- und Finanzkrisen über Welthandels- und Migrationsprozesse bis hin zur Verbrechensbekämpfung und zum Schutz des Klimas, der Biodiversität oder der Ozonschicht.

Da freilich, wie bereits erwähnt, auch von einer Weltregierung oder von einer Supermacht keine Hilfe zu erwarten ist, kommt es darauf an, daß die Akteure aller fünf Ebenen (lokal – national – regional – multilateral – global) eng zusammenarbeiten und Lösungen finden, die der interdependenten Natur der Herausforderungen gerecht werden.

So wichtig in diesem Prozeß lokale, regionale oder aber globale Instanzen auch immer sein mögen, so unverkennbar bleibt doch nach wie vor die hohe Bedeutung, die dem Nationalstaat zukommt, dessen Position seit dem Ende des Zweiten Weltkriegs gleich dreimal neu bewertet worden ist.[4]

Noch in der Nachkriegszeit hatte der Staat – und zwar im Gefolge des damals so erfolgreichen Fünfjahresplan-Modells der Ostblockländer – als eine Art Demiurg gegolten. Je mehr sich freilich die Nebel lichteten und heller Tag die Mängel in der sozialistischen Wirtschaft erkennbar werden ließ, um so stärker setzte sich, vor allem in den 70er und 80er Jahren, die Gegenbewegung des Neoliberalismus mit ihrer Diagnose vom „Staatsversagen" und mit ihrer Forderung nach „staatlichem Minimalismus" durch.

Die Krise des Nationalstaats schien sich zusätzlich auch darin zu offenbaren, daß die Ursachen für zentrale Übel wie Arbeitslosigkeit, Währungsverfall oder Klimaverschlechterung immer häufiger transnationaler Art waren und daß deshalb auch die Therapien weit über der nationalen Augenhöhe einsetzen mußten. Damit aber begännen offensichtlich die Grenzen zwischen Innen- und Außenpolitik zu verfließen – und es finde eine Erosion nationaler Souveränität in *dem* Sinne statt, daß die internen Handlungen der nationalen Behörden zunehmend von außen her gesteuert würden.

Nachdem der Nationalstaat im Gefolge solcher Diagnosen längerfristig bereits abgeschrieben zu sein schien, folgte in den 90er Jahren eine überraschende Wende: Ausgerechnet die Weltbank, die lange Zeit zu den Hauptskeptikern gehört hatte, vollzog nun, in ihrem Bericht von 1997, einen neuen Kniefall vor dem Nationalstaat: Das Institut hatte erkennen müssen, daß der von ihm noch in den 80er Jahren mitbefürwortete Deregulierungswettlauf zwar zahlreiche Abwärtsspiralen ausgelöst hatte, daß es fast zur gleichen Zeit aber zu „Wirtschaftswundern" in Asien gekommen war, und zwar ausgerechnet *mit Hilfe* staatlicher Bürokratien.

„Ostasien" habe damit den Beweis erbracht, daß ohne den Staat wenig laufe. Für das gemeinsame Überleben komme es folglich darauf an, daß die Akteure *aller* Ebenen künftig wieder enger zusammenarbeiteten.

Man könnte diese neu entdeckte Netzwerkkonstellation mit dem Schlagwort „fünf Akteure kooperieren auf sechs Arten" umschreiben:

Zu den *Akteuren* gehören die UNO (als globale Instanz), die Nationalstaaten, die Regionalallianzen (EU; OAU in Afrika; OAS in Lateinamerika sowie APEC und ASEAN in Asien), die Mitglieder der sich abzeichnenden „polyzentrischen" Strukturen (siehe dazu auch d) und die vor allem im lokalen Bereich tätigen Nichtregierungsorganisationen sowie das Maschengeflecht der (zivil-) gesellschaftlichen Repräsentanten.

Nur in ständiger Abstimmung zwischen diesen fünf Akteuren läßt sich ein authentisches Weltregime (im Sinne von „global governance") verwirklichen, und zwar vor allem in sechs Bereichen, die letztlich dem gemeinsamen Überleben dienen, nämlich einer Welthandels-, Weltwettbewerbs-, Weltwährungs-, Weltsozial-, Weltökologie- und Weltfriedensordnung.

b) Der Nationalstaat als Krisenfresser, aber auch als Krisenopfer

Allen Untergangsprophezeiungen zum Trotz dürfte der Nationalstaat auf dem asiatischen Kontinent auch im 21. Jahrhundert noch der wichtigste politische Impulsgeber bleiben.

Das moderne Asien setzt sich aus 28 Staaten zusammen, von denen fünf in Ost-,[5] sieben in Süd-,[6] zehn in Südost-[7] und sechs in Zentralasien[8] liegen.

Anders als in Europa, wo der Nationalstaat i.d.R. auf vielhundertjährigem Urgestein aufbauen konnte, selbst wenn die formelle Gründung erst im 18. oder 19. Jahrhundert erfolgte, nehmen sich die „Nationen" des modernen Asien so disparat aus, als stammten sie von verschiedenen Planeten:

Da gibt es zunächst schon einmal ein dramatisches Gefälle in der Größe, sei es nun beim Territorium (China – Bhutan) oder aber bei den Einwohnern (Indien – Tadschikistan). Aber auch die wirtschaftlichen Niveaus könnten (Mitte der 90er Jahre) kaum unterschiedlicher sein: Das japanische Pro-Kopf-BIP ist beispielsweise (nach Kaufkraftkriterien gemessen) 15mal so hoch wie das indische; im übrigen bestreitet Japan rund 60 % des asiatischen Gesamt-BIP.

Ferner zeigen sich auch in puncto Homogenität die krassesten Unterschiede: Da sind einerseits Staaten wie Japan und Korea, die sich an ethnischer Einheitlichkeit von keiner anderen Nation der Welt in den Schatten stellen lassen, weshalb es übrigens besonders paradox ist, daß ausgerechnet Korea nach 1945 vom Schicksal der Teilung zerrissen worden ist. Auf der anderen Seite befinden sich Staaten, die vom Spaltpilz befallen sind und deren Überleben im 21. Jahrhundert alles andere als gesichert erscheint.

Drittens könnte auch das koloniale Schicksal kaum unterschiedlicher sein: Von zwei Ausnahmen, nämlich Japan und Siam/Thailand, abgesehen, haben die modernen Staaten Kolonialherrschaften zwischen hundert- und dreihundertjähriger Dauer durchlaufen müssen. Gliedert man den weltgeschichtlichen Dekolonisierungsprozeß in sechs Phasen, so beginnt die Befreiung Asiens überhaupt erst in Phase IV: Die erste Unabhängigkeitsbewegung gab es in Nordamerika (1775–1783), die zweite in Hispanoamerika (1783–1830) und die dritte am Ende des Ersten Weltkriegs: nur wenige „Pachtgebiete" des Deutschen Reichs fielen damals an „Asien" – zumeist an das damals imperialistisch auftretende Japan – zurück, unter anderem Jiaozhou, Mikronesien und Teile von Papua-Neuguinea.

Erst im Zuge des vierten Dekolonisierungsschubs, der mit dem Ende des Zweiten Weltkriegs einsetzte, konnten sich auch die meisten asiatischen Staaten von kolonialer Bevormundung befreien: 1945 Vietnam, Indonesien, Taiwan und Korea, 1946 die Philippinen, 1947 Indien, 1948 Birma und die Föderation Malaya und 1954 Kambodscha sowie Laos.

Phase 5 setzte mit dem Zusammenbruch der Diktatur in Portugal, der ältesten europäischen Kolonialmacht, 1974/75 ein und brachte in Asien Macao und Timor eine kurze „Befreiung".

Phase 6 schließlich begann 1991 mit dem Kollaps des Sowjetimperiums, in dessen Gefolge sich fünf zentralasiatische Staaten, nämlich Kasachstan, Kirgistan, Tadschikistan, Turkmenistan und

Usbekistan, emanzipierten – und die Mongolei vollständige Unabhängigkeit erlangte.

Der Dekolonisierungsprozeß war von Illusionen – und von Enttäuschungen begleitet: Einerseits entstanden drei hoffnungsvolle Ansätze, nämlich die Allianz der Bandung-Staaten (Bandungkonferenz von 1955), die „Bewegung der Blockfreien" (NAM: Non-Alligned Movement, 1961) und die UNCTAD (UN Conference on Trade and Development, 1964). Doch folgte schon bald die Ernüchterung in Form militärischer Zusammenstöße, von denen sich einige der schwersten Konflikte in Asien abspielten – man denke an die drei Kriege zwischen Indien und Pakistan (1947–49, 1965, 1971), an das Kräftemessen zwischen Indien und China von 1962, an den chinesisch-vietnamesischen Konflikt von 1978/79, an die kambodschanisch-vietnamesischen Auseinandersetzungen zwischen 1979 und 1989, an die *Konfrontasi*-Politik Sukarnos in den frühen 60er Jahren oder an die zahlreichen Grenzkonflikte im Festland von Südostasien – um hier nur die zwischenstaatlichen Auseinandersetzungen zu erwähnen!

Viertens aber haben die asiatischen Nationalstaaten auch im Hinblick auf das 21. Jahrhundert durchaus unterschiedliche Überlebenschancen. Hierbei läßt sich ein bemerkenswertes Ost/Süd-Gefälle diagnostizieren: Am meisten in sich ruhen die der metakonfuzianischen Welt zugehörigen ostasiatischen Nationen, am wenigsten gefestigt erscheint das Staatengefüge in Südasien. Dazwischen liegt wieder einmal Südostasien.

Ostasien: Auf der sicheren Seite des Nationalstaats?

Verglichen mit labilen Gebilden wie Pakistan oder Sri Lanka erscheinen die Staaten Ostasiens geradezu wie Felsen in der Brandung.

Die zukunftsträchtigere Bilanz dieser metakonfuzianischen Welt hängt mit der kulturellen und ethnischen Homogenität (vor allem in Japan und Korea), aber auch mit der bereits erwähnten Zentralismustradition und nicht zuletzt mit der so typischen Zellenbildung zusammen, die dem Prinzip des pyramidalen Analogismus folgt:[9]

Während die rund 1500 indischen Jatis (Unterkasten) das Trennende zu betonen pflegen, ja sich als solche überhaupt erst durch

Unterschiede konstituieren, weisen die Gesellschaften Japans, Chinas oder Koreas in ihren Feinstrukturen (Familien, Clans, Vereine) durchwegs das gleiche, den Gesetzen von Hierarchie und Vertikalität gehorchende Pyramidalmuster auf wie die Großstrukturen der Provinzen oder gar des Gesamtstaats. Der Familienvater ist also genauso Kaiser der Kleinfamilie wie umgekehrt der Kaiser Vater der staatlichen Großfamilie ist, die aus diesem Grunde ja auch *guojia*, also „Staatsfamilie", heißt. Selbst wenn der Gesamtverband zerfällt, wie es vor allem in der chinesischen Geschichte häufig genug geschehen ist, finden sich die pyramidalen Module doch immer wieder paßgerecht zur Gesamtstruktur zusammen.[10]

Trotz solcher Entelechien kommt es aber auch heutzutage immer wieder zu Zerreißproben, vor allem im Zeichen des wachsenden Gefälles zwischen Küsten- und Hinterlandprovinzen: An der Ostküste (oder zumindest in Küstennähe) liegen die zehn wohlhabendsten Provinzen,[11] nämlich (in dieser Reihenfolge) Shanghai, Beijing, Tianjin sowie Guangdong und Zhejiang, gefolgt von Liaoning, Jiangsu, Fujian, Shandong und Hainan. 1994 lag das BIP pro Kopf Shanghais (9946 Yuan RMB) neunmal so hoch wie dasjenige der ärmsten Provinz, Guizhou (1102 Yuan) – Tendenz: wachsend.[12]

Die Zentrale sucht mit macht- sowie mit strukturpolitischen Mitteln gegen diese Gefällebildung anzukämpfen:

- Machtpolitisch kann sie sich des Nomenklatura-Hebels bedienen, um vor allem allzu partikularistisch denkende Funktionäre zur Raison zu bringen.
- Regional-/Strukturpolitisch kann sie entweder stärker auf Wachstum *in* den Regionen oder aber auf Ausgleich *zwischen* den Regionen hinwirken. Beide Varianten sind durchexerziert worden: während der maoistischen Zeit vor allem die ausgleichsorientierte, während der reformerischen Zeit (1978ff.) zunächst die wachstums- und, seit Mitte der 90er Jahre, zusätzlich die ausgleichsorientierte Spielform. Die Zukunft gehört vermutlich der Ausgleichspolitik, weil hier – typischen chinesischen Denkkategorien entsprechend – hauptsächlich das Beziehungsgefüge im Mittelpunkt steht. Ganz auf dieser Linie weist der 9. Fünfjahresplan (1996–2000) vor allem den Gebieten Zentral- und Westchinas höhere finanzielle Mittel zu. Zusätz-

lich wird die Armutsbekämpfung als Mittel gegen wachsende Ungleichgewichte eingesetzt, sei es nun durch Verbesserung der Schulausbildung, der medizinischen Betreuung und der Trinkwasserversorgung oder sei es durch den Bau von Straßen sowie durch eine strengere Geburtenkontrolle.

Eher eine Nebenrolle dürften in Zukunft wachstumsorientierte Maßnahmen spielen, z.B. die Förderung von Investitionen sowohl inländischer als auch ausländischer Firmen in West- und Zentralchina sowie die Unterstützung von Patenschaften zwischen Küsten- und Inlandsprovinzen. Dabei ist Beijing beispielsweise für die Innere Mongolei, Tianjin für die Provinz Gansu, Shanghai für Yunnan, Fujian für Ningxia, Guangdong für Guangxi, Zhejiang für Sichuan, Shandong für Xinjiang und Jiangsu für Shaanxi „zuständig“.

Trotz solcher Gegensteuerungsmaßnahmen könnte es allerdings sehr wohl passieren, daß China mittelfristig in mehrere Volkswirtschaften zerfällt, vor allem zu Beginn des 21. Jahrhunderts. Erst in einem nachholenden Prozeß, wenn die Märkte im Küstenbereich gesättigt sind und die Aufmerksamkeit einer leistungsfähig gewordenen Küstenindustrie sich verstärkt auch dem Hinterland zuwendet, dürften die Unterschiede Schritt für Schritt wieder ausgeglichen werden. In der Zwischenzeit muß China hoffen, daß die Strukturen des pyramidalen Analogismus und der Personalpolitik stark genug sind, um Karenzzeiten zu überbrücken und ein Mindestmaß an Zusammenhalt zu gewähren.

Föderale Strukturen gibt es nicht, doch kann das politische System immerhin auf ein seit Jahrhunderten bewährtes Patentrezept zurückgreifen, das auch in Zukunft noch nützliche Dienste verrichten dürfte, nämlich auf die Festsetzung von zentralen Rahmenrichtlinien, die den betrieblichen und regionalen Zellen genügend Gestaltungsfreiheit im Binnenbereich beläßt.

Während der Nationalstaat in Ostasien also verhältnismäßig fest gefügt ist, weist er in Südasien zahlreiche Bruchstellen auf, vor allem in Pakistan und in Sri Lanka, aber auch in Indien:

Pakistan – von Konflikten zerrissen

An der Wiege Pakistans stand ein Krieg, der mit der Teilung Britisch-Indiens von 1947/48 einherging, eine Million Menschenleben forderte und nicht weniger als 14 Millionen Flüchtlinge in Bewegung setzte – darunter 5,4 Mio. Hindus und 8,6 Mio. Muslims.

Gegründet wurde der neue Staat mit dem Kunstnamen „Pakistan" (von *P*andschab, *A*fghan-Frontier, *K*aschmir, *S*indh und Belutschis*tan*) im Namen einer „Zwei-Nationen-Lehre", die auf den Staatsgründer Ali Jinnah zurückging, der postuliert hatte, daß Hindus und Muslims nicht nur zwei verschiedenen religiösen, gesellschaftlichen und kulturellen Systemen angehörten, sondern, mehr noch, zwei „Nationen". Sie heirateten nicht untereinander, ja setzten sich nicht einmal an denselben Tisch; sie beriefen sich auf unterschiedliche Traditionen und auf unterschiedliche Feindbilder: wer hier als Held gefeiert werde, gelte dort als Todfeind. Ziel müsse es demzufolge sein, für den „gefährdeten Islam" eine Heimat zu schaffen, in der es keine Pandschabis, Bengalen, Belutschen oder Pathanen mehr gebe, sondern nur noch Muslims – als eine Gemeinschaft der Gläubigen in der Nachfolge der Umma (Gemeinde) von Medina.[13]

Kaum war Pakistan aus der Taufe gehoben, begannen auch schon Konflikte fundamentaler Art, die bis heute nicht gelöst sind und die ethnischer sowie sozialer, aber auch religiöser (!) Art waren:

- Was zunächst den *ethnischen* Konflikt anbelangt, so kam es 1971 bereits zur blutigen Ablösung „Ostpakistans": Der bengalische Nationalismus hatte sich hier stärker gezeigt als der vielbeschworene – und angeblich alles überbrückende – islamische Glaube. Zweitens sind die Belutschen und Paschtunen eher „Araber in der indischen", Pandschabis und Sindhis (östlich des Indus) aber eher „Inder in der arabischen Diaspora". Drittens hat der Konflikt zwischen Einheimischen und „Flüchtlingen" (Muhadschiren), die 1947 aus Indien gekommen waren, vor allem im Bundesstaat Sindh zu Spannungen geführt, die während der 90er Jahre in regelrechte Bürgerkriegsauseinandersetzungen umschlugen.
- Eine zweite Bürde Pakistans ist *sozialer* Natur und tritt im Widerspruch zwischen Grundbesitzertum sowie Arbeiter- und Bauernschaft zutage, deren Mitglieder oft am Rande der Existenz wirtschaften. Im fruchtbaren Industal konzentriert sich der natürliche Reichtum und die politische Macht in den Hän-

den der *Wadera*, einer pakistanischen Junkerklasse, denen riesige Latifundien sowie Öl- und Zuckermühlen gehören, die ihre Privilegien mit Hilfe bewaffneter Söldnereinheiten zu sichern verstehen und die sich, soweit sie in der Stadt leben, im Herzen Karachis im Villenviertel „Defense" verschanzt halten. Die Politikerkaste Pakistans rekrutiert sich fast ausnahmslos aus rund zwei Dutzend Landlord-Dynastien, zu denen auch jene Familie Bhutto gehört, aus der die Ministerpräsidenten Ali und Benazir hervorgegangen sind. Trotz aller Beschwörung des Islam lassen sich zwischen Junkerschaft und Bauern kaum „islamische Gemeinsamkeiten" aufbauen.

– Als wären diese trennenden Elemente nicht schon verheerend genug, gibt es schließlich noch eine dritte große Mauer, die sich diesmal sogar durch die *Religion* zieht, also durch ein Gebäude, das doch eigentlich den Zusammenhalt bilden sollte. Grund der Dissonanzen ist die schlichte Tatsache, daß es „den" Islam in Pakistan nicht gibt, sondern daß dieser von allen Politikern beschworene gemeinsame Glaube in den buntesten Farben schillert und in einer Vielzahl von Bewegungen, Denkschulen, Sekten und Untersekten zutage tritt. Besonders tief verwurzelt ist der von Fundamentalisten aller Schattierungen bekämpfte *Volks*glaube, dessen Ursprünge vorislamischer Natur sind und der zahlreiche Gemeinsamkeiten mit hinduistischem Brauchtum aufweist, vor allem bei der Heiligenverehrung: Die Gräber muslimischer Mystiker und Missionare ähneln beispielsweise eher hinduistischen Torheiligtümern als den üblichen Moscheen. Auch führen Pilgerreisen (Urs) eher zum Grab des lokalen Wadi („Gottesfreunds", d.h. eines Bekehrungsapostels) am Indus als nach Mekka. Nicht nur Filme spielen im Umfeld der Tempelheiligtümer, sondern auch Politiker lassen sich gerne beim Urs und beim Blumenopfer vor den Torbögen der Grabmonumente fotografieren.

Neben der Volksreligion haben es aber auch die Mystikerorden sowie Bruderschaften und Gräberkultvereinigungen zu hoher Popularität gebracht. Mitglieder solcher Gemeinschaften sind jene „Weisen", die in Pakistan *Pir* heißen und eifrigen Zulauf finden: für streng fundamentalistische Anhänger des Gesetzesislams (Jamaati Islami) sind all diese Versatzstücke aus vorislamischer Zeit ein Greuel!

Überdies kommt es auch immer wieder zu Konflikten zwischen Sunniten und Schiiten.

Kann der Islam nach alledem wirklich noch das Hauptbindeglied für eine pakistanische Nation abgeben – oder ist nicht eher davon auszugehen, daß der Strang, der die auseinanderstrebenden Pandschabis, Sindhis und Belutschen bisher notdürftig zusammenhält, sich mittlerweile so abgescheuert hat, daß der Riß nur noch eine Frage der Zeit ist?

Sri Lanka – auf dem langen Marsch zur Zweistaatlichkeit

Mehr noch als Pakistan hat Sri Lanka, das frühere Ceylon, die Gefahr einer Aufspaltung zu befürchten, und zwar in einen (südlichen) Singhalesen-Staat und in ein von den aufständischen „Tamilen-Tigern" um das nördliche Jaffna herum angepeiltes Tamil Eelam, das, würden sich seine Umrisse politisch verfestigen, etwa ein Drittel der Inselfläche einnähme.

Die „Jaffna-Tamilen" sind im Laufe vieler Jahrhunderte, vor allem aber während der britischen Kolonialzeit, von Südindien her auf die Tropeninsel eingewandert und waren dort für die auf eine Politik des „Teile-und-Herrsche" bedachten britischen Kolonialherren ein hochwillkommener Helfershelfer bei der Verwaltung vor allem der Teeplantagen, wobei den Tamilen auf Kosten der Singhalesen Vorzugsposten eingeräumt wurden.

Seit allerdings Ceylon 1948 seine Unabhängigkeit erlangte, drehten die Singhalesen unter Führung Solomon Bandaranaikes und seiner SLFP (Sri Lanka Freedom Party) den Spieß um, erklärten Singhalesisch durch das Sprachengesetz vom Juli 1957 anstelle des Englischen zur Nationalsprache, hoben den Buddhismus aufs Podest, verteilten Beamtenstellen vornehmlich an buddhistische Singhalesen und betrieben überhaupt einen strammen „Pansinghalismus", der vielen Tamilen das Gefühl gab, unter die Räder einer „neuen Kolonialherrschaft" geraten zu sein.

Aus dieser Notwehrlage heraus entstand in den 70er Jahren zunächst die TULF (Tamil United Liberation Front) und dann der Kampfbund der LTTE (Liberation Tigers of Tamil Eelam), der einen Guerillakrieg gegen die Regierungsarmee der Singhalesen vom Zaun brach. Der daraufhin einsetzende Dauerkonflikt führte 1987 zur militärischen Intervention Indiens, das von den Singhalesen eine Autonomielösung zugunsten der Tamilen, von den LTTE-Tigern gleichzeitig aber die Auslieferung aller Waffen verlangte – mit der Folge, daß die „Tiger“ ihre Waffen nun auch gegen das indische Expeditionsheer richteten und den verblüfften „Helfern“ zur Überraschung aller Welt so verheerende Niederlagen beibrachten, daß diese es für ratsam hielten, sich trotz Gesichtsverlusts bereits Anfang der 90er Jahre wieder von dem heiß gewordenen Inselgelände zurückzuziehen. Gleichzeitig ermordete ein tamilisches Kommando im Mai 1991 den indischen Ministerpräsidenten Rajiv Gandhi.

Damit war der Ball wieder im singhalesischen Spielfeld – und die militärischen Auseinandersetzungen zwischen Nord und Süd konnten ohne Einmischung von außen weitergehen, obwohl abzusehen war, daß der Konflikt nicht militärisch, sondern nur politisch zu lösen war – und zwar im Sinne des Mikronationalismus und der Ausrufung von Tamil Eelam, das als solches freilich wirtschaftlich kaum überlebensfähig – und damit erneut zu einer Vernunftehe mit dem Süden gezwungen sein dürfte. Statt die fruchtbare und geopolitisch so einzigartig gelegene Insel für das 21. Jahrhundert aufzubauen, hätten sich die Gegner in diesem Fall jahrzehntelang gegenseitig ausgelaugt – nur, um sich am Ende dann doch in einem gemeinsamen Boot wiederzufinden!

Der nationale Spaltpilz in Indien

Unter Führung der Schlüsselbewahrerin der nationalen Einheit, nämlich der Congress Party, schien das 1947 aus kolonialer Vormundschaft entlassene Indien ein sicherer Kandidat für demokratische Entwicklungen und für ein nationales Zusammenwachsen zu sein.

Kurz vor dem symbolträchtigen fünfzigsten Geburtstag der Indischen Union kam es jedoch bei den Wahlen von 1996 zu einer verheerenden Niederlage des Kongresses[14] und gleichzeitig zum Aufstieg fundamentalistischer sowie regionalistischer Kräfte, deren Sieg drei Integrationsprobleme Indiens ins Scheinwerferlicht rückte, nämlich das kritische Verhältnis zwischen Hindus und Muslims, den Streit zwischen Zentralisten und Separatisten sowie das noch lange nicht entschärfte Verhältnis zwischen Kastenhindus und „Unberührbaren“.

Die Feindschaft zwischen Hindus und Muslims war bereits vier Jahre vor dem Wahlsieg der fundamentalistischen Hindupartei BJP auf dramatische Weise durch das Fanal von Ayodhya aller Welt vor Augen geführt worden.[15] Die BJP begründete diesen Akt und ihre anti-islamische Politik damit, daß Indien – als Spätfolge der Mogulherrschaft – nicht nur um Pakistan und Bangladesch beraubt worden sei, sondern daß ihm künftig, wenn es nicht Gewehr bei Fuß stehe, noch weitere Abspaltungen drohten, vor allem in Form eines autonomen „Islamistan". Mit der Vernichtung der Moschee von Ayodhya sowie mit anderen anti-islamischen Aktionen sollten also nicht nur lokale Symbole, sondern der Islam als solcher getroffen werden, der den Hindu-Fundamentalisten als Ursache allen Übels gilt. Unter anti-islamischen Gesichtspunkten besteht Indien mittlerweile aus 700 Mio. „Patrioten" und 120 Mio. „Vaterlandsverrätern", nämlich 81 % Hindus und 14 % Muslims.[16]

Ziel der BJP und ihrer militanten Hilfstruppen ist es, das säkulare Indien in einen Hindustaat umzuwandeln, Hindi als Nationalsprache durchzusetzen und vor allem *Hindutva* („Hindutum") in der Union verpflichtend werden zu lassen. Damit aber würde das Fundament der Indischen Union, nämlich der Säkularismus, definitiv zerstört und der Boden für eine Renaissance des religiösen Staats bereitet, auf dem nicht nur Hindustan entstehen könnte, sondern auch jenes Islamistan, das bisher nur in den Alpträumen der Hindufundamentalisten existiert.

Eine zweite Gefahr für die Union geht vom regionalistischen Spaltpilz aus: Während in China der Zentralstaat jahrhundertelang zur Normalität, die Aufsplitterung aber zur Ausnahme gehört hatte, war es im traditionellen Indien gerade umgekehrt gewesen: Von den 2132 Jahren, die zwischen dem Anfang der Qin- und dem Ende der Qing-Dynastie in China lagen, standen 1718 im Zeichen der Einheit und nur 414 Jahre im Zeichen der Spaltung. Blickt man andererseits auf die indischen Dynastien, so kann man überhaupt nur bei dreien von ihnen, nämlich der Maurya- (320–185 v. Chr.), der Gupta- (320–535 n. Chr.) und der Mogul-Dynastie (1526–1858 n. Chr.) von Großreichen sprechen. Von den 2177 Jahren zwischen dem Beginn der Maurya- und dem Ende der Moguldynastie lassen sich nur 163 „Zentralismus"-Jahre ausmachen. Verglichen mit China, wo das Verhältnis bei 4:1 liegt, reduzieren sich die Zeiten des zentralen Einheitsstaats in Indien also auf 1:13. Allerdings waren die regionalen indischen Königsstaaten dafür um so solider gefügt, wie Indien ja überhaupt auf eine lange Tradition des Regionalismus zurückblicken kann!

Bangladesch und Pakistan sind von „Bharat Mata", der „Mutter Indien", bereits am Ende der Kolonialzeit abgefallen. Die südindischen Staaten mit dravidisch sprechender Bevölkerung wollten ursprünglich den gleichen Weg beschreiten wie Pakistan, weshalb ihr oberster Repräsentant, Naicker, ja auch eng mit Ali Jinnah, dem Gründungsvater Pakistans, zusammenzuarbeiten pflegte (Näheres zu dieser Problematik siehe Kap. V.1.c).

Separatistische Tendenzen gehen ferner von einigen Muslimgruppierungen aus – die BJP-Warnungen vor einem „Islamistan" sind deshalb nicht völlig von der Hand zu weisen. Nicht zuletzt aber verlangt die Bevölkerungsgruppe der Sikhs, vor allem aber ihr extremistischer Flügel, nach einem eigenen Staat „Khalistan". Die Erstürmung des Goldenen Tempels von Amritsar durch die indische Armee, die im Gegenzug erfolgende Ermordung Indira Gandhis durch einen Sikh-Leibwächter und die sich anschließenden Sikh-Pogrome in Neu-Delhi waren dramatische Höhepunkte des Ringens um „Khalistan".[17] Da die einzige Landroute Indiens nach Jammu und Kaschmir mitten durch den Pandschab führt, könnte gleichzeitig mit der Verselbständigung des Pandschab auch Kaschmir von der Indischen Union losgetrennt werden – ein Alptraum jeder Delhi-Regierung!

Fazit: Ambivalenz des Nationalstaats

Aller Globalisierung zum Trotz behält der Nationalstaat auch im Asien des 21. Jahrhunderts seine politische – und nicht zuletzt auch wirtschaftspolitische – Bedeutung, *wenn* es ihm gelingt, integrativ zu wirken. Dies scheint in den metakonfuzianischen Ländern Ostasiens der Fall zu sein, nicht unbedingt jedoch in Südasien. Zwischen diesen beiden Extremen stehen die zentralasiatischen und die südostasiatischen Nationen – die einen dürften im 21. Jahrhundert verstärkt den Spannungen zwischen säkularer Orientierung und fundamentalistisch-islamischen Vorstellungen ausgesetzt sein, die anderen aber vor allem den Gefahren des Mikronationalismus – man denke an Vielvölkerstaaten wie Birma und Laos oder Indonesien und die Philippinen.

c) Die Macht der Regionen – und des Regionalismus

Asien ist *anders* als Europa – auch in seiner Regionalismuspolitik: Europäer haben sich längst daran gewöhnt, regionale Integration als einen Prozeß zu begreifen, der von Staaten gelenkt, mit Hilfe von Verträgen instrumentiert und stufenweise dergestalt vorangetrieben wird, daß die wirtschaftliche am Ende in eine politische Union übergeht. Dieses auf der Baustelle Europa so erfolgreiche Procedere dürfte in Asien wohl auf Jahrzehnte hinaus kaum nachvollziehbar sein, weil es hier weder die für Europa so typische kulturelle Homogenität noch das für die Europäer so traumatische Erlebnis zweier Bruderkriege gibt, das sich nach dem festen Willen aller Beteiligten nie mehr wiederholen soll.

Kein Wunder, daß die Integrationssprünge in Asien weit bescheidener ausgefallen sind als in Europa:

Auf *regionaler* Ebene haben sich hier die ASEAN mit ihrem Freihandelsprojekt, nämlich der (bis 2003 zu errichtenden) AFTA, sowie die APEC und die EAEC entfalten können, denen mit weitem Abstand die SAARC und eine sich vorläufig nur embryonal abzeichnende Zentralasiatische Allianz folgen, während andererseits die schon in den 60er Jahren erwogene ANEAN (Association of Northeast Asian Nations) wohl auch in Zukunft Utopie bleiben dürfte.

Eine Ebene tiefer sind die *subregionalen* Allianzen angesiedelt, vor allem die seit den 90er Jahren aus dem Boden schießenden Drei-, Vier-, Fünf- und Sechsecke.[18]

ASEAN und AFTA

Unter allen Regionalallianzen ist die 1967 gegründete „Assoziation der südostasiatischen Staaten“ nicht nur das historisch älteste, sondern das offensichtlich auch überlebensfähigste Bündnis. Ursprünglich von nur fünf Gründungsmitgliedern aus der Taufe gehoben, hat sie im Verlauf von drei Jahrzehnten solide Konturen angenommen und auch für außenstehende Staaten beträchtliche Attraktivität entfaltet: Das institutionelle Gerüst zeigt sich bei den alle drei Jahre zusammentretenden Gipfelkonferenzen der Staats- und Regierungschefs, bei der jährlichen Außenministerkonferenz, die sich zum zentralen Entscheidungsgremium entwickelt hat, ferner bei den bis zu fünfmal pro Jahr abgehaltenen Tagungen des Ständigen Ausschusses, bei den Fachministertreffen und nicht zuletzt auch beim Ständigen Sekretariat in Singapur. All diese Institutionen lassen sich zwar mit den EWG- oder EU-Organen nicht einmal von ferne vergleichen, doch sind sie immerhin durch die „Rahmenvereinbarungen über ein Aktionsprogramm" (ASEAN Concord) und durch den Beschluß, eine AFTA (ASEAN Free Trade Area) sowie eine „Südostasiatische atomwaffenfreie Zone" zu gründen, weiter verfestigt worden. Die ASEAN hat also den Status eines locker gefügten Regionalforums längst hinter sich gelassen, ohne deshalb schon gleich zu einer „AWG" geworden zu sein.

Angesichts solcher Fortschritte gilt die ASEAN nicht nur als irgendeines von vielen Regionalbündnissen, sondern mittlerweile schon vielfach als Modell für die Süd-Süd-Kooperation schlechthin: Zeigt sie doch nicht nur einen konkreten Weg zu organisierter Selbsthilfe auf, sondern gilt mit ihrer bis 2003 (durch wechselseitige Zollreduzierungen) zu verwirklichenden[19] AFTA bisweilen schon als Gegenblock zur EU und zur NAFTA.

Noch Ende der 50er Jahre, als Sukarno mit seiner *Konfrontasi*-Politik überall in Südostasien für Hochspannung sorgte, hätte sich kaum jemand träumen lassen, daß die Konfliktparteien in der Lage seien, so schnell über ihren eigenen Schatten zu springen und konstruktiv unter einem gemeinsamen Dach zusammenzuarbeiten.

Spätestens seit 1967 aber ist aus dem einst so zerrissenen Subkontinent „Südostasien", für den es bis in die 40er Jahre des 20. Jahrhunderts hinein noch nicht einmal einen gemeinsamen Namen gegeben hatte, ein Verband geworden, der nach drei Hauptprinzipien (Konsens, Konsultation, Nichteinmischung) agiert und der Integrationsinstrumente geschmiedet hat, die als „typisch asiatisch" gelten dürfen, weil Beschlüsse hier nicht streitig, sondern „harmonisch" (d.h. durch permanente Gespräche), und nicht etwa durch 51-Prozent-Mehrheiten, sondern durch Eintracht (im Sinne von Einstimmigkeit und „resilience" = Elastizität) hergestellt werden. Lange Zeit hat dieser Mechanismus besser funktioniert, als es die Außenwelt erwartet hatte. Erst durch die Ereignisse von 1997/98, nämlich durch die „Asienkrise", durch die monatelangen Smogschwaden aus Indonesien und durch das skandalumwitterte Vorgehen des malaysischen Premierministers Mahathir gegen seinen innenpolitischen Hauptgegner Anwar Ibrahim wurden die Toleranz- und „Elastizitäts"-grenzen der betroffenen Allianzpartner überstrapaziert, und es kamen Forderungen nach mehr gegenseitiger Offenheit sowie „konstruktiver Kritik" auf: Die ASEAN dürfe nicht zu einer „Schönwettergemeinschaft" verkommen, hieß es. Trotz solcher kritischer Untertöne aber bleibt die Allianz auch in Zukunft eine Konsensgemeinschaft: Sogenannte „Cocktail-" oder „Kamingespräche" und Foren vom Zuschnitt des 1994 gegründeten ARF (ASEAN Regional Forum) dürften weiterhin dazu beitragen, der Vertrauensbildung Vorfahrt gegenüber der „bloßen" Lösung von Sachfragen zu geben und zu verhindern, daß bei asiatischen Konfliktparteien (und zwar auch bei China!) Gesichtsverluste entstehen.

Wo Streitigkeiten zwischen den ASEAN-Mitgliedern auftauchen, sei es nun zwischen Malaysia und den Philippinen (z.B. um den Inselbereich Sabah), zwischen Malaysia und Thailand (um die vier südthailändischen, hauptsächlich muslimisch besiedelten Provinzen) oder aber zwischen Indonesien und Singapur, werden nicht die Messer gewetzt, sondern die Konfliktursachen entweder direkt bearbeitet oder „zur Abkühlung" auf die lange Bank geschoben, auf alle Fälle aber durch Pflege freundlicher persönlicher Kontakte zwischen den „verantwortlichen Persönlichkeiten" soweit wie möglich entschärft. Dieser ASEAN-Stil hat schon heute Modellcharakter angenommen.

APEC und EAEC

Weitaus weniger solide als um die ASEAN ist es um das andere, 1989 gegründete Regionalforum, nämlich die APEC (Asia Pacific Economic Cooperation) bestellt, der neben asiatischen Ländern im engeren Sinn, nämlich den ASEAN-Mitgliedern, Japan, Südkorea, Papua-Neuguinea und den „drei Chinas" (VRCh, Taiwan, Hongkong) auch vier „westliche" Industrienationen (Australien, Neuseeland, USA, Kanada) und zwei südamerikanische Staaten (Mexiko und Chile) angehören.[20]

Während die ASEAN als formelle Allianz zutage tritt, gibt sich die APEC als Forum „informellen" Charakters, das weder als Handelsblock (nach Art der EWG oder der AFTA) noch als ein Gebilde mit supranationalen Organen verstanden sein will. Überdies leidet sie, sieht man von ihren fernsehgerecht inszenierten „Gipfel"-Treffen einmal ab, unter zahlreichen Geburtsfehlern: Da klafft erstens ein gewaltiges wirtschaftliches Gefälle zwischen USA und Japan einerseits sowie Vietnam und Papua-Neuguinea andererseits. Auch kulturell liegen Welten zwischen Ländern wie Vietnam und Chile. So dürfte es kein leichtes Unterfangen sein, die 18 so grundverschiedenen Mitglieder langfristig unter einen gemeinsamen Hut zu bringen, zumal noch weitere untereinander höchst heterogene Kandidaten wie Indien, Pakistan, Peru, die Mongolei, Sri Lanka, Panama, Ecuador und Rußland Einlaß begehren. Darüber hinaus hat Malaysia vorgeschlagen, in Konkurrenz zur „amerikanisierten" APEC eine Gegenallianz mit authentisch-asiatischen Mitgliedern zu bilden – und sie EAEC (East Asian Economic Caucus) zu nennen. Abgesehen davon, daß es sich viele asiatische APEC-Mitglieder wie Japan, Taiwan oder Südkorea gar nicht leisten könnten, zu den USA handelspolitisch auf Gegenkurs zu gehen, drohte einer solchen EAEC auch von innen heraus die Gefahr unerträglicher Verzerrungen, wie ein Vergleich mit Europa deutlich werden läßt: Während nämlich das in der EU dominierende Deutschland gerade einmal 30 % des BIP aller Bündnismitglieder bestreitet, entfiele auf Japan innerhalb der EAEC ein Anteil von 80 %! Wäre eine „rein asiatische" Identität mit einem solchen Preis nicht allzu hoch erkauft?

Im Gegensatz zur ASEAN steht die APEC also auf wesentlich schwächeren Beinen. Als bloße „Nichtregierungsorganisation auf hohem Niveau" dürfte sie im 21. Jahrhundert noch schweren Prüfungen ausgesetzt sein.

SAARC

Während die südostasiatischen Staaten mit ihrer ASEAN ein solides – und zukunftsträchtiges – Gesellenstück abgeliefert haben, scheint die 1983 zwischen sieben *südasiatischen* Ländern (Bangladesch, Bhutan, Indien, Malediven, Nepal, Pakistan und Sri Lanka) vereinbarte SAARC (South Asian Association for Regional Cooperation) mehr oder weniger auf Sand gebaut. Obwohl die Allianz zweimal jährlich eine Außenministerkonferenz abhält und sich mittlerweile auch einen Ständigen Ausschuß sowie ein Generalsekretariat zugelegt hat, hängt über ihrem Haupt wohl noch auf lange Zeit das Damoklesschwert unversöhnlicher zwischenstaatlicher Konflikte, angefangen von der Kaschmirfrage (Indien/Pakistan) über den Ganges-/Brahmaputra-Streit (Indien/Bangladesch) und das Tamilenproblem (Indien/Sri Lanka) bis hin zu den Dominanzängsten der Himalayastaaten gegenüber Indien. Auch sorgt der Gegensatz zwischen Kleinstaaten wie Bhutan sowie den Malediven einerseits und Kolossen wie Indien, Pakistan und Bangladesch andererseits dafür, daß es wohl noch auf Jahrzehnte zu keiner ausgeglichenen Entwicklung kommen kann.

Unter Ausklammerung politischer Erblasten will die SAARC gleichwohl Kooperationsfortschritte wenigstens auf Gebieten wie Landwirtschaft (federführend: Bangladesch), Transport (Malediven), Kommunikation (Pakistan und Bhutan), Meteorologie (Indien), Gesundheit und Demographie (Nepal), Sport, Kultur und Kunst (Indien) sowie Wissenschaft und Technik (Pakistan) forcieren. Doch nirgends gibt es hier Gleichklang und Einvernehmen. In unendliche Ferne scheinen jene Zeiten gerückt zu sein, als die „Region Golf von Bengalen" noch als einheitlicher Kulturraum empfunden wurde, der unter indischem Einfluß stand, wobei Bengalen, Ceylon, Sumatra, Siam, Birma und die Fürstentümer auf der malaiischen Halbinsel mit zum inneren Zirkel gehörten und sich das Erbe des Buddhismus, der Sanskrit-Literatur sowie jener brahmanischen „Entwicklungshilfe" teilten, die Verwaltungs-, Architektur- und Infrastrukturtechniken umfaßte und die zu Gemeinsamkeiten in der Religion, in der Literatur und in der indischen Schrift, im indischen Recht, in der indischen Mathematik, der indischen Zeitrechnung und der indischen Ästhetik führte.

Spätestens seit der Kolonialzeit wurden diese Bande jedoch zerschnitten – und es erscheint schwer vorstellbar, daß sie je wieder neu geknüpft werden. Deshalb ist es kein Zufall, daß die südasiatischen Länder in ost- und südostasiatischen Neubildungen à la APEC, ARF oder ASEM bisher (1999) keine Aufnahme finden konnten und hier wohl auch in Zukunft vor (halb-) verschlossenen Türen stehen bleiben.

Chancen einer Zentralasiatischen Allianz?

Mit dem Zusammenbruch der UdSSR im Jahre 1991 sind fünf frühere Sowjetrepubliken, nämlich Kasachstan, Kirgistan, Tadschikistan, Turkmenistan und Usbekistan zu souveränen Republiken aufgestiegen, die auf den ersten Blick zwar weit im geopolitischen Abseits zu liegen scheinen, denen langfristig aber gleichwohl strategische Bedeutung zukommt, da sie erstens in einer wichtigen Rohstoffgegend (Öl, Erdgas, Gold, Uran) angesiedelt sind, zweitens am Schnittpunkt vierer Mächte (und Kulturbereiche), nämlich Rußlands, Irans, Pakistans und Chinas, liegen und da sie drittens durch jene alten Seidenstraßen miteinander verknüpft sind, die modernisiert, z.T. aber auch zum Problem geworden sind, weil sie sich in Heroinstraßen verwandelt haben. Vor allem aber verlaufen hier die Schnittlinien zwischen „islamischem Fundamentalismus" und „Säkularismus", so daß die Anlieger fürchten müssen, mit in die weltanschaulichen Konflikte und militärischen Auseinandersetzungen hineingezogen zu werden, die in Afghanistan, im usbekischen Ferghana-Tal oder aber in Tadschikistan kulminieren und in deren Verlauf der Bürgerkrieg gegen fundamentalistische Bewegungen bereits in den 90er Jahren des 20. Jahrhunderts Zehntausende von Menschenleben gekostet hat.

Sehr im Gegensatz zur Meinung mancher Autoren, die in Zentralasien bereits das „Schlachtfeld der Zukunft" erblicken, ist die Region keineswegs hilflos der Kriegsnemesis ausgeliefert, sondern besitzt Gestaltungsmöglichkeiten, wobei als Mittelpunkt für eine Regionalallianz Usbekistan prädestiniert wäre: Dieses Land liegt im Zentrum zwischen den vier anderen Republiken, beherbergt die größte Einwohnerschaft in der Region und ist nicht zuletzt tief in der Geschichte verankert: Samarkand, Buchara, Chiva und Taschkent sind klangvolle Namen, die daran erinnern, daß Usbekistan bereits in der Vergangenheit das politische Zentrum Zentralasiens war, vor allem zur Zeit Timur Lenks (1336–1405), der unter dem Namen „Tamerlan" in die Geschichte eingegangen ist.

Ein Zusammenrücken der zentralasiatischen Republiken dürfte aus zwei Vernunftgründen zumindest im 21. Jahrhundert unaufschiebbar werden: Erstens gilt es, Front gegenüber fundamentalistischen Nachbarstaaten zu beziehen, wobei sich Usbekistan schon heute als Protagonist versteht, und zweitens kann nur friedliche Kooperation die Gefahr von Wasserverteilungskriegen bannen, die sich bei Streitigkeiten um das Amu-Darya- und das Syr-Darya-Flußwasser zusammenbrauen könnte. Letztlich liegt es an den Regierungen, ob sie der Vernunft folgen und sich, auf der usbekischen Linie, zu einem Zweckbündnis zusammenfinden, oder ob sie die Zügel schleifen lassen – und damit die Chaos-Option heraufbeschwören.

Utopie ANEAN

Während Südostasien in Form der ASEAN tragfähige Ausgleichsmechanismen gefunden hat, herrscht in der Region Nordostasien ein Eisschrankklima, das sich auch im 21. Jahrhundert nicht so schnell erwärmen dürfte: Japan und die beiden Koreas sowie China und das nach wie vor an den vier Kurileninseln festhaltende Rußland stehen sich hier mit versteinerten Gesichtszügen gegenüber.

Obwohl ein ARF in Nordostasien weitaus wichtiger wäre als in der Region Südostasien, bestehen doch auf absehbare Zeit kaum Chancen für die Herausbildung einer der ASEAN äquivalenten ANEAN (Association of Northeast Asian Nations).

Subregionale Neubildungen

Ergänzend zu den Regionalallianzen ist es – und zwar wieder einmal im ASEAN-Bereich! – seit den 80er Jahren zur Entstehung zahlreicher Drei-, Vier-, Fünf- und Sechsecke gekommen.

Die besten Zukunftsaussichten scheinen „Wachstums*dreiecke*" zu haben, deren erstes 1989 ins Rennen ging, und zwar unter dem Akronym „SIJORI". Beteiligt daran sind SIngapur (vor allem mit Kapital und Technologie), das malaysische JOhore (mit Arbeitskräften) und der indonesische RIau-Archipel (mit Boden und Arbeitskräften).

Diesem „Southern Triangle" mit einer Einwohnerschaft von rund 8 Mio. Menschen folgte 1993 das „Nördliche Wachstumsdreieck" („IMT-GT": Indonesia-Malaysia-Thailand Growth Triangle) sowie 1994 das „Östliche Wachstumsdreieck" („EAGA": East ASEAN Growth Area) mit den Regionen Nordsulawesi,

Ost- und Westkalimantan (Indonesien), Sabah und Sarawak (Malaysia), Brunei sowie der südphilippinischen Insel Mindanao.[21]

Hauptarchitekt dieser triangulären Neubildungen war der Stadtstaat Singapur, der Ende der 80er Jahre gerade eine Wirtschaftskrise durchlitten hatte und nun versuchte, seine drei Hauptdefizite, nämlich Bodenknappheit, Arbeitskräftemangel und fehlendes Grundwasser, im Austausch gegen Technologie und Kapital wieder wettzumachen und zu diesem Zweck die Nachbarstaaten einzuladen, eine Politik der wechselseitig „komparativen Vorteile" zu betreiben.

Darüber hinaus kam es zur Herausbildung von Vier-, Fünf- und Sechsecken:

- So einigten sich Thailand, Myanmar, Laos und Südchina 1993 auf die Schaffung eines durch gemeinsame Verkehrs- und Touristikplanung integrierten „Goldenen *Vierecks*" – und dies bewußt in einer Gegend, die bis dahin als „Opiumdreieck" in Verruf gestanden hatte.
- 1988 schlug Thailand unter dem nostalgischen Sanskritbegriff „Suvanaphum" („Goldenes Halbinselland") eine *Fünfer*allianz des südostasiatischen Festlands vor: Ehemalige „Kriegsschauplätze" sollten sich, wie es schlagzeilenträchtig hieß, „in Marktplätze verwandeln". Nüchterne Beobachter, die des Pudels Kern entdeckt zu haben glaubten, tauften dieses „Suvanaphum" jedoch sogleich in „Baht-Block" (nach der Landeswährung Thailands) um und legten damit gleichzeitig auch die Gründe für die so reservierten Reaktionen der Nachbarn offen.
- Zukunftsträchtiger als dieses Pentagon könnte jenes *Hexagon* sein, das sich unter den sechs Mekong-Anliegerstaaten Vietnam, Kambodscha, Laos, Thailand, Myanmar und Südchina herauszubilden beginnt. Allerdings sind die Staaten am Unterlauf aus wirtschaftlichen (Zuflußmengen!) und ökologischen Gründen an einer solchen Kooperationsallianz weitaus stärker interessiert als die Staaten am Oberlauf, so daß es hier immer wieder zu Konflikten kommen dürfte!

All diesen Drei-, Vier-, Fünf- und Sechseckplanungen ist gemeinsam, daß sie möglichst ohne institutionelle Festschreibungen auskommen und statt dessen lieber mit informellen Kontakten laborieren wollen, also mit mehr oder weniger unverbindlichen „Harmonisierungs"-Absprachen, daß sie mit anderen Worten also auf typisch „asiatische" Formen gegenseitiger Verständigung zurückgreifen.

Ob regionale und subregionale Allianzen der oben beschriebenen Art ihre Interessen im globalen Entscheidungsprozeß mit Erfolg einbringen können, hängt letztlich davon ab, wie weit sie sich aus der Vormundschaft ihrer Gründerväter herauszulösen und wie weit sie überdies an wirtschaftlichem Eigengewicht zu gewinnen vermögen.

Den stärksten Einfluß dürfte hier langfristig die GMS (Greater Mekong Subregion) gewinnen. Verglichen mit ihr leiden die „Wachstumsdreiecke" vor allem an der Skepsis der wirtschaftlich jeweils schwächeren Mitglieder, die den Protagonisten Singapur verdächtigen, keine faire Nutzenverteilung zulassen, sondern statt dessen Maximalgewinne abschöpfen zu wollen, während Malaysia und Indonesien die Zeche in Form sozialen Sprengstoffs zu zahlen hätten: Singapur betreibe eine „Beggar my neighbour"-Politik.

d) Multilaterale Einflüsse?

Das Thema „Multipolarisierung" ist in den 90er Jahren zu einem Steckenpferd vor allem der chinesischen Außenpolitik geworden; keine theoretische Abhandlung und keine feierliche Erklärung, in der nicht der einschlägige Terminus *„duojihua"* auftauchte. Die Fähigkeit zur „Pol"-Bildung hängt nach chinesischer Auffassung vom (hauptsächlich wirtschaftlich begründeten) Vermögen einer Nation oder einer Staatengemeinschaft ab, ihren Interessen Gehör zu verschaffen und auf diese Weise international Einfluß zu gewinnen.[22]

Eingependelt hat sich in Beijing mittlerweile die Vorstellung von einem fünfpoligen Globalsystem, an dem neben der EU, den USA und Rußland zwei asiatische Staaten beteiligt sind, nämlich Japan und China (vgl. dazu die Graphik S. 65). Zu den vornehmsten Aufgaben dieser polyzentrischen Struktur gehöre die Herstellung eines weltweiten „Kräftegleichgewichts" (*liliang duibi*) – und damit die Beschneidung von „Supermachts"-Bestrebungen (Näheres dazu siehe Kap. II.2.b).

Wenn China schon nicht mehr alleiniges Reich der Mitte sein kann, möchte es wenigstens zu den tonangebenden *fünf* Zentren gehören.

Zwischen diesen Fünf wiederum sind die Verhältnisse keineswegs festzementiert. Zu Gewichtsverlagerungen kann es vielmehr schon dann kommen, wenn es dem einen oder anderen Pol gelingen sollte, sein Wirtschaftspotential überproportional zu steigern und beispielsweise einen *Yen-* oder einen *Yuan-Block* zu errichten.

Beide Entwicklungen sind vorerst freilich eher unwahrscheinlich: Ein Yen-Block kommt schon deshalb kaum in Betracht, weil die meisten asiatischen Staaten mit an Sicherheit grenzender Wahrscheinlichkeit hierbei sofort an „Yen-Imperialismus" dächten, und weil sich vor allem die VR China weigern würde, von Japan diktierte Regeln anzuerkennen.

Aber auch ein Yuan-Block kommt angesichts der von fast allen asiatischen Nachbarstaaten befürchteten Vormachtstellung der VR China kaum in Betracht. Vielmehr dürften sich die meisten Staaten Südost- und vor allem Südasiens auf andere Ankerwährungen hinorientieren, nämlich auf den US-Dollar, längerfristig aber auch auf den Euro, mit dem offensichtlich keine politischen Dominanzbestrebungen verbunden sind.

e) Zivilgesellschaftliche Gruppierungen als Übermittler lokaler Interessen und als subversive Akteure

Zu den Akteuren, die sich im Asien des 21. Jahrhunderts solide Chancen auf Mitbestimmung ausrechnen können, gehören neben den globalen, den regionalen und den nationalen Gremien drei Kategorien von zivilgesellschaftlichen Organisationen, die i.d.R. lokale Interessen einbringen, nämlich Netzwerke, Nichtregierungsorganisationen und Vertreter des mikronationalen Spektrums. Bei aller Unterschiedlichkeit im Aufbau und in der Interessenartikulation ähneln sie sich am Ende doch in ihrer subnationalen und nichtetatistischen Grundeinstellung.

Netzwerke und Klientelbeziehungen

Der über ganz Asien verbreitete Klientelismus sei hier anhand thailändischer, chinesischer und japanischer Spielformen illustriert:

In Thailand hatte sich das Verhältnis zwischen Bangkoker Zentrale und Bauernschaft noch bis in die Mitte des 20. Jahrhunderts hinein nach obrigkeitlichen Gesichtspunkten bestimmt: Es war der *karachgan*, der königliche Beamte, der von den „jüngeren Kindern" (*luk nong*), d.h. den Bauern, ehrfürchtiges Verhalten erwartete und der ihnen gegenüber schon deshalb keine partikulären Beziehungen entwickeln konnte, weil er nach bewährter Rotationsmanier häufig den Posten zu wechseln hatte.

In scharfem Gegensatz zu dieser altersgrauen *Karachgan*-Praxis entwickelte sich in den 70er Jahren des 20. Jahrhunderts ein neues Verhältnis zwischen Bangkok und den Bauern, das zur Herausbildung von Klientelgruppen führte, wobei der „Meister" jetzt im Gewand politischer Parteien aufzutreten pflegte, die gleich dutzendweise gegründet wurden und sich um die bäuerliche Wählerschaft ganzer Regionen bemühten. So entstanden unter dem Aushängeschild politischer „Parteien" im Laufe der Zeit veritable „Lehensgruppierungen", deren unterste Ausläufer beim Wähler, also bei der Subklientel, begannen, und deren einzelne Stränge oft über mehrere Stufen beim Regional-Patron, dem *jao pho*, zusammenliefen, der auf höherer Stufe oder in der Hauptstadt seinerseits einem Oberlehensherren unterstand. (Ähnliche Stafetten bildeten sich auch in einem Nachbarstaat wie Vietnam heraus, wo in diesem Zusammenhang von „Schirmen", *nhung cai o*, die Rede ist.) In Thailand konnte der *jao pho* den *karachgan* vor allem deshalb so schnell in den Hintergrund drängen, weil es ihm gelungen war, drei liebgewonnene Thai-Traditionen in die Praxis umzusetzen, nämlich (1) Beschützerfunktionen zu übernehmen und (2) Schlichtungs- sowie Vermittlungskompetenz an den Tag zu legen, wobei diese beiden Fähigkeiten (3) mit dem in früheren Existenzen angesammelten religiösen Karma[23] begründet wurden.

Auch das neue China entwickelte sich schon bald nach dem Ende der Mao-Ära wieder zu einem Königreich des Klientelismus, wobei die so schnell geknüpften Netzwerke keineswegs nur auf die Volksrepublik beschränkt blieben, sondern sich schon bald über Taiwan und Hongkong hinweg bis nach Südostasien, ja bis hinauf nach Vancouver und San Francisco zu entfalten begannen.

Damit aber hatte das Bambusnetzwerk alte Traditionen wiederbelebt. Unternehmerische Selbstschutzbündnisse waren, angesichts der kommerzfeindlichen Einstellung des Mandarinats, ja bereits im China der Kaiser begründet worden, und dann, im Schulterschlußverfahren, auf *Nanyang* (Südostasien) übertragen worden, wo chinesische Auswanderer häufig auf eine ihnen feindlich gesonnene Umgebung stießen, die zur Solidarisierung zwang. Je mehr *Huaren* (Auslandschinesen) an Plätzen wie Hanoi, Malakka, Kalkutta oder San Francisco eintrafen, und je gereizter die ansässige Bevölkerung dort reagierte, um so stärker erwachte bei den *Sinkeh* („Neuankömmlingen") das Bedürfnis, sich mit Personen zusammenzuschließen, die aus der gleichen Region kamen, derselben Dialektgruppe angehörten oder vielleicht auch den gleichen Clan-Namen trugen. Überall kam es hier zu „Vereinigungen der Landsleute", zu „Zusammenschlüssen des gleichen Berufsstands" oder zu „Gesellschaften aus derselben Provinz". Das *tong*, also die „Gemeinsamkeit", wirkte hier als einigendes Band. Zusammenschlüsse dieser Art förderten nicht nur Geborgenheit, sondern schufen auch eine Art Daseinsvorsorge, wie sie die neue Heimat sonst nicht bieten konnte, z.B. in Form von Schulen, Krankenhäusern und anderen Gemeinschaftseinrichtungen.

Netzwerke gehen über den engeren Familienverbund hinaus und werden mit Personen geknüpft, denen man in der Nachbarschaft oder im Berufsleben begegnet. Sie schaffen Solidarität und sind nützlich im täglichen Geschäftsleben – vor allem dort, wo die Transaktionen grenzüberschreitend sind: Der „Kultur des Informellen", wie sie mit der Ausbreitung von Netzwerken einhergeht, verdankt vor allem die „Großchinesische Wirtschaftszone" (*Zhonghua jingji gongtongti*) ihre Vitalität. Dieses „Greater China" ist eine wesentlich auf *guanxi*, d.h. auf persönlichen Beziehungen, beruhende wirtschaftliche Interessengemeinschaft, zu der vor allem Unternehmer aus den südostchinesischen Küstenprovinzen, aber auch aus Hongkong und Taiwan sowie aus den Gemeinden der Auslandschinesen in Südostasien gehören.

Und die japanische Version des Übersee- (oder besser: Produktions-) Netzwerks? Während die Bambusnetzwerke sich in aller Regel auf Chinesen und *Huaren* als Mitglieder beschränken, zeigten die japanischen *kigyo keiretsu* („Kettenunternehmen") sowie die koreanischen *chaebol* (Konzerne) von Anfang an eine bemerkenswerte Bereitschaft, auch fremdländische Betriebe mit in ihr Netz einzubeziehen – jedoch nur um den Preis ihrer fast totalen Eingliederung. *Keiretsu*-Produktionsnetzwerke nehmen üblicherweise beim Mutterland Japan ihren Ausgang und überspannen von dort aus ganze Länder, wobei sie auch *Bumiputra* (Einheimische) – Betriebe als Zulieferer heranziehen, die nach außen hin zwar ihre Eigenständigkeit behalten, die durch ihre Einbindung in die Zulieferungs-, Technologieverbunds-, Betriebs- und Werbestrukturen aber unweigerlich Teil eines neuen Ganzen werden, aus dem sie sich nur noch unter Gefahr der Selbstvernichtung wieder herauslösen könnten. Vor allem wegen ihrer Abhängigkeit von japanischem Kapital und Know how verlieren sie rasch an Unabhängigkeit, zumal die Beziehungen im Netzwerk auch durch die überall in Südostasien so virulente Patronage flankiert werden und südostasiatische Betriebe überdies in aller Regel wenig Wert darauf legen, eigene Technologien zu entwickeln oder gar Kapital in die Grundlagenforschung zu stecken.[24]

Da all diese Personalbeziehungen und informellen Mechanismen ihre Feuertaufe mit Bravour bestanden haben, dürften sie wohl auch im Asien des 21. Jahrhunderts wichtiger bleiben als jene offiziellen Formalstrukturen, wie sie in Organogrammen aufzutauchen pflegen. Formieren sich doch sogar Regierungen und Bürokratien, wo immer möglich, eher nach informellen Gesichtspunkten, sei es nun in der chinesischen Gestalt der *guanxiwang* („Beziehungsnetze"), der vietnamesischen *nhung cai o* („Schirme") und der philippinischen „cronies" oder aber der thailändischen und indonesischen Klientelgruppierungen. Ein weites Feld mit zahllosen Kombinations- und Verflechtungsmöglichkeiten steht hier also für Zukunftsgestaltungen zur Verfügung!

Nichtregierungsorganisationen (NROen) als Alternativen zur Bürokratie

Bürokratieversagen und Globalisierungsdruck waren der Nährboden, aus dem die NROen vor allem in Süd- und Südostasien wie Bambussprossen aus dem Boden geschossen sind.

Von Netzwerken und Vertretern des Mikronationalismus unterscheiden sich die NROen hauptsächlich dadurch, daß sie nicht partikuläre Interessen verfolgen, sondern generelle Anliegen (nach dem Prinzip „global denken, lokal handeln") aufgreifen und diese sozialreformerisch – wenn nicht „revolutionär" – zu lösen versuchen. Überspitzt ausgedrückt tritt also hier der Altruist, dort aber der Egoist zutage.

NROen haben sich seit den 70er Jahren des 20. Jahrhunderts als Alternativen zu reformunfähigen Bürokratien entwickelt und zwar in aller Regel aus dem Selbsthilfemilieu heraus, sei es nun aus dem Verbraucherschutz, der Slum-Nothilfe und dem Kampf um die Befreiung der Frau oder sei es aus Alphabetisierungs-, Hygiene-, Berufsbildungs- und Menschenrechtsbewegungen, wobei die einzelnen Organisationen unter dem Firmenschild von Religionsgruppen, von karitativen Vereinigungen, von „Vereinen" und „Stiftungen" oder aber von „Think-Tanks" auftraten.

Geburtsstätte der asiatischen NRO-Bewegung war das Inselreich der Philippinen, in dem die neuen Ansätze aus zwei Gründen besonders schnell zur Entfaltung kommen konnten: Erstens erwiesen sie sich hier als wirkungsvolle Helfer bei Aufgaben wie dem ländlichen Aufbau und der städtischen Slumsanierung, also in Bereichen, mit denen vor allem die Marcos-Diktatur auch nicht annähernd fertig wurde, und zweitens haben hier die von den früheren spanischen Kolonialherren hinterlassenen Lebensformen des Katholizismus einen fruchtbareren Nährboden für „Reformen von unten" abgegeben, als er bei anderen asiatischen Gesellschaften vorhanden war: Konnte sich doch in dem für europäische Verhältnisse so typischen Spannungsfeld zwischen Kirche und Staat gerade auf den Philippinen in Form der „Volkskirche" eine Art Gegenstaat herausbilden, der seine eigene Sozialpolitik verfolgte und der sich im Zeichen des Kriegsrechts der Marcos-Ära zu einer Gegenkraft entwickelte, die mit ihren Aktionsbüros nicht nur der Marcos-Bürokratie, sondern auch der offiziellen katholischen Kirche die Stirn bot. Die Behörden waren sich lange Zeit unschlüssig, ob sie die NROen mit der KPPh in einen Topf werfen oder ob sie die aufmüpfige Gegenbewegung angesichts ihrer Nützlichkeit nicht besser für die Lösung sozialer Notstände „verwerten" sollten.

Am Ende entwickelten sich die – ursprünglich nur zähneknirschend akzeptierten – NROen zu Kernelementen jener „People's Power", die im Frühjahr 1986 das Marcos-Regime hinwegfegte und die deshalb von den Nachfolgern, also von Corazón Aquino, Fidel Ramos und Joseph „Erap" („Kumpel") Estrada auf den Schild gehoben und durch den „Local Government Code" ausdrücklich legalisiert wurden.

Auch unter Ramos war das Verhältnis nicht ganz spannungsfrei: Als der Präsident versuchte, mit Maßnahmen „am Rande der Verfassung" die im März 1998 fälligen Präsidentschaftswahlen hinauszuschieben, kam es augenblicklich zu wütenden NRO-Demonstrationen. Ramos mußte zur Kenntnis nehmen, daß die in den NROen verkörperte „People's Power" nach wie vor ein Tiger geblieben war, der zwar meist schnurrt, doch schnell auch die Zähne zeigt, sobald er gereizt wird. Sich mit dieser neuen „Power" anzulegen, kann niemandem ratsam erscheinen, da ja aus dem Zwerg NRO längst ein Riese geworden ist, der nicht nur in der eigenen Gesellschaft Ansehen besitzt, sondern auch Zuschüsse von der Weltbank sowie von ausländischen Regierungen erhält.

Was früher die Kommunisten mit ihrem Ruf nach Emanzipation und nach allseitiger Verbesserung der sozialen Bedingungen waren, scheinen heute – und in fernerer Zukunft – die NROen zu sein. Kein Gebiet, auf dem sie nicht Forderungen erhöben – und gleichzeitig glaubhaft machten, daß sie erreichbar seien: Ob es nun um Reduzierung der Armut geht, um die Verbesserung des Status der Frauen, um den Kampf gegen die weitere Ausbreitung des HIV-Virus, um die Bewahrung der Umwelt, um den Schutz der Arbeiter vor Ausbeutung, um Aufklärung der Konsumenten über betrügerische Machenschaften, um Aufdeckung von Korruption, um Verbesserung der Menschenrechtssituation oder aber um die Verteidigung der Demokratie: Überall scheinen sie mittlerweile die Meinungsführerschaft zu übernehmen, zumal sie nicht vom Schreibtisch aus Anordnungen erteilen, sondern vor Ort in Erscheinung treten, auf den Dörfern und in den städtischen Shantytowns die Ärmel hochkrempeln, Kredite beschaffen, Kondome verteilen, Berufsausbildung betreiben und, wo immer nötig, auch Rechtsbeistand gewähren oder aber, wie beispielsweise im November 1996, gegen die Miss-World-Wahlen im südindischen Bangalore zu Felde ziehen und zu Protesten aufrufen.

Vor allem deshalb erscheinen die NROen so zukunftsfähig, weil sie es nicht bei Theorien und Protesten bewenden lassen, sondern weil mit ihrer „aufklärerischen" Tätigkeit immer auch der Appell zur Selbsthilfe, zu Unabhängigkeitsbewußtsein, zur Eigenorganisation sowie zur Herausbildung bürgergesellschaftlicher Lebensformen einhergeht und weil sie beispielsweise auch das weltweit zunehmende Problem der Arbeitslosigkeit mit originellen Lösungen angehen, die aus der Welt der Praxis kommen und die sich mit Parolen wie „ohne Geld, aber nicht umsonst“ sowie „weg vom Wohlfahrtsstaat, hin zur Wohlfahrt in Eigenregie“ umschreiben lassen. Vor allem auf den Dörfern sowie in den asiatischen Favelas und Shantytowns dürften diese Anregungen auch im 21. Jahrhundert noch begierig aufgegriffen werden.

Die Heimat der NROen liegt vor allem in Südost- und Südasien: Die Protagonistenrolle der Philippinen wurde bereits erwähnt. In Thailand hat der dynamische privatwirtschaftliche Sektor dazu beigetragen, daß einerseits zwar eine vitale und fortschrittsverwöhnte Mittelschicht entstanden, gleichzeitig aber auch ein Berg von sozialen Problemen herangewachsen ist, mit dem die Bangkoker Bürokratie nicht fertig wird – man denke an das Gefälle zwischen der Hauptstadt und dem „Rest“ des Landes, an Infrastruktur- und Umweltkatastrophen, an Wanderarbeiterschaft und zunehmende Prostitution.

In das hier entstandene Vakuum sind mittlerweile rund 500 Selbsthilfevereine eingesprungen – als bekannteste unter ihnen die Duang-Prateep-Stiftung, die sich gegen Drogenhandel, gegen Verslumung der Städte und gegen Kindermißhandlung wendet und die von der charismatischen Prateep Ungsongtham Hatta geführt wird, die sich den Ruf eines „Slum-Engels“ erworben hat und 1978 mit dem „Ramon-Magsaysay-Preis für soziale Verdienste“ ausgezeichnet wurde.

In Malaysia hat sich die „Muslim-Jugendbewegung“ (ABIM) mit dem Ziel etablieren können, den Islam auf dem Umweg über die öffentlichen Schulen stärker an die Jugend heranzutragen. Einst eine radikale und von der Regierung mißtrauisch überwachte Organisation, hat sich ABIM mittlerweile zu einer regierungsfreundlichen und kooperativen NRO entwickelt und stand lange Zeit unter Leitung von Anwar Ibrahim, der bis zu seiner Absetzung im August 1998 Finanzminister war.

Und Indonesien? Dort sind aus Protest gegen die politische Gleichschaltung von Oppositionsparteien und Gewerkschaften im Jahre 1973 zahlreiche Kleingruppen entstanden, die sich anfangs zumeist aus der Studentenschaft rekrutierten und die sogleich Probleme zu thematisieren begannen, welche von der staatlichen Bürokratie unter den Teppich gekehrt zu werden pflegten, sei es nun die Polarisierung von Einkommen und Landbesitz zu Lasten der Kleinbauern, oder sei es die Wegrationalisierung von Arbeitsplätzen, die penetrante Bevormundung der Landbevölkerung durch Bürokratie und Militär sowie vor allem die damit zusammenhängende Unterdrückung bäuerlicher Interessenvertretungsorgane.

Heutzutage – und wohl auch in Zukunft – läßt sich die Feinstruktur der indonesischen NROen nach drei Gruppen unterscheiden, wobei die – etwas unsolide klingenden – Abkürzungen oft noch an Benennungsbräuche der Sukarno-Zeit erinnern: Unterschieden werden nämlich die BINGOs (Big NGOs), die MINGOs (Middle NGOs) und die LINGOs (Little NGOs). Zu den BINGOs gehört rund ein Dutzend Organisationen, die sich längst professionalisiert haben und die nicht nur eigene Projekte hochziehen, als Ansprechpartner ausländischer Hilfsorganisationen fungieren und Hilfsgelder für Dorferneuerungs- oder Familienplanungsprogramme einwerben, sondern sich überdies auch als Geburtshelfer und Paten von MINGOs und LINGOs betätigen, also jener kleineren Ableger, die bei der Bildung von Spar- und Kreditgenossenschaften sowie bei sonstigen lokalen Projekten der „Hilfe zur Selbsthilfe" Leitfunktionen übernehmen. Während einige der NROen mit den Behörden so harmonisch zusammenarbeiten, daß aus „NGO-Männern" manchmal sogar „G-(Government)-Männer" werden, stehen andere Organisationen zur Bürokratie auf gespanntem Fuß, sei es nun das „Institut für Rechtshilfe", das vor allem Dissidenten beisteht, oder aber das Umweltforum WALHI, das gegen die staatliche Forstpolitik vom Leder zieht.[25]

Stoßen die NROen in Südostasien immer noch auf verbreitetes Mißtrauen, so haben sie in den meisten Ländern Südasiens geradezu ein Heimspiel: In Pakistan beispielsweise setzt sich die „Edhi-Foundation" für den Gesundheitsdienst vor allem auf den Dörfern ein, organisiert Unterkünfte für Frauen und Kinder und (!) sorgt sich um weggelaufene Tiere. In Indien ist die „Narmada Bachao Andolan" eine der größten NROen des Landes: Sie hat sich dem Schutz von Personen verschrieben, die im Gefolge des Baus riesenhafter Bewässerungsprojekte zwangsumgesiedelt werden. In Bangladesch schließlich setzt sich das „Komitee für den landwirtschaftlichen Fortschritt" gegen die weitere Verelendung der Bauern ein. Vermutlich ist das Komitee die größte nationale NRO weltweit und verfügt über 17000 festangestellte Mitglieder.

All die oben angesprochenen Organisationen arbeiten eng mit ausländischen Geldgebern und Beratern zusammen.

Weitaus schwieriger als in Süd- und Südostasien ist das Gelände für NROen in China und in anderen *metakonfuzianischen Ländern*, in denen die Regierungen lieber „Revolution von oben" betreiben, als sich von NROen eines Besseren belehren oder gar in die Parade fahren zu lassen.

Lediglich in Japan und bemerkenswerterweise auch in Taiwan haben die „sozialen Bewegungen" (*shehui yundong*) ihre Bewährungsprobe längst hinter sich und sind zu Trägern von „Selbsthilfe" (*zili jiuji*) geworden, wobei sie sich in der Anti-Atomkraft-, der Behinderten-, der Kriegsveteranen-, der Frauen- oder der Hakka-Frage engagieren.

Ein ganz anderes Klima herrscht demgegenüber immer noch in der VR China, wo das Mißtrauen gegen autonome „Oppositions"-Kräfte noch auf lange Sicht bestehen dürfte. Gleichwohl melden sich auch hier an allen Ecken und Enden Quasi-NROen zu Wort, ohne daß sich diese Grupppierungen allerdings mit „provozierenden", d.h. die Bürokratie schockierenden Namen schmückten. Schon 1995 ließen sich in der VRCh nicht weniger als 1810 gesamtnational organisierte „Verbände" identifizieren, denen rund 90 Mio. Personen angehörten und deren Zahl allein zwischen 1990 und 1995 um sage und schreibe 48 % zunahm. Was gar die regional ausgerichteten Verbände anbelangt, so lag ihre Zahl zur gleichen Zeit bei etwa 200000.[26] Die Mehrzahl dieser Verbände widmete sich wissenschaftlich-technischen, wirtschaftlichen, kulturellen und sportlichen Aufgaben – in dieser Reihenfolge. Diese Inflation von „Vereinen", die ihrem Charakter nach häufig in die Nähe authentischer NROen rücken, folgt dem für die chinesische Gesellschaftsstruktur so typischen Trend zur Zellenbildung (zur *danwei* vgl. Kap. III.2.b) und hat längst nichts mehr mit „Massenorganisationen" im Leninschen Sinne zu tun: Statt Anleitung von oben entgegenzunehmen, wollen die *hui* (Vereine) Anstöße von unten geben. Die Behörden betrachten es offensichtlich als ratsam, die „Vereine" nicht zu gängeln, sondern ihre Tätigkeit lediglich durch Rahmenvorschriften zu kanalisieren, um so „Steuerung von Selbststeuerung" zu ermöglichen.

Die Reformbürokratie weiß, daß stets ein Weg der Mitte einzuhalten ist, wenn ihre Politik der repressiven Toleranz wenigstens für einige Jahre noch Bestand haben soll. Wird der Druck von oben zu stark, gleiten die Bewegungen in den Untergrund ab und nehmen die Gestalt von Geheimorganisationen an: Eine Einsicht, die seit Jahrhunderten zur „Weisheit der chinesischen Politik" gehört! Bleiben die Repressionen andererseits erträglich, so können die autonomen Zellen als Mithelfer, als Vordenker und als „Frühwarnsysteme" gegenüber all jenen Gefahren gewonnen werden, die in Zukunft noch auf China zukommen, seien sie nun sozialer oder aber ökologischer Natur.

„Autonome Minderheiten": Die Welt des Mikronationalismus meldet sich zu Wort

Zwei einander elementar entgegenwirkende Kräfte dürften im Asien des 21. Jahrhunderts verstärkt an Dynamik gewinnen, nämlich Globalisierung und Fragmentierung. Immer deutlicher stellt es sich ja heraus, daß der Nationalstaat, in dem sich die asiatischen Völker seit dem Ende der Kolonialzeit eingerichtet haben, einerseits viel zu klein ist, um Aufgaben von globaler Tragweite zu lösen, andererseits aber auch viel zu groß, um jeder Minderheit das Ihre zu gewähren.

Weltweit gibt es rund 3500 Völker, Stämme und Gruppen, die sich am liebsten zur eigenen Nation stilisierten – eine Tendenz, von der nicht zuletzt Asien ein Lied singen kann: In China gibt es beispielsweise 55 nationale Minderheiten, die bei der Volkszählung von 1990 mit 8 % der Gesamtbevölkerung angegeben wurden und sich zwischen 1982 und 1990 dreimal so schnell vermehrt haben wie das Hauptvolk der Han. In Vietnam leben neben den Chinh (wörtl.: „Städtern"), d.h. den eigentlichen Vietnamesen, noch 52 Minderheiten-Völker, die 11 % der Gesamteinwohnerschaft ausmachen; in Laos sind es sogar 68 Minoritäten, die ziemlich genau die Hälfte der Bevölkerung stellen.

Als Paradebeispiel für eine „multikulturelle" Gesellschaft darf aber vor allem Indien gelten, in dem praktisch sämtliche Rassen vertreten sind, angefangen von der negroid-australoiden Urbevölkerung über das drawidische Element bis hin zu den in zwei Wellen eingewanderten „Ariern" und den Mongolen. Daneben existiert eine Vielzahl von Religionen: 81 % der Bevölkerung bekennen sich zum Hinduismus, 14 % zum Islam, 3 % zum Christentum. Fast unüberschaubar auch die Sprachenvielfalt: In dem noch unter britischer Kolonialherrschaft erstellten „Linguistic Survey of India" sind nicht weniger als 179 verschiedene Sprachen und 544 Dialekte aufgelistet: 73 % der Bevölkerung benutzen Sprachen mit indo-arischer und 20 % mit drawidischer Wurzel.

Auch in Südostasien koexistieren zahlreiche „Communities" (Auslandschinesen, Auslandsinder, Eurasier, Bumiputra/Pribumi), Religionsgemeinschaften und Ethnien mit unterschiedlichster Lebensweise (Tieflandvölker/Montagnards) nebeneinander – ein Zustand, der fast immer von Spannungen, bisweilen auch von blutigen Zusammenstößen begleitet ist: Man denke an die haarsträubenden Community-Auseinandersetzungen im Malaysia des Jahres 1969, an die Dauerkonflikte zwischen Tieflandvölkern des kontinentalen Südostasien (Vietnam, Kambodscha, Laos, Birma und Thailand) mit den überall präsenten Hochlandbewohnern, an das spannungsgeladene Zusammenleben zwischen Bumiputra und Auslandschinesen, aber auch an das Sikh-Problem in Indien, an die Aufstände von 1959 und 1987 in Tibet oder an die Massenmorde in Sri Lanka.

Humus für den neuen Mikronationalismus, für den offensichtlich keine Geschichtsklitterung zu grob und keine autochthone Ideologie abseitig genug sein kann, ist in aller Regel das Zerbröckeln überkommener sozialer Ordnungen und die Konfrontation mit neuen Gegebenheiten, für die das überkommene Verhaltensrepertoire keine schlüssigen Antworten mehr bereithält.

Vieles spricht dafür, daß der Mikronationalismus zu einer der schwersten politischen Hypotheken des 21. Jahrhunderts werden könnte: Niemand hat dies schlimmer verkannt als Francis Fukuyama, der in einem kurz nach dem Ende des Kalten Kriegs erschienenen vieldiskutierten Buch kühn das „Ende der Geschichte" vorausgesagt hatte,[27] wobei er unterstellte, daß die nationalen und lokalen Besonderheiten immer mehr eingeebnet und durch eine von der Globalisierung diktierte „rationale Ausrichtung der Gesellschaft" ersetzt würde. Ganz im Gegensatz zu solchen Erwartungen beginnen die „Nationalismen", ja „Tribalismen" gerade seit dem Zusammenwachsen der Welt zu immer größeren Einheiten wie Bambussprossen aus der Erde zu schießen, sei es nun in Birma, wo die Karen, die Kachin und die Shan nach einem eigenen Staat verlangen, oder aber in Thailand, in Laos und auf den

Philippinen, wo ständig neue Unabhängigkeitsforderungen angemeldet werden.

Im 21. Jahrhundert wird sich entscheiden müssen, ob diese Herausforderungen mit „Autonomie"-Lösungen beantwortet werden können, oder ob das Chaos die Oberhand gewinnt.

Mit dem Entstehen autonomer Einheiten aber kommen zusätzliche Akteure ins Spiel – und mit ihnen weitere Stimmen aus dem vielfältigen Chor der „kleinen Politik", die den Konsens mit der „großen Politik" immer schwieriger werden lassen!

4. Fazit: Machtträger im 21. Jahrhundert: Nicht Solisten, sondern Chöre

Im traditionellen Asien waren es noch Mandarine, Gottkönige, Mullahs, Lamas oder Sultane gewesen, die den politischen Kurs vorgegeben hatten, wobei das Themenspektrum äußerst schmal zu sein pflegte, insofern nämlich soziale oder gar ökologische Fragen im öffentlichen Bewußtsein kaum existierten.

Demgegenüber hat sich im 20. Jahrhundert nicht nur der Kreis der Entscheidungsträger, sondern auch die Themenpalette exponentiell vervielfacht. Auf dem Vormarsch befinden sich darüber hinaus zwei neue Phänomene, für die es früher nicht einmal einen Namen gegeben hatte, die spätestens im 21. Jahrhundert aber zur schlichten Normalität gehören dürften, nämlich „kleine Politik" und „Interdependenz".

- „Kleine Politik": Konnten Entscheidungen früher noch unter Federführung der dafür formell „zuständigen" Ressorts getroffen werden, so mischen sich mittlerweile immer mehr Verbände, Vereine, Firmen, Medienvertreter und andere „Stimmen von unten" in den Chor der Entscheidungswilligen ein.
- Interdependenz: Außerdem müssen die Nationen zur Kenntnis nehmen, daß ihre a priori so unantastbare Souveränität von Entscheidung zu Entscheidung immer mehr dahinschmilzt, daß also selbst „ureigenste" Belange wie Arbeitsplatzbeschaffung, Konjunkturlage oder Währungsstabilität *von außen her* mitinduziert werden, von Umwelteinflüssen ganz zu schweigen.

Je weiter die Nationen sich ins 21. Jahrhundert hineinbewegen, um so stärker müssen sie sich damit abfinden, daß die einstige

Machtfülle ihrer Staatlichkeit, die sich früher einmal in der Trias von „Autonomie, Aktivität und Souveränität" auszudrücken pflegte, der neuen Dreiheit von „Heteronomie, Passivität und Interdependenz" Platz zu machen hat.

Im Zeichen der Interdependenz tritt an die Stelle der *Souveränität* das Geben und Nehmen, an die Stelle des einheitlich auftretenden *Souveräns* aber eine Vielheit von Instanzen, die lokaler, nationaler, regionaler, multilateraler oder globaler Natur sein können – je nach dem Thema, das zur Entscheidung ansteht.

Die Vielzahl, die permanente Einmischung und das Sanktionspotential dieser neuen „Konkurrenz" mag zwar einerseits als lästig empfunden werden, liefert gleichzeitig aber auch eine Garantie dafür, daß der Welt des 21. Jahrhunderts zwei Extreme erspart bleiben, nämlich einerseits die Herrschaft einer *zentralistisch* gebietenden Macht, sei es nun einer Weltregierung oder einer Supermacht herkömmlichen Zuschnitts, andererseits aber auch der Verzicht auf *politisches* Gestalten, der mit den Risiken eines Zufallsgenerators, nämlich der Dominanz der Marktgesetze, einherginge.

Zwischen den beiden (als solchen unbesetzt bleibenden) Extrempositionen der Hegemonie und der Bürokratiefreiheit entfaltet sich ein weiter Fächer von Akteuren, der bei den globalen Institutionen (à la UNO) beginnt und – über Nationalstaaten und Regionen hinweg – bis zu jenen gesellschaftlichen Gruppierungen reicht, die vor allem lokale Interessen artikulieren und sich aus der Dreiheit von Netzwerken, NROen und mikronationalen Gruppierungen formieren: Sie alle bilden das Koordinatensystem des 21. Jahrhunderts!

Unter den Staaten dürften vor allem China, Japan und das wiedervereinigte Korea ihr Gewicht voll auf die Waagschale bringen, während zerfallsbedrohte Länder wie Pakistan, Sri Lanka oder Indien bei den Entscheidungen wohl weniger zu Buche schlagen.

Neben den Nationalstaaten melden sich verstärkt auch regionale Allianzen zu Wort, von denen die ASEAN/ARF an Bedeutung zunehmen, die APEC als Gesprächsforum erhalten bleiben, die SAARC dagegen nicht so richtig in Tritt kommen dürfte. Ob eine ANEAN sowie eine Zentralasiatische Allianz entsteht, bleibt zweifelhaft.

Allen „Globalisierungs"-Tendenzen zum Trotz verlagern sich die Entscheidungen des 21. Jahrhunderts also auf die Schultern einer Vielheit von Akteuren, die sich, wenn sie den Geboten der „Vernunft" folgen, dem Subsidiaritätsprinzip unterwerfen: Lokale Fragen werden also von lokalen Trägern, staatliche Belange von den immer noch relevanten Nationalregierungen, globale Themen aber, wie z.B. die Schaffung von Friedens-, Wettbewerbs-, Umwelt- und Sozialordnungen, durch ein ständiges Gespräch zwischen Weltorganisationen, Staaten, Regionen sowie all jenen Gesellschaftsgruppierungen entschieden, die von den anstehenden Herausforderungen jeweils mit betroffen sind.

Als Ersatz für eine im 21. Jahrhundert wohl kaum noch mögliche Hegemonialstruktur könnte sich vielleicht eine polyzentrische Zwischenlösung einstellen, an der in Asien die Weltwirtschaftsmächte Nr. 1 und 4, nämlich Japan und China, beteiligt wären.

Tragfähige Ergebnisse wird es bei der zu erwartenden Dauer-„Konsultation" nur dann geben können, wenn von den daran Beteiligten gewisse Mindeststandards befolgt werden. Aus westlicher Sicht gehören dazu vor allem *sachliche* Kriterien wie Transparenz und Offenheit, Berechenbarkeit im Sinne strikter Rechtsbindung, Beachtung der Menschenrechte, Partizipation und Marktwirtschaftsorientierung, während aus asiatischer Perspektive eher die Ordnung der zwischenpersönlichen Beziehungen zählt, so daß „informelle" Gremien vom Range des ARF oder des ASEM zunehmend an Bedeutung gewinnen.

Vom Zusammenwirken sämtlicher Akteure hängt es ab, ob das 21. Jahrhundert eher von Harmonie oder aber, wie die erste Hälfte des 20. Jahrhunderts, von schrillen Dissonanzen bestimmt sein wird.

II. Welche Schwierigkeiten brennen künftig unter den Nägeln?

Verschiebungen im Themenspektrum

1. Zeitenwende: Der historische Themenwechsel

Gemessen an den Jahrtausenden, mit denen Inder, Chinesen, Vietnamesen oder Japaner zu rechnen pflegen, wenn sie die Geschichte ihres Landes durchmessen, mögen sich die fünf Jahrzehnte bis zum Jahr 2050 zwar nur wie ein Wimpernschlag ausnehmen. Wie ereignisreich eine solche historische Sekunde gleichwohl ausfallen kann, wird spür-, ja greifbar, sobald man den Blick 50 Jahre in die Vergangenheit zurückschweifen läßt. Verglichen damit scheint dann bereits die heutige Welt von einem anderen Stern zu stammen: Kaum war damals – und zwar mit der Kapitulation Japans im August 1945 – der Zweite Weltkrieg zu Ende gegangen, hatten auch schon die „Kriege nach dem Krieg" eingesetzt, vor allem mit dem Kräftemessen auf der Koreanischen Halbinsel, das in den beiden Indochinakriegen eine blutige Fortsetzung fand – mit Waffengängen also, die eine Folge der Aufsplitterung Asiens in „zwei Lager" waren. In der Tat hatte sich die UdSSR damals mit den neugewonnenen „sozialistischen Bruderländern" China, DVR Korea, DR Vietnam und Mongolische Volksrepublik so eindrucksvoll zusammengeschlossen, daß der Eindruck entstehen konnte, der gesamte eurasische Kontinent – „von Magdeburg bis Shanghai" – drohe einheitlich „rot" zu werden.

Im Gegenzug hatten die USA, zusammen mit dem insularen Asien, einen Abwehrgürtel aufgebaut, der von den Alëuten über Japan und Taiwan bis nach Thailand reichte. Ziel der „freien Welt" sollte es sein, „dem" Kommunismus mit einer Politik des Containment, ja des „Roll back" entgegenzutreten und Hand in Hand damit die sozialistischen Länder auch wirtschaftlich auszutrocknen.

Die „Zwei-Lager"-Politik, deren hoher Preis vor allem von den Asiaten zu zahlen war, wurde jedoch schon bald durch zwei Ereignisse von weltgeschichtlicher Bedeutung in Zweifel gezogen, nämlich durch die Bandung-Konferenz von 1955, bei der die Führer der asiatischen und der afrikanischen Welt über einen gemeinsamen dritten Weg *zwischen* beiden Lagern berieten, sowie durch den sino-sowjetischen Konflikt, der das „sozialistische Lager" in zwei Teile auseinanderriß und die asiatischen KPs dazu zwang, von nun an entweder für Moskau oder aber für Beijing Stellung zu beziehen.

Während sich die linken Bewegungen in Asien entlang der sino-sowjetischen Bruchlinie spalteten, entwickelten die prowestlich ausgerichteten Regime eine Dreifachstrategie, die sich mit den Stichworten Antikommunismus, Marktwirtschaft und Neoautoritarismus kennzeichnen läßt. Damals entstanden die Keime für die späteren Wirtschaftswunder in den Drachen- und Tigerländern.

In den 70er Jahren begann sich das allgemeine Interesse weg von Sicherheits- und hin zu Wirtschaftsfragen zu verlagern. Drei Ereignisse waren dafür besonders ausschlaggebend, nämlich der Besuch Nixons in Beijing (1972), die Beendigung des Vietnamkriegs im Jahre 1973 und der Niedergang der Wirtschaft in den Ostblockländern, mit dem fast gleichzeitig das Wirtschaftswunder der „vier kleinen Drachen" (Hongkong, Singapur, Taiwan und Südkorea) einherging, in dessen Gefolge schließlich auch das China Deng Xiaopings – und zwar im Dezember 1978 – auf Reformkurs ging: Ein Ereignis von weltpolitischem Ausmaß, da es auch andere realsozialistische Regime in seinen Bann zog – angefangen von der Sowjetunion, die sieben Jahre später ihren Glasnost-Kurs startete, bis hin zur Mongolischen Volksrepublik, zu Laos, Kambodscha – und Vietnam. China erlebte im Zug seiner „marktwirtschaftlichen" Reformen ein Turbowachstum und einen Investitionsboom, der einen neuen Mittelstand produzierte – und mit ihm eine neue Öffentlichkeit sowie ein anderes Sicherheitsdenken.

Während also in den 50er und 60er Jahren noch der Sicherheitsaspekt an erster Stelle gestanden hatte, waren in den 70er, vor allem aber in den 80er und 90er Jahren der Wirtschaftsaufbau, die soziale Frage und – neu in Asien! – die Umweltkrise in den Vordergrund gerückt.

Entsprechend dieser Entwicklung ist nachfolgend zuerst auf das Thema „Sicherheit" einzugehen. Anschließend sollen die

Wirtschafts-, Sozial- und Umweltfragen erörtert und in einem späteren Kapitel auch noch die Themen Identität und Emanzipation erläutert werden.

2. Der klassische Krieg verabschiedet sich

Der zwischenstaatliche Krieg verabschiedet sich, doch der gesellschaftliche Unfriede nimmt zu – so etwa könnte man die Landschaft beschreiben, die sich mit Blick auf das 21. Jahrhundert öffnet.

a) Asien – lange Zeit ein Kriegsopfer

Kein anderer Kontinent hat in den ersten zwei Jahrzehnten der Nachkriegszeit durch so viel Blut waten müssen wie Asien, und nirgends sonst hat sich deshalb auch eine so tiefe Sehnsucht nach Frieden und nach wirtschaftlicher Gesundung eingestellt wie hier, im bevölkerungsreichsten Teil des Raumschiffs Erde. Seit 1945 hat China sechs, Indien und Vietnam je vier, Indonesien zwei und Korea zwar nur einen – dafür aber ganz besonders blutigen – Krieg geführt.[28] Die Ergebnisse dieser Auseinandersetzungen hätten auf friedlichem Weg genauso gut, aber wesentlich billiger erreicht werden können!

Neben diesen militärischen Großereignissen war Asien in der Nachkriegszeit Schauplatz endloser Guerillaaktionen – angefangen von den zwölfjährigen „Emergency"-Auseinandersetzungen auf der Malaiischen Halbinsel (1948–1960) über die Kämpfe der Minderheiten in Birma, Laos und in Zentralvietnam bis hin zu den Aktionen der Roten Khmer, den muslimisch-katholischen Konflikten auf den Südphilippinen sowie den Dauerscharmützeln zwischen Regierungstruppen und Dacoits in Pakistan, den Spannungen im Pandschab, den Aktionen der Tamilen-Tiger auf Sri Lanka, den blutigen Kämpfen zwischen indonesischem Militär und der Bevölkerung Timors sowie Dauerauseinandersetzungen von Regierungstruppen mit der südthailändischen Guerilla – um hier nur einige Beispiele zu nennen.

All diese bewaffneten Konflikte haben Verlierer, aber auch „Kriegsgewinnler" hervorgebracht. Kein Wunder, daß der Krieg als Lösungsmittel längst nicht mehr akzeptiert, sondern nur noch zynisch kommentiert wird: Asien ist kriegsmüde geworden, zumal die goldumrandeten Ergebnisse einiger asiatischer Volkswirtschaften längst die zweifache Einsicht haben aufkommen lassen, daß es besser sei, Konflikte mit dem Yen, dem Yuan oder dem Baht auszukämpfen als mit dem Gewehr, und daß, zweitens, das Militär seine frühere Rolle als „Mittelstandsersatz" ausgespielt und diesen Platz zunehmend für Vertreter der neuen Bürgergesellschaften zu räumen habe.

b) Friedenssuche in einem neuen Ordnungsdreieck

Zumindest aus drei Gründen scheinen dem Kontinent einige friedliche Jahrzehnte bevorzustehen: Politisch ist Asien nach einem „Sechsunddreißigjährigen Krieg" (1937–1973) vom Glauben an die Nützlichkeit militärischer Auseinandersetzungen aufs gründlichste geheilt worden. Wirtschaftlich sind darüber hinaus alle Länder, die sich auf den Weg der Interdependenz und der Weltmarktintegration eingelassen haben, mit üppigen Friedensdividenden belohnt worden. Aus sozialer Perspektive schließlich war es vor allem die Entdeckung der Bürgergesellschaft, die eine Sublimierung gesellschaftlicher Konflikte mit sich gebracht hat.

Hand in Hand mit diesem Perzeptionswandel entstand eine neue Ordnungsvision, die, ohne daß dies Punkt für Punkt so artikuliert würde, im Zeichen einer Dreier-Agenda steht: Abrüstung, Einbindung und Gleichgewichtung.

- *Abrüstung*: Bereits am Ende des 20. Jahrhunderts haben die meisten asiatischen Staaten das Hauptregelwerk für den Großen Marsch in Richtung Demilitarisierung zumindest völkerrechtlich anerkannt, indem sie den Konventionen über Nichtweiterverbreitung von ABC-Waffen, über Selbstbeschränkungen bei der Weitergabe von Raketen sowie über das Verbot von Nukleartests beitraten; lediglich Indien und Pakistan tanzten aus der Reihe, indem sie 1998 Nukleartestserien durchführten – und damit ein Verhalten an den Tag legten, das von den anderen Staaten des Kontinents als nuklearer Amoklauf eingestuft und, was schmerzhaft für die „Täter" war, als Paria-Verhalten sowie als Verstoß gegen eine Art asiatischen Grundkonsens empfunden wurde.

Daneben ist es zu regionalen Abkommen über nuklearwaffenfreie Zonen, z.B. im Himalayagebiet sowie im gesamten ASEAN-Bereich, gekommen.
Ferner sind die Reihen der Soldaten gelichtet, die Militärausgaben sowie die Bestände an schweren Waffen reduziert und die Zahlen der in Rüstungsbetrieben Beschäftigten zurückgeschraubt worden.
Verbleiben nach alledem nur zwei Themen, die offensichtlich bewußt ausgespart werden, nämlich die Frage der konventionellen Abrüstung sowie der Waffenkonversion. Hauptgrund für die Tabuisierung dieser Fragen dürfte die panische Furcht vieler asiatischer Staaten vor ihren Nachbarn sein, z.B. Pakistans vor Indien, Singapurs vor Malaysia/Indonesien und fast aller asiatischen Staaten – ob zu Recht oder zu Unrecht – vor China.
Längerfristig dürften sich die größeren Staaten, und vielleicht auch die ASEAN, dazu entschließen, dem Vorbild der Nato zu folgen und einstige militärische Großgliederungen in kleine „schnelle Eingreifverbände" umzuwandeln, konventionelle Waffen durch „smart bombs" zu ersetzen und vor allem jenen Peripheriekonflikten verstärkte Aufmerksamkeit zu schenken, die im Zeichen des Mikronationalismus und des Fundamentalismus anstehen.

- *Einbindung statt Eindämmung:* Gerade weil einige realsozialistische Länder auch am Ende des 20. Jahrhunderts noch unter einem (geschichtlich durchaus erklärbaren) Eindämmungstrauma leiden, könnte sich die Abwendung von westlichen und die Rückkehr zu authentisch asiatischen Spielregeln als heilsam erweisen. Der bisher originellste Versuch, die Mächte Asiens in ein akzeptables Dauergespräch einzubinden, ist das 1994 auf Initiative Singapurs gegründete ARF (ASEAN Regional Forum), dessen „asiatische" Eigenart darin besteht, schwierige Fragen möglichst informell und ohne die Gefahr eines Gesichtsverlusts anzugehen. Das ARF hat sich im Umfeld der jährlich einmal stattfindenden und schon jetzt traditionsreichen ASEAN-Außenministerkonferenz entwickelt, die ihrerseits von einer „Partnerkonferenz" und – eben – vom ARF flankiert wird. Das ARF soll von einer Überlastung mit Sachthemen möglichst freigehalten werden und zielt in erster Linie auf die

Begegnung zwischen wichtigen Politikern sowie auf Herstellung jener vertrauensvollen „Atmosphäre“ ab, wie sie fast allen Asiaten heilig ist und wie sie im Chinesischen – fast schon andächtig – *qifen*, im Japanischen *kimochi* und im Koreanischen *kibun* genannt wird, wobei allen drei Begriffen jene Assoziation zugrunde liegt, die vom schönen deutschen Wort „Kamingespräche“ ausgeht.

Ähnliche Vorstellungen verknüpfen sich übrigens auch mit den ASEMs (Asia Europe Meetings), deren erstes Treffen in Form einer Gipfelkonferenz im März 1996 in Bangkok abgehalten wurde und bei dem es ebenfalls weniger um Sachfragen als vielmehr um die Herstellung vertrauensvoller *guanxi* („Beziehungen“) ging.

Da die Asiaten in ihren politischen Kulturen seit Jahrhunderten auf Rituale eingeschworen sind, dürfte es ihnen auch kaum schwerfallen, zu Spielregel-Absprachen und zum Schwur auf gemeinsame Prinzipien zu kommen, sei es nun auf einen „Pacific Concord“, auf eine „Asia Charta“ oder aber auf bilaterale und multilaterale Regelwerke, die zwar erst im 21. Jahrhundert feste Gestalt annehmen dürften, die aber, einmal festgezurrt, eine solide Sicherheitsarchitektur erwarten lassen. In einer solchen „Charta“[29] müßten nicht nur prinzipielle Sicherheits- und Gleichgewichtsvorstellungen (z.B. in Form einer Einigung über den „Antihegemonismus“-Begriff) niedergelegt, sondern auch sozioökonomische Gemeinschaftsziele definiert werden, sei es nun durch Einforderung einer „Wirtschaft mit menschlichem Antlitz“ oder aber durch Klärung des Verhältnisses zwischen Individual- und Sozialrechten.

– *Herstellung von Gleichgewichten:* Seit Bilateralismus und Kalter Krieg der Vergangenheit angehören, hat in Asien eine Suche nach immer neuen Gleichgewichtslösungen eingesetzt, in die auch heikle Fragen wie das Koreaproblem, der Taiwankomplex oder die Frage des Südchinesischen Meers besser eingebettet werden könnten.

Nicht zufällig tritt hierbei China als Hauptimpulsgeber hervor – eine durch das konfuzianische Erbe auf Gleichgewicht programmierte Macht also, die schon in stalinistischer Zeit das Entweder-Oder- sowie das „Zwei-Lager-Denken“ der UdSSR mit einem „Sowohl-als-auch“ torpediert hatte – und dieser Li-

nie bis heute treu geblieben ist: angefangen von der 1964 verkündeten „Zwischenzonen-" über die 1974 proklamierte „Drei-Welten-Theorie" bis hin zu den „Multipolarisierungs" (*duojihua*)-Vorstellungen des Reformzeitalters, in denen sich tripolare und pentapolare Vorstellungen die Hand reichen.
Danach kristallisiert sich in den kommenden Jahrzehnten ein globales Fünfeck heraus, das von den „Polen" China, Europa, Japan, Rußland und den USA bestimmt wird und dessen Feinstruktur wiederum aus vier Dreiecken besteht – mit der Supermacht USA im Zentrum (vgl. Graphik). China hat hier bezeichnenderweise einen uralten Zentralanspruch („Reich der Mitte") aufgegeben und sieht sich nur noch als eines von fünf Zentren.

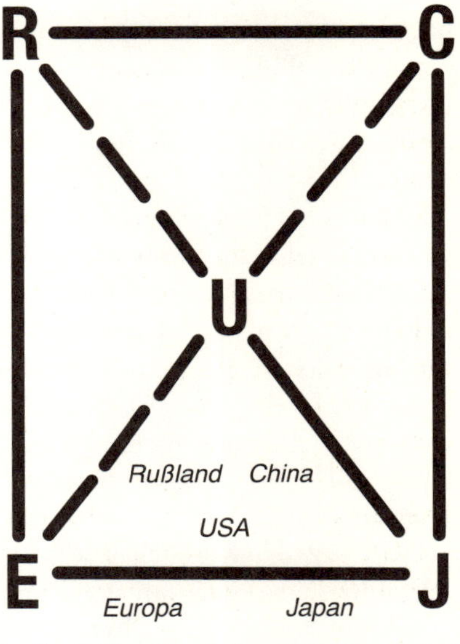

Quelle: Beijing Rundschau 1995, Nr. 39, S. 22

Zu dem für die Stabilisierung Ostasiens besonders wichtigen Dreieck Nr. 1 gehören die USA, Japan und China. Diese Triade steht im Zeichen vielfältiger Spannungen, die noch weit bis ins 21. Jahrhundert hinein andauern dürften: Man denke an die Handelskonflikte zwischen den USA und Japan, an die menschenrechts- und taiwanbezogenen Meinungsverschiedenheiten

zwischen den USA und China oder an die Reibungen zwischen China und Japan, die sich aus wechselseitigen (!) Bedrohungsvorstellungen ergeben: hie „Wiederbelebung des Militarismus in Japan", dort „Vormachtsambitionen Chinas"!
Dreieck Nr. 2 besteht aus den USA, China und Rußland: Auch hier dürften die Beziehungen eher von Konkurrenz als von Konkordanz bestimmt bleiben. Man braucht gewiß auch kein Prophet zu sein, um vorauszusagen, daß vor allem die „strategische Partnerschaft" zwischen Beijing und Moskau, die im Zeichen einer historischen Talfahrt Rußlands, nämlich 1996/97, geschmiedet wurde, in *dem* Augenblick wieder an „Herzlichkeit" verliert, da der Koloß Rußland wieder zu sich selbst und zu seinen Möglichkeiten zurückfindet.
Dreieck Nr. 3 besteht aus den Ecken USA, Europa, Japan und ist von gemeinsamen Sicherheitskalkülen, aber auch von wechselseitigen Handelskonkflikten bestimmt.
Dreieck Nr. 4 schließlich setzt sich aus den USA, Rußland und der EU zusammen, liegt also außerhalb des unmittelbaren asiatischen Spektrums.
An allen vier Dreiecken ist jeweils nur *eine* Macht voll beteiligt, nämlich die USA, die sich damit erneut – und wohl noch weit bis ins 21. Jahrhundert hinein – als die einzig verbliebene Supermacht präsentieren. Allerdings wird früher oder später auch China verstärkt mitreden wollen, da es zum einen bereits im ersten Quartal des 21. Jahrhunderts an den USA wirtschaftlich (Gesamt-BIP!) vorbeiziehen und da es zweitens wieder seinen „Impansionismus" ins Spiel bringen möchte: „Einschränken durch Gleichgewicht, Herübergewinnen durch Modellhaftigkeit" – so etwa läßt sich der Kerngehalt künftiger chinesischer Außenpolitik umschreiben. Ganz auf der Linie ihrer zweitausendjährigen Tradition geht es den Chinesen also weniger um materielle Macht- als vielmehr um Modellentfaltung – also um Zielsetzungen, die sich von den „nationalen Interessen" der „realistischen" Morgenthau-Schule grundlegend unterscheiden. Typisch für diesen Kurs „impansionistischer" Einwirkung ist schon heute der Versuch Beijings, Einfluß auf die (nach dem Zerfall der Sowjetunion neu entstandenen) Republiken Zentralasiens zu gewinnen: Zwischen drei Optionen gilt es dort längerfristig zu wählen, nämlich zwischen pantürkischem Inte-

grationismus, islamischem Fundamentalismus oder aber chinesischem Reformismus. China dürfte hier nichts unversucht lassen, die zu seinem Gebiet gehörende Autonome Region Xinjiang verstärkt ins Spiel zu bringen und sie – konfuzianisch ausgedrückt – zum „Polarstern" in Zentralasien werden zu lassen[30] – zu einem Fixpunkt also, den man nicht bekämpft, sondern bewundernd umkreist und nachahmt.

Fazit: Wie die seit den 70er Jahren aufgetauchten Trends anzuzeigen scheinen, entsteht die Sicherheitsarchitektur des 21. Jahrhunderts nicht durch Anhäufung von Waffen, sondern durch Einübung von Spielregeln, durch Herstellung von Gleichgewichten, durch den Aufbau von *guanxi* und durch die Übermittlung „richtiger" Überzeugungen. Einer der Hauptarchitekten war hierbei übrigens Japan, das seine Politik der „umfassenden Sicherheit" (*sōgō anzen*) bereits in den 50er Jahren auf den Weg gebracht hat (vgl. dazu auch Kap. I.2.b).

Mit den neuen Spielregeln im Visier könnten sich auch die in Asien noch verbliebenen *Restkonflikte* auf konstruktive Weise lösen lassen, zumal die Selbstbefreiungs- und Weltanschauungsapologetik der Nachkriegszeit mittlerweile so gut wie verschwunden ist, sieht man einmal vom Sonderfall Nordkorea ab.

Statt um ideologische geht es heute – und wohl auch in den nächsten Jahrzehnten noch – um eher handfest-materielle Interessen, sei es nun um Territorien oder aber um Rohstoffe, wobei nicht nur an Öl und Kohle, sondern auch an Wasser zu denken wäre.

Ins neue Jahrhundert können die Staaten Asiens mit der Zuversicht eintreten, daß zumindest die meisten Landgrenzen mittlerweile unter Dach und Fach gebracht worden sind.

Dies gilt vor allem für die VR China, die nicht weniger als 15 Nachbarn hat[31] und die sich mit der Sowjetunion (an drei Stellen), mit Indien (ebenfalls an drei Stellen) und mit Vietnam jahrzehntelang verbale – und manchmal auch militärische – Grenzgefechte geliefert hatte, bevor sie dann auf Verhandlungen[32] einschwenkte und in verhältnismäßig kurzer Zeit durch Verträge und Abkommen über fast alle Grenzverläufe Einigung erzielen konnte.[33]

Landgrenzprobleme gab es überdies lange Zeit zwischen Indonesien und Papua-Neuguinea, Myanmar und Thailand, den Philippinen und Malaysia (Sabah-Konflikt!), Thailand und Malaysia,

Kambodscha und Vietnam, Laos und Thailand sowie Pakistan und Indien. Während die meisten dieser Streitigkeiten mittlerweile friedlich entsorgt werden konnten, hat das Kaschmir-Problem seine Sprengkraft behalten.

Anders als bei den Landgrenzen dürften die Konflikte in den Meeren noch auf lange Zeit hin hohe Wellen schlagen, sei es nun im Ostchinesischen Meer,[34] im Golf von Tongking[35] oder im Südchinesischen Meer, wo sich beim Streit um den Spratly-Archipel nicht weniger als fünf Parteien (China, Taiwan, Vietnam, Malaysia und die Philippinen) in den Haaren liegen.

Auch Japan stellt in drei Bereichen Ansprüche, deren Lösung wohl noch Jahrzehnte in Anspruch nehmen dürfte.[36] Ferner gibt es Maritimstreitigkeiten zwischen Vietnam und Kambodscha, zwischen Thailand und Kambodscha, zwischen Thailand und Vietnam, zwischen Malaysia und Thailand, zwischen Malaysia und Indonesien, zwischen den Philippinen und Indonesien, zwischen Indonesien und Vietnam, zwischen Indonesien und China (Natuna!) sowie zwischen Malaysia und Singapur um Vorrechte in der Straße von Malakka.[37]

Hauptsprengsatz unter all diesen Einzelkonflikten ist das Hickhack um die Spratly-Inseln, die ja nicht nur im Fadenkreuz der Weltschiffahrt (vom Pazifik zum Indischen Ozean, also von Ost nach West, sowie von Nord- nach Südostasien) liegen, sondern deren maritimes Umfeld überdies als Öl- und Gaseldorado gilt.

Immerhin bestehen Aussichten, daß es zwischen den fünf Aspiranten langfristig zu vier- oder fünfseitigen Vereinbarungen über die gemeinsame Nutzung kommt. Ob dabei – und zwar auf der Basis des Status quo! – auch die Eigentumsverhältnisse unter Dach und Fach gebracht werden, steht allerdings auf einem anderen Blatt.

„Wasserstreitigkeiten" gibt es nicht nur um die Meere, sondern auch Tausende von Kilometern abseits der Meere, nämlich im ariden Zentralasien, wo der Kampf um die Verteilung des Amu-Darya- und des Syr-Darya-Wassers zu veritablen Ökokriegen führen könnte, würden hier nicht rechtzeitig Arbitragelösungen gefunden werden.

c) Der klassische Krieg geht, der gesellschaftliche Unfriede kommt

Während die zwischenstaatliche Gewaltanwendung durch Verrechtlichung, durch Zivilisierung der Gesellschaften und durch internationale Konfliktbereinigung (UNO!) marginalisiert wird, befindet sich die Gewalt *in der Gesellschaft* kräftig im Aufwind, sei es nun in Form organisierter Kriminalität oder aber terroristischer Übergriffe.

Das organisierte Verbrechen, das in Asien auf eine lange Tradition zurückblicken kann (man denke an die chinesischen Triaden, an die japanischen Yakuza, an die indisch-pakistanischen Dacoits oder an das südostasiatische Seeräuberunwesen), erfährt gegenwärtig, im Zeichen zunehmender Mobilität und neuer Technologien eine dramatische Revitalisierung. Sieben Verbrechensfelder haben beispielsweise den Humus für die Wiederbelebung der chinesischen Triaden geliefert, nämlich Drogenhandel, Spielbanken, Immobiliengeschäfte, Menschenhandel, Geldwäscherei, Waffenschieberei und Schleusung von „Asylanten".[38] Fast überall handelt es sich hier um Bereiche, die ausbaufähig, also „zukunftsträchtig" sind, zumal die Chancen nationaler Verfolgungsbehörden, der Delinquenten habhaft zu werden, angesichts der grenzüberschreitenden Tätigkeitsfelder und einer immer raffinierter werdenden Machart dramatisch abnehmen.

Ein besonders einträgliches Geschäftsfeld findet das organisierte Verbrechen im Drogenhandel – mit der Folge, daß die *„Dada"*[39] -Abhängigkeit rasch zunimmt: In Thailand und Vietnam hat die Zahl der „Junkies" längst die Halb-Millionen-Grenze überschritten, und auch in Malaysia liegt sie bei rund 1 % der Bevölkerung – mit steigender Tendenz.

Selbst wenn die „Naturdrogen" im Gefolge der international immer besser koordinierten Verfolgung eines Tages an Bedeutung verlieren sollten, bleibt den Drogennetzwerken der „Trost", daß der Konsum von Designerdrogen, vor allem von aufpeitschenden und angeblich „leistungssteigernden" Amphetaminen, offensichtlich unaufhörlich zunimmt.

Finanziell attraktiv ist auch das Schleusergewerbe, das sich nicht nur in Richtung USA und Europa, sondern neuerdings auch hin zu den wirtschaftlich attraktiveren asiatischen Nachbarländern entfaltet, so z. B. nach Japan, wo sich das Parlament 1997 gezwungen sah, ein Gesetz zu verabschieden, das nicht nur die chinesischen Immigranten, sondern auch die „Schlangenköpfe" der Schleuserbanden schärfer aufs Korn nimmt, zumal die illegale Einwanderung zu einem kräftigen Anstieg der Kriminalität vor allem bei organisierten Pkw-Diebstählen, bei Raubüberfällen, bei Auftragsmorden und im Strichermilieu geführt hat.[40]

Auch der Terrorismus befindet sich im Aufwind, vor allem soweit er mit dem Mikronationalismus oder aber mit der sozialen Frage einhergeht. Definiert man „Frieden" als Abwesenheit von Gewalt – und zwar sowohl von direkter als auch von „struktureller Gewalt"[41] –, so ist künftig zunehmende Notwehr der „Entrechteten" zu erwarten, die, wie z. B. bei den „Tamil-Tigern" in Sri Lanka, schnell terroristische Dimensionen annehmen kann.

Auch in der Nährlösung des Fundamentalismus pflegen die Keime des Terrorismus rasch aufzugehen – man denke an die bereits erwähnten blutigen Zusammenstöße zwischen der hinduistischen Shiv Sena („Armee Shivas") und den Muslims sowie an die Kastenauseinandersetzungen im indischen Bundesstaat Bihar, die ebenfalls mit „Sena"-Unterstützung geführt wurden – hier der maoistischen.

Soziale Konflikte, die nach dem Ende des Zweiten Weltkriegs noch im Zeichen des Klassenkampfs und der „nationalen Befreiung" ausgefochten worden waren, drohen künftig zu einer Gemengelage aus zielloser Aggression und Selbstzerstörung zu werden, wie sie bereits im Zusammenhang mit dem afghanischen Drama der 80er und 90er Jahre auf höchst atavistische Weise zutagegetreten ist. Hauptursache solcher Konflikte sind unaufhörlich wachsende Niveauunterschiede, die ein Gefühl der Perspektivlosigkeit sowie des Überflüssigseins erzeugen und am Ende dafür sorgen, daß die Fundamentalisten immer neuen Zulauf erhalten.

Freilich gibt es, wie in Kapitel VI näher auszuführen, in den meisten asiatischen Gesellschaften auch starke Gegenkräfte, die dazu beitragen, die Gewalt einzudämmen – Stichworte: Harmoniebedürfnis, Ordnungsversessenheit und Leidensfähigkeit.

3. Die soziale Frage auf dem Vormarsch

a) Bevölkerungsexplosion: Von den schwindelerregenden Dimensionen Asiens bis zum Jahre 2050

Nach UNO-Berechnungen von 1998 dürfte sich die Weltbevölkerung bis zum Jahre 2050 auf eine „wahrscheinliche" Mittelrate von 9,4 Mrd. Menschen einpendeln.[42]

Zehn Staaten, darunter sechs ostasiatische, hatten bereits 1998 eine Bevölkerung von über 100 Mio. Einwohnern – nämlich China (1,23 Mrd.), Indien (945 Mio.), USA (269 Mio.), Indonesien (200 Mio.), Brasilien (161 Mio.), Rußland (148 Mio.), Pakistan (140 Mio.), Japan (125 Mio.), Bangladesch (120 Mio.) und Nigeria (115 Mio.). Bis 2050 kommen noch zwei weitere asiatische Staaten hinzu, nämlich die Philippinen und Vietnam.

Hielten die Wachstumstrends von 1993 weiter an, so hätte sich die Bevölkerung in Pakistan und Laos schon bis 2017 verdoppelt; in Bangladesch dauerte es bis 2024, in Malaysia und Vietnam bis 2025, auf den Philippinen bis 2027, in Indien bis 2031, in Indonesien bis 2039, in der VR China bis 2061, in Südkorea bis 2066, in Singapur und Taiwan bis 2073, in Hongkong bis 2172 und in Japan bis 2203.[43]

Die wirtschaftlich mit Abstand erfolgreichste Nation Asiens, Japan, hat also den weitaus geringsten Bevölkerungszuwachs. Es folgen – erwartungsgemäß – die „vier kleinen Drachen" und dann erstaunlicherweise auch schon die VR China, die diese (angesichts ihres volkswirtschaftlichen Niveaus eigentlich) untypische Entwicklung durch ihre seit 1980 eingeleitete Familienplanungspolitik erreicht hat.

Bereits hier, bei der „Bevölkerungsexplosion", zeigt sich ein bemerkenswertes Gefälle zwischen den vier Hauptregionen des asiatischen Kontinents: Während nämlich das wirtschaftlich an der Spitze stehende Ostasien den geringsten Zuwachs zu verzeichnen hat, nimmt Südostasien einen gesicherten zweiten Rang ein, indes die Länder Südasiens das Schlußlicht bilden – und zwar Hand in Hand mit den zentralasiatischen Republiken, die mit einem Zuwachs von sage und schreibe 3,9 % an der Spitze Asiens stehen, gefolgt von Südasien (+2,8 %), Südostasien (+2,5 %) und Ostasien (+1,7 %).

Und die Bevölkerungsdichte? Obwohl Asien zwischen 1970 und 1993 mit + 2,1 % langsamer gewachsen ist als z.B. Afrika (+ 3,5 %) oder Lateinamerika (+ 2,5 %), stellt es doch alle anderen Erdteile weit in den Schatten, und zwar sowohl nach Zahl als vor allem auch nach Einwohnerdichte: Bei der Dichte steht Hongkong mit 5588 Einwohnern pro qkm einsam an der Spitze.[44] Es folgen Singapur (4548), Bangladesch (768), Taiwan (574), Republik Korea (441), Sri Lanka (265), Indien (264), Philippinen (218), Vietnam (209), Pakistan (150), Nepal (134), VR China (121) und Thailand (113).

Vergleicht man diese Zahlenangaben mit denen Deutschlands (223), so sollte sogleich mitbedacht werden, daß ein Land wie beispielsweise China zu zwei Dritteln mit Gebirgen und Wüsten überzogen ist, daß sich die Bevölkerung also nicht gleichmäßig über die Landkarte verteilt, sondern sich auf die Küsten- und Flußlagen konzentriert und dort, vor allem in großstädtischen Ballungsgebieten wie Shanghai oder Guangzhou, eine Dichte erreicht, die der von Hongkong kaum nachsteht, während der Westen des Landes auf weite Strecken hin nahezu unbesiedelt ist.

Angesichts der oben aufgezeigten Verdoppelungszahlen könnten sich die hier genannten Verdichtungen bis 2050 verzwei-, wenn nicht gar verdreifacht haben.

b) Folge 1 der Bevölkerungsexplosion: Wachsendes Gefälle

Als die Staaten der Dritten Welt 1955 bei der Bandung-Konferenz ihre Gemeinsamkeiten beschworen, konnten sie nicht ahnen, daß ihre vermeintliche Einheit schon wenige Jahrzehnte später durch gewaltige Kräfte auseinandergerissen würde, die vor allem in drei Bereichen wirksam wurden:

Gefälle Nr. 1: Zwischen den Volkswirtschaften

Am Ende des 20. Jahrhunderts geben die Statistiken Anlaß zu der Vermutung, daß die Armen immer ärmer und die Reichen immer reicher werden. 20 % der weltweit wohlhabendsten Volkswirtschaften verfügten 1960 über etwa 70 % des Welt-BIP, 1996 dagegen bereits über 84 % – mit steigender Tendenz; im gleichen Zeitraum war bei den ärmsten 20 % der Anteil am BIP von 2,4 % auf

1,3 % gesunken.[45] Zu den ärmsten Nationen gehören mittlerweile die afrikanischen Länder südlich der Sahara, während andere Mitglieder der einst so umfangreichen Dritten Welt längst in die Gruppe der Reichen vorgestoßen sind, vor allem Hongkong und Singapur, aber auch andere asiatische Erfolgsländer. Als spektakulärster Fall eines raketenartigen Aufstiegs hat sich Südkorea erwiesen, das noch Mitte der 60er Jahre ein rückständiger Agrarstaat gewesen war, sich im Zeitraum 1985–1993 aber mit einer BIP-Wachstumsrate von durchschnittlich 8,1 % mit an die Spitze katapultieren konnte und schon 1993 nur noch 7 % seines BIP aus der einstmals so dominierenden Landwirtschaft bestritt. 1992 war es mit seinem Gesamt-BIP an den Niederlanden und 1993 mit seinem Pro-Kopf-BIP an Griechenland und Portugal vorbeigezogen.[46] Zwar versetzte die Asienkrise dem Land, ebenso wie den anderen „Drachen" und „Tigern", einen Dämpfer, der seine Wirtschaft jedoch kaum daran hindern dürfte, nach kurzer Benommenheit den Eilmarsch spätestens mit Beginn des 21. Jahrhunderts wieder aufzunehmen.

Asien steht in der Dritten Welt zwar weit an der Spitze, ist in sich jedoch keineswegs einheitlich, sondern läßt schon am Ende des 20. Jahrhunderts fünf ausgeprägte Gefällestufen erkennen, die sich im 21. Jahrhundert voraussichtlich noch erweitern. Zu Gruppe 1 (mit einem Einkommen von über 15 000 US-$ pro Kopf) gehörten nach dem Stand von 1993 Japan (32 000), Singapur (19 000), Hongkong (18 000) und Brunei (17 000). Gruppe 2 (zwischen 15 000 und 2 000) umfaßte Taiwan, Südkorea, Malaysia, Thailand; Gruppe 3 (zwischen 2 000 und 500) Indonesien, die Philippinen, Malediven und Sri Lanka sowie Gruppe 4 (unter 500) unter anderem die VR China (490), Pakistan, Indien (290), Laos und Bangladesch. Zu Gruppe 5 (unter 200) gehörten Vietnam, Kambodscha, Myanmar, Bhutan und Nepal.

Höchst uneinheitlich nehmen sich die südostasiatischen Staaten aus: Während das insulare Südostasien z. T. Spitzen-, im übrigen aber gute und mittlere Plätze belegt, gehören die vier festländischen Staaten Vietnam, Laos, Kambodscha und Myanmar zu den Schlußlichtern.

Ganz am Ende des Entwicklungszugs stehen die Länder Südasiens, ganz an der Spitze dagegen durchwegs Volkswirtschaften, in denen die metakonfuzianische Tonlage vorherrscht. Wenn die

VR China und vor allem Vietnam, die beide ja ebenfalls zum konfuzianischen Kulturkreis gehören, gegenüber den anderen Volkswirtschaften so weit zurückgeblieben sind, so liegt dies vor allem an ihrer jahrzehntelang im Zeichen des Realsozialismus geführten Wirtschaftspolitik, die das metakonfuzianische Erbe eine Zeitlang verdrängt, es aber mittlerweile in aller Hast wieder hervorgeholt hat.

Während bei der ostasiatischen Ländergruppe der Pfeil langfristig nach oben zeigt (hohes Wirtschaftswachstum bei geringer Bevölkerungsvermehrung), verhält es sich mit den südasiatischen Ländern gerade umgekehrt. Südostasien nimmt im großen und ganzen einen mittleren Platz ein, wobei es eher zu Ost- als zu Südasien hin tendiert.

Wer bereits hat, bekommt auch noch hinzu: Ganz gewiß ist es nämlich kein Zufall, daß von dem in die Dritte Welt strömenden Investitionskapital in den 90er Jahren rund 60 % nach Ost- und Südostasien geflossen sind, dagegen nur 4 % nach Südasien. Von dem gesamtasiatischen 60-Prozent-Kuchen wiederum gingen rund 70 % in die VR China. Die Volksrepublik nahm damit vierzehnmal so viel Kapital auf wie das gesamte Afrika südlich der Sahara. Man braucht kein Prophet zu sein, um vorauszusagen, daß angesichts der Effizienzunterschiede zwischen beiden „Standorten" der chinesische Vorsprung im 21. Jahrhundert noch weiter anwächst – mit der Folge, daß China weiter auf –, das subsaharische Afrika dagegen weiter absteigen wird – womöglich in eine Fünfte Welt.

Gefälle Nr. 2: Zwischen den Regionen

Wachsendes Gefälle entsteht aber nicht nur zwischen den Kontinenten und ihren Staaten, sondern auch zwischen den führenden und den zurückgebliebenen Regionen innerhalb der einzelnen Volkswirtschaften. Beläuft sich der Abstand zwischen der wohlhabendsten und der ärmsten deutschen Region, nämlich zwischen Hamburg und Mecklenburg-Vorpommern, auf 3:1, so liegt er in China (Shanghai – Provinz Guizhou) bei 9:1. Während sich das Gefälle zwischen den deutschen Regionen überdies seit 1990 abflacht, nimmt es in China gerade umgekehrt zu. Damit aber wächst die Gefahr, daß sich das Land im Laufe des 21. Jahrhunderts in eine Erste, eine Zweite und vielleicht sogar Vierte Welt auseinanderentwickelt!

Ähnliche Gefälle klaffen in Südost- und Südasien: In Südostasien haben sich mehrere regionale Wirtschaftsschwerpunkte herausbilden können, die ihre Umgebung weit in den Schatten stellen, so z.B. der Großraum Bangkok, der das übrige Thailand wirtschaftlich fast als Restgebiet erscheinen läßt, desweiteren das indonesische JaBoTaBek, d.h. der durch die vier westjavanischen Industriestädte Jakarta, Bogor, Tangerang und Bekasi definierte Großraum, gar nicht zu reden vom malaysischen Kuala Lumpur, von Manila und von Singapur.

Ähnlich stark ist das Gefälle zwischen den zwei südasiatischen Hauptballungsräumen Bombay und Kalkutta einerseits und dem „Hindi-Herzland" mit den Bundesländern *BI*har, *MA*dhya Pradesh, *R*ajastan und *U*ttar Pradesh, die bisweilen unter dem vielsagenden Akronym BIMARU auftauchen, in dem auch die Wortwurzel für das Hindi-Wort *bimar* („krank") steckt.

Nirgendwo in Europa finden sich Gefälle zwischen Schwerpunktregionen und dem „Rest", die sich mit den Marathondistanzen Asiens auch nur annähernd vergleichen ließen!

Gefälle Nr. 3: Zwischen Metropolen und Dörfern

Während der Verstädterungsprozeß in Deutschland zwischen 1960 und 1993 bei 0,7 %, zwischen 1993 und 2000 sogar nur noch bei 0,4 % liegt, kommt China bei den entsprechenden Verstädterungsraten auf 3,1 % bzw. 3,8 %.[47] An Deutschland gemessen kommt Südkorea für den Zeitraum 1993–2000 sogar auf das Sechsfache (2,3 %), Thailand auf das Siebenfache (2,8 %), Malaysia auf das Neunfache (3,6 %) und die Philippinen sowie Vietnam auf das Zehnfache (3,9 %). Noch weitaus schneller geht es bei den asiatischen Rekordhaltern voran, nämlich bei Indonesien (4,2 %), Laos und Kambodscha (je 5,9 %) sowie bei Nepal (6,9 %).[48]

Noch 1960 lebte kaum ein Viertel aller Asiaten in Städten – in Bangladesch waren es beispielsweise 5 %, in Thailand 13 %, in Indien 18 % und in China 19 %. Vierzig Jahre später, nämlich im Jahre 2000, hat hier z.T. eine Verdoppelung stattgefunden – in Korea beispielsweise von 28 % auf 86 %, in Malaysia von 27 % auf

58 %, in Indonesien von 15 % auf 40 %, in China von 19 % auf 35 % und in Indien von 18 % auf 29 %.

Bis 2050 könnte es hier zu einer erneuten Verdoppelung gekommen sein. Die Habitat-II-Konferenz der UNO von 1996 geht über solche Annahmen noch weit hinaus und unterstellt, daß sich die Zahl der Stadtbewohner bereits im Jahre 2025 weltweit auf 5 Mrd. verdoppelt habe.

In Asien verläuft der Prozeß der Metropolisierung allerdings nicht überall gleichmäßig, wie ein Vergleich zwischen drei asiatischen Großstadtregionen, nämlich Manila, Bangkok und Seoul, zeigt.[49]

Anhand von acht Indikatoren (BIP, Industriebeschäftigte, industrielle Wertschöpfung, Kfz, Telefonanschlüsse, Hochschulstudenten, Krankenhausbetten und MQ: „Metropolisierungsquote“ = Anteil der Stadt an der Gesamtbevölkerung des Landes) läßt sich veranschaulichen, daß die Vorrangstellung dieser drei Mittelpunktstädte in den Jahren zwischen 1960 und 1990 laufend zugenommen hat, und daß bürokratische Gegenmaßnahmen lediglich in Südkorea Ausgleichserfolge zeigten. Anhand der „Metropolisierungs-Quote“ erweist sich Seoul zwar als die mit Abstand dynamischste unter den drei hier genannten Mittelpunktstädten, insofern sie zwischen 1970 und 1990 um fast 10 Mio. Einwohner zugelegt hat, während die Gesamtbevölkerung des Landes im gleichen Zeitraum lediglich um 12 Mio. anstieg. Gleichwohl weist Südkorea geringere Bevölkerungsverzerrungen auf als Thailand oder die Philippinen, da sich in Südkorea neben Seoul immerhin noch fünf weitere Millionenstädte haben herausentwickeln können, während der Unterschied zwischen Bangkok (rund 6 Mio.) und der nächstkleineren Stadt Nonthaburi (227000) beim 26-fachen liegt! Was die Philippinen anbelangt, so beläuft sich die Einwohnerzahl der zweitgrößten Stadt Davao mit 850000 gerade einmal auf ein Neuntel der Einwohnerschaft von Metro Manila (8 Mio.).

Der Moloch Seoul nimmt sich im Gesamtverband des südkoreanischen Städtesystems also wesentlich proportionierter aus, als dies im nationalen Umfeld Bangkoks oder Manilas der Fall ist.

Nicht nur quantitativ, sondern auch wirtschaftlich und sozial sind die drei Metropolen dem „restlichen“ Staatsgebiet weit davongezogen:

Dies wird deutlich, sobald man die Landesdurchschnittswerte beim BIP pro Kopf mit 100 % ansetzt und sodann den Vorsprung der Metropolen daran mißt. In diesem Vergleich hatte Seoul bereits 1960 mit 230 % die Nase vorn, Bangkok mit 260 % und Manila sogar mit 300 %; das Verhältnis Kfz pro Einwohner belief sich in Seoul auf 320 %, in Bangkok auf 700 % und in Manila auf 450 %; Telefonanschlüsse: Seoul 400 %, Bangkok 900 %, Manila 700 %; Zahl der Hochschulstudenten (pro Einwohner): Seoul 680 %, Bangkok 700 % und Manila 500 %.

Dreißig Jahre später war diese Metropolen-Dominanz im Falle Seouls bei fast allen Indikatoren um rund 120 % zurückgegangen, so daß sich hier eine bemerkenswerte Egalisierung zwischen Hauptstadt und dem landesweiten „Rest" ergab, während andererseits Bangkok und Manila ihren Vorsprung nicht nur beibehalten, sondern ihn streckenweise sogar noch hatten ausbauen können: das Pro-Kopf-Einkommen war z.B. im Falle Bangkoks von 260 % auf 350 % hochgeschnellt.

Mit diesem Befund beantwortet sich z.T. auch bereits die dritte hier zu stellende Frage, ob sich die klaffenden Unterschiede nämlich zu einer Zeitbombe entwickeln können oder ob die Signale nicht eher auf Entspannung hindeuten. Im Falle Südkoreas hat sich die Bürokratie bei der Lösung des Dilemmas zwischen Metropolisierung und Dezentralisierung als durchaus erfolgreich erwiesen und damit am Ende auch für mehr Ausgleich – und „Gerechtigkeit" – gesorgt. Demgegenüber hat sich im Falle Manilas und Bangkoks die Polarisierung weiter verschärft.

Im Gegensatz zu Seoul produzieren Bangkok und Manila nicht nur den Löwenanteil der Waren und Dienstleistungen, sondern auch einen Großteil des sozialen Sprengstoffs, dessen ganze Ausmaße erst im 21. Jahrhundert ans Tageslicht kommen dürften. Bezeichnenderweise ist Seoul, ganz im Gegensatz zu Manila und Bangkok, weitgehend frei von jenen bedrückenden Elendsquartieren, für die auf den Philippinen beispielsweise der Name „Tondo" (in Manila!) steht.

Glanz und Elend der Metropolen sind – in dieser Gegensätzlichkeit – nicht unbedingt vorprogrammiert, sondern können von einer effizienten Bürokratie durchaus beeinflußt werden – nicht zuletzt bei der Steuerung der Migranten, die vom Hinterland zu den Metropolen strömen – in China waren es Ende der 90er Jahre beispielsweise 80 bis 100 Millionen *mangliu* („blind Herumwandernde").

c) Folge 2 der Bevölkerungsexplosion: Bodenverluste und drohende Versorgungsengpässe

Da die meisten asiatischen Städte in Gegenden entstanden sind, die sich durch besonders fruchtbare Böden auszeichneten, vollzieht sich Stadterweiterung in aller Regel auf Kosten der landwirtschaftlichen Nutzfläche.

In vielen Ländern des Kontinents war Boden immer schon knapp und wurde von den Bauern deshalb aufs intensivste bestellt, so daß sie oft eher Gärtnern als Landwirten im westlichen Sinne glichen. Kein Wunder auch, daß die Intensivierung der Bebauung und die „gentechnische" Verbesserung der Feldfrüchte in Asien wesentlich früher eingesetzt haben als in Europa, wo zusätzliche Nahrungsmittel meist schnell durch Extensivierung, d.h. durch Erschließung zusätzlicher Flächen beschafft werden konnten. Vor allem das asiatische Naßreisfeld entwickelte sich im Laufe der Jahrhunderte zu einer regelrechten „Hochleistungsfabrik", mit deren Intensität und Ergebnissen sich die europäische Agrikultur auch nicht im entferntesten hätte messen können.

Zwar gibt es einige asiatische Volkswirtschaften, die nach wie vor reich mit Kulturböden ausgestattet sind, so z.B. Bangladesch, dessen Ackerland sich auf immerhin 66 % des gesamten Staatsterritoriums beläuft,[50] desweiteren Indien (50 %), Thailand (34 %) und Pakistan (26 %). Am anderen Ende der Skala befinden sich jedoch weit mehr Staaten, bei denen das Ackerland äußerst knapp bemessen ist, z.B. in China (9,6 %), Malaysia (3,2 %) oder in Bhutan mit gar nur 2,4 %.

Einen Mittelplatz nehmen Länder wie Südkorea (19 %), die Philippinen (18 %), Vietnam (17 %), Myanmar (14 %) und Kambodscha (13 %) ein. (Zum Vergleich: Deutschland kommt auf 33 %.)

Im Gefolge der Auswucherung von Städten, von Industrieanlagen und von Infrastrukturbauten hat sich die landwirtschaftliche Nutzfläche seit den 50er Jahren ständig verringert, und zwar gerade in Wirtschaftswunderländern wie Südkorea oder Taiwan, wo allein im Zehnjahreszeitraum zwischen 1984 und 1994 Verlustraten von bis zu 20 % zu verzeichnen waren; Asien insgesamt mußte zur gleichen Zeit Schmälerungen um die 10 % hinnehmen.

Im Rückwärtsgang befindet sich auch das Bauerntum, das in den meisten Gegenden Asiens seit Beginn der Jungsteinzeit vor etwa 6000 Jahren zumindest quantitativ die Gesellschaften und ihre Denkweise geprägt hat.

Im hochindustrialisierten Japan ist der Anteil des Bauerntums von 52,4 % im Jahre 1947 auf sage und schreibe 9 % der Bevölkerung 1985 zusammengeschmolzen. Im weniger entwickelten Asien hat sich die Bauernschaft in den zwei Jahrzehnten zwischen 1975 und 1993 um durchschnittlich 10 % verringert. Allerdings beginnen in manchen Ländern auch Gegenkräfte wirksam zu werden, so z.B. in der VR China, wo die Landwirtschaft zum Auffangbecken für „überschüssige Arbeitskräfte" (*xianyu renyuan*) geworden ist – mit der doppelten Wirkung, daß die Effizienz der bäuerlichen Arbeitskraft laufend zurückgeht und daß sich aus dem übervollen Sammelbecken immer wieder *mangliu* („blind Herumwandernde") herauslösen und „hinunter in die Städte" strömen.

Angesichts der Bodenverluste kommt es zu Schereneffekten, deren Gefährlichkeit im chinesischen Kontext besonders drastisch hervortritt: Während sich dort die Bevölkerung zwischen 1949 und 1993 mehr als verdoppelt hat, ist die Ackerbaufläche im gleichen Zeitraum um etwa 16 Mio. ha geschrumpft, nämlich von 111 Mio. ha 1957 auf 95 Mio. 1993 – um ein Areal also, das schon fast an die gesamte landwirtschaftliche Nutzfläche Deutschlands (19,5 Mio. ha) heranreicht.

Alles spricht dafür, daß der Schereneffekt im 21. Jahrhundert eher noch zunimmt: Während sich nämlich die Bevölkerung Chinas seit den 80er Jahren um jährlich 16 Mio. netto vermehrt, nehmen die Ackerböden laufend ab: Allein 1984/85 wurden beispielsweise rund 1 Mio. ha Kulturland überbaut oder unter Asphalt begraben.[51]

In Indonesien verliert allein die Hauptinsel Java im Gefolge der Urbanisierung jährlich rund 20000 ha Ackerfläche – ein Areal, das ausreichen würde, um Reis für jährlich 378000 Indonesier hervorzubringen.

Aber auch Flächen, die von der Bau- und Verstädterungswut vorerst noch verschont bleiben, sind längerfristig durch Grundwasserentzug gefährdet – vor allem in Nordindien und in Nordchina. Sollte es außerdem in den nächsten Jahren wegen des Treibhauseffekts zum Abschmelzen der Eisberge und zu einem Anstieg des Meereswasserspiegels um 50 bis 100 cm kommen, so würden die tieferliegenden Bereiche in Ländern wie Bangladesch, Südvietnam oder Küstenchina überschwemmt. Allein in China wäre in diesem Fall mit dem Verschwinden von 9,2 Mio. ha und rund 80 Städten mit einer Gesamteinwohnerschaft von 70 Mio. Menschen zu rechnen. In Indien wären etwa 570 000 ha bedroht.

Die quantitative Schrumpfung und die qualitative Verschlechterung der Ackerböden kann auch durch höhere Düngergaben nicht wettgemacht werden, da Düngemittel auf die Dauer kein Ersatz für wirklich gesunde Böden sind und da hohe Nährstoffgaben am Ende auch zu einer zusätzlichen Überdüngung der Flüsse und der Weltmeere führen, wo schon heute riesige Phosphor- und Stickstoffeinleitungen für erhöhtes Algenwachstum und – als Folge davon – für ein rasantes Fischsterben sorgen.

Die Ernährungsfrage, die noch in den 80er Jahren des 20. Jahrhunderts im Zeichen neuer Hochleistungssorten gelöst zu sein schien, könnte im 21. Jahrhundert sehr wohl wieder brisant werden, und zwar im Gefolge des Bodenschwunds!

d) Vier weitere Aspekte der sozialen Frage

Noch um 1950 hatten in den meisten asiatischen Staaten über 80 % der Bevölkerung von der Landwirtschaft gelebt. Kaum war jedoch die „industrielle Revolution“ wirksam geworden, begannen innerhalb einer einzigen Generation jahrhundertealte Mechanismen ihre Wirkung zu verlieren: An die Stelle der Tauschwirtschaft traten Geld und Profitdenken, die traditionelle Arbeitsteilung wurde durch Arbeitsverträge und die der „sozialen Sicherheit“ dienende Familienwirtschaft z.T. durch Arbeitsindividualisierung ersetzt. Gleichzeitig begann der Staat eine Rolle als Mitgestalter des wirtschaftlichen Aufbauprozesses und als Sozialagentur zu beanspruchen, ohne freilich den daraus resultierenden Erwartungen auch nur im Ansatz gerecht werden zu können.

Damit aber entstanden vier große Herausforderungen, nämlich Einkommensgefälle, Arbeitslosigkeit, Erziehungs- und Ausbildungsdefizite sowie ein Mißverhältnis zwischen Militär- und Sozialausgaben, die den asiatischen Ländern auch im 21. Jahrhundert noch schwer zu schaffen machen dürften:

Was erstens das Gefälle im Einkommensbereich anbelangt, das berechnet wird, indem die Einkünfte der 20 % best- denjenigen der 20 % wenigst-verdienenden Bevölkerungsteile gegenübergestellt werden, so steht Asien – verglichen mit anderen Teilen der Dritten Welt – einstweilen noch verhältnismäßig günstig da. Belief sich diese Relation im Zeitraum 1981 bis 1993 doch z. B. in Bangladesch auf den günstigen Wert von 4,1, in Pakistan und Indien auf 4,7, in Indonesien auf 4,9, in Vietnam auf 5,6, in Südkorea auf 5,7, in China auf 6,5, in Thailand auf 8,3, in Singapur auf 9,6 und in Malaysia auf 11,7.[52]

Verglichen mit einigen außerasiatischen Gesellschaften wie Panama (29,9), Guatemala (30) oder gar mit Brasilien (32,1!), aber auch mit afrikanischen Ländern wie Kenia (18,2) und Tansania (26,1), präsentieren sich „die" Asiaten also beinahe als Ausbünde sozialer Gerechtigkeit.

Angesichts fortdauernder Bevölkerungsexplosion und rapide zunehmender Urbanisierung dürften jedoch auch in Asien die „Gerechtigkeitslücken" rasch zuehmen.

Zweitens steigt auch die Arbeitslosigkeit. Unter den asiatischen Ländern, deren „Arbeitskräftepotential" (gemessen an der Gesamtbevölkerung im Jahre 1990) über dem Durchschnitt aller Entwicklungsländer, nämlich über 47 % liegt, sind vor allem Bangladesch (49 %), Laos und Nordkorea (50 %), Myanmar und Vietnam (51 %) sowie die beiden Spitzenreiter Thailand (57 %) und China (59 %) zu nennen:[53] Ihnen dürfte das Arbeitslosenproblem spätestens im 21. Jahrhundert am meisten unter den Nägeln brennen.

Inwieweit können diese Arbeitskräfte in der Landwirtschaft Unterschlupf finden? Die Frage ist hier deshalb besonders angebracht, weil sich hinter dem Begriff „ländliche Arbeitskräfte" erfahrungsgemäß ein besonders hoher Anteil an „überschüssiger Arbeitskraft" versteckt. Zu den Spitzenreitern, die beim Parameter „ländliche Arbeitskraft" über dem Durchschnitt aller Entwicklungsländer (61 %) liegen, gehören vor allem Vietnam (71 %), China (72 %), Myanmar (73 %), Kambodscha (74 %) und Bhutan (94 %).

Indien kommt hier lediglich auf 64 %, steht also vergleichsweise günstig da!

Was andererseits den Anteil der im Dienstleistungsbereich Beschäftigten anbelangt, so liegen die bevölkerungsreichsten Staaten Asiens zum Teil beträchtlich unter dem 23 %-Niveau, das für sämtliche Entwicklungsländer (bezogen auf 1990) errechnet wurde, nämlich Indien (20 %) und China (13 %). Umgekehrt kommt Hongkong auf 62 % und Singapur auf 64 %.[54]

Hier, im Beschäftigungssektor, tickt also eine Zeitbombe, deren „Toleranz" sich mit einer einzigen Zahl kennzeichnen läßt: nämlich mit den rund 200 Mio. „überschüssigen Arbeitskräften" in China!

Ein drittes Defizit sind gesundheitliche „Entbehrungen". Zu den Schlußlichtern gehören hier China und Indien mit ihrer weltweit jeweils höchsten Zahl an Einwohnern, die keinen Zugang zu Gesundheitsdiensten, zu sicherem Wasser und zu einer hygienischen Lebensführung haben, wie sie modernen Mindestanforderungen entspricht: Im Fünfjahreszeitraum 1990–95 mußten beispielsweise in der VR China nicht weniger als 96 Mio. Menschen auf Gesundheitsdienste, 395 Mio. auf sicheres Wasser und 909 Mio. auf angemessene Hygiene verzichten. In Indien lagen diese Relationen bei 135 : 171 : 640 Mio. und in Indonesien bei 38 : 73 : 94 Mio.[55] Am entgegengesetzten Ende der Skala standen Hongkong und Singapur, wo diese Defizite eher gegen Null tendierten.

Mangelnde Hygiene begünstigt Ansteckungskrankheiten, die Asien in Gestalt dreier apokalyptischer Reiter heimsuchen, nämlich als Malaria, als Lungen-Tbc und zunehmend auch als HIV. Noch in den 50er und 60er Jahren hatte die Weltgesundheitsbehörde WHO geglaubt, der Anopheles-Mücke und des Tbc-Virus Herr werden zu können. Ganz im Gegensatz dazu scheinen sich die Killerkrankheiten Malaria und Tbc im 21. Jahrhundert aber sogar noch auszubreiten. Überdies wird der Kampf gegen HIV und Aids zum Teil dadurch behindert, daß fundamentalistische Gruppierungen gegen Sexualkundeunterricht in den Schulen sowie gegen die „Schamlosigkeit" von Anti-Aids-Kampagnen Front machen.

Viertens erweist sich in vielen Ländern das Verhältnis zwischen Sozial- und Militärausgaben nach wie vor als ein Verschiebebahnhof zugunsten des Militärs. Zwar sind die Verteidigungsaufwendungen (gemessen an den nationalen Gesamtausgaben für Erziehung und Gesundheit (= 100)) weltweit von 104 % im Jahre 1960 auf 37 % i. J. 1990 zurückgegangen. Doch leisten sich einige asiatische Staaten immer noch überproportionale Aufwendungen für ihr Militär; an der Spitze steht hier Myanmar,[56] und zwar mit sage und schreibe 222 %! Es folgten Singapur (129 %), China (114 %) und Sri Lanka (107 %).

Tröstlich immerhin, daß sich selbst diese Werte, verglichen mit außerasiatischen Spitzenreitern wie Syrien (373 %), Irak (271 %) und Oman (293 %), verhältnismäßig bescheiden ausnehmen. Trotzdem leben die meisten asiatischen Staaten militärisch immer noch weit über ihre Verhältnisse. Nur schnelle Lernprozesse, vor allem aber die Herausbildung einer „mittelständischen Internationalen", könnten hier Hoffnungen für das neue Jahrhundert geben! Im Sinne einer Strategie der „umfassenden Verteidigung" wäre es in der Tat „sicherheits-adäquater", langfristig in den Wirtschafts- und Sozialsektor zu investieren als in Waffen.

4. Zeitbombe Umweltdumping

Zwei Hauptursachen führen in Asien zu *kōgai* und *huanjing wuran* (Umweltschädigung), nämlich Armut und kommerzielle Verwertung der Umwelt, die ja „nichts kostet": Das eine bewirkt in der Regel übermäßige „Versorgung" auf Kosten der Natur (Abholzung, Leer-Fischen), das andere meist gedankenlose Entsorgung.

Einige der besonders fortgeschrittenen Volkswirtschaften haben zwar längst erste Konsequenzen gezogen, allen voran Singapur, das für seine sprichwörtliche Sauberkeit bekannt ist, und Japan, in dem während der Flegeljahre des Turbowachstums Begriffe wie „Yokkaichi-Asthma", „Minamata-Krankheit" (Quecksilbervergiftungen!) und „Itai-itai-Leiden" (Cadmiumvergiftungen) zu Schlagworten geworden sind, und das deshalb bereits 1967 ein bemerkenswert fortschrittliches Umweltgesetz erlassen hat, in dessen Gefolge die abfallintensive Vorverarbeitung allerdings nicht abgestellt, sondern lediglich ausgelagert wurde – meist nach Südostasien. Auch Japans Walfangpraktiken, seine Treibnetzfischerei und seine Tropenholzimporte zeigen, daß der Wohlstand des Landes zum Teil immer noch auf Kosten der Umwelt erwirtschaftet wird.

Was China anbelangt, so hatte es bis 1995 bereits 364 Gesetze und Verordnungen zu Umweltfragen erlassen, doch blieb auch hier eine Lücke zwischen Theorie und Praxis bestehen, angefangen von der Förderung einer neuen Privatautokultur über die fortgesetzte Duldung unzähliger Dorfindustrien, die ihre Abfälle auf Kosten der lokalen Umwelt entsorgen, bis hin zur ungefilterten Weiterverwendung von Kohle, mit der rund 70 % der chinesischen Energie gewonnen wird. Kein Wunder, daß Schwerindustriestädte wie das nordostchinesische Shenyang den asiatischen Rekord an Luftverschmutzung halten und daß auch die Abgasbelastung in der Hauptstadt Beijing 35mal höher liegt als diejenige Londons. Dabei steht der Höhepunkt der Luftverschmutzung erst noch bevor, weil sich die Zahl der Pkws und Lkws laufend vervielfacht: Zwischen 1991 und 2000 wird in Seoul und Bangkok mit einer Verdreifachung, in Taipei, Jakarta und Kuala Lumpur mit einer Verdoppelung gerechnet.

Neben den nicht enden wollenden Fahrzeuglawinen ist der ungezügelte Bauboom eine weitere Ursache für die Luftverschmutzung in den asiatischen Städten: Nirgends, wo nicht Preßlufthämmer und Abrißbirnen in Bewegung wären und wo nicht Bleidünste, Kohlenmonoxid, Schwefeldioxid oder andere Schwebstoffe in die Luft geblasen würden und Allergien hervorriefen, Nase und Augen tropfen ließen und Kopfweh erzeugten.

Kein Europäer, dem beim Besuch asiatischer Städte nicht immer wieder das Wort „Lebensqualität" durch den Kopf ginge!

Daß ein „Krieg gegen die Natur" übrigens auch zu Kriegen zwischen den Menschen führen kann, zeigen einige Wasser- und Ökokonflikte, die sich im 21. Jahrhundert gefährlich zuspitzen könnten, falls nicht rechtzeitig Ausgleichslösungen gefunden werden: So gibt es beispielsweise Streitigkeiten um die Verteilung des Ganges-Wassers zwischen Indien und Bangladesch sowie des Amu-Darya- und des Syr-Darya-Wassers zwischen den fünf zentralasiatischen Republiken. Auch der Umgang mit dem Mekong-Wasser bedarf einer gutnachbarlichen und ökologisch einfühlsamen Politik, sollen die Landwirtschaften der Anliegerstaaten und die jahrhundertealten Kulturen am Unterlauf nicht unwiderruflich geschädigt werden. Falls die drei Anlieger am Oberlauf, nämlich China, Myanmar und Thailand, den Strom weiterhin bedenkenlos anzapfen und aufstauen, würde dies das jahrhundertealte saisonale Abflußverhalten des „Mutterstroms" elementar in Mitleidenschaft ziehen. Bliebe die Abflußmenge unter einem bestimmten Mindestpegel, so würde z.B. die vietnamesische Reiskammer im Deltagebiet von Meerwasser überzogen und bliebe außerdem die im Spätherbst jeden Jahres übliche „Umkehr" des Tonle-Flusses aus, so daß das Rückstaugebiet um den „großen See" in Nordwestkambodscha z.T. austrocknete; damit aber würde eine jahrhundertealte, schon für das alte Khmer-Reich typische – und lebenswichtige – „ichthylische Kultur" zum Aussterben verurteilt.

Kann es so weitergehen?

Mittelfristig sind es neben den oft ziemlich unwirksamen Gesetzen vor allem drei Instanzen, die „grüne" Initiativen zu ergreifen versuchen, nämlich vereinzelte Regierungsabteilungen, Nichtregierungsorganisationen und nicht zuletzt örtliche Handelskammern, die aus langer Erfahrung wissen, daß Umweltverschmutzungen potentielle Investoren eher abschrecken als anlocken.

Unter diesen drei Hauptverantwortungsträgern sind die nationalen Bürokratien oft das schwächste Glied: Die Renaturierung von Flußläufen, die Wiederaufforstung ganzer Gebirgslandschaften, der Einbau von Filteranlagen und die Dekontaminierung von Gewässern und Böden – all dies sind Anforderungen, denen die Regierungen mit ihren schmalen Budgets meist nicht einmal annähernd gerecht werden können. Immerhin sind die Behörden einiger Länder mittlerweile dazu übergegangen, in ihren Planungen der Wasserenergie Vorrang vor der Kohleenergie einzuräumen und massive Aufforstungsmaßnahmen zu betreiben. Am bekanntesten in diesem Zusammenhang ist der chinesische Plan zum Bau einer „Großen grünen Mauer" mit Schutzwaldgebieten in Nordost-, Nord- und Nordwestchina sowie am Ober- und Mittellauf des Yangzi geworden. Wie die Überschwemmungskatastrophen vom Sommer 1998 gezeigt haben, hinkt die praktische Durchführung allerdings weit hinter der verheißungsvollen Planung her.

Daher sind längerfristig vor allem Selbsthilfegruppen gefragt. In Ländern wie Taiwan oder Thailand haben sie schon heute den

Kampf gegen zunehmende „Bangkokisierung" und gegen die Ansiedlung umweltfeindlicher Betriebe aufgenommen.

Langfristig ist eine ökologische Wende vermutlich nur über einen allgemeinen Bewußtseinswandel zu erreichen, bei dem die Großflächenstaaten mit gutem Beispiel voranzugehen hätten: Anders als die kleineren „Drachenländer" können sie ökologische Probleme ja nicht einfach auslagern, sondern bekommen sie stets am eigenen Leib zu spüren und sind deshalb eher dazu bereit, zwischen Politik und Gesellschaft einen ökologischen Konsens herbeizuführen. Alten konfuzianischen Traditionen entsprechend dürfte Umweltschutz, wie gesagt, nur durch Erziehung und Schaffung eines neuen Umweltbewußtseins wirksam werden. Eine der Hauptaufgaben des 21. Jahrhunderts müßte darin bestehen, zwei alte Traditionen neu in Erinnerung zu rufen, nämlich die Herstellung eines ausgewogenen Verhältnisses zwischen Ökonomie und Ökologie sowie die Wiedererweckung jener Ehrfurcht vor der Natur, die tief in den asiatischen Religionen verwurzelt ist. In nahezu allen Volksreligionen spielen heilige Berge und Flüsse sowie Pflanzen und Tiere eine tragende Rolle – man denke an die Verehrung des Kailash (im Hindukusch), des Gunung Agung auf Bali, der Vulkane auf Java, der fünf dem Daoismus und der vier dem Buddhismus heiligen Gebirge in China oder des Fujisan in Japan. Erinnert sei auch an die heiligen Flüsse in Indien, allen voran der Ganges, der vom Himmel auf die Erde heruntergefallen ist, dort vom Haupt des Shiva aufgefangen wurde und nun „reinigendes" Wasser verströmt, in dem der fromme Hindu sich badet und den feinen Sündenschmutz wegwäscht. Was für den indischen Hindu der Ganges, ist für den nepalesischen Hindu der Bagmati, für den frommen Thai der Menam Chao Phaya, für den Birmanen der Salween sowie der Irrawaddy und für fromme Shintoisten der japanische Fluß Isuzu, der das Gelände der Sonnengöttin im heiligen Ort Ise durchströmt. In China werden die Berge als Drachen verehrt, denen man jahrhundertelang mit Mitteln des Fengshui auf der Spur war, um so Mensch und Natur in ein möglichst harmonisches Verhältnis zueinander zu bringen.

Auch Pflanzen werden verehrt, angefangen vom heiligen Bo-Baum, unter dessen Zweigen Gautama Buddha seine Erleuchtung fand, bis hin zum südost- und südasiatischen Banyan-Baum und zu dem im Shinto-Ritual allgegenwärtigen Sakaki-Baum, der im Legendenkreis um die Sonnengöttin eine Rolle spielt.

Von den drei möglichen Haltungen, die es gegenüber der Natur gibt (Unterwerfung, Beherrschung, Harmonisierung) hat die christlich-abendländische Kultur die Unterwerfungsoption gewählt („Macht euch die Erde untertan!“), die Mehrheit der asiatischen Kulturen aber den Harmonisierungsweg – man denke an die klassische ostasiatische Architektur und Landschaftsmalerei sowie an die numinosen Bergheiligtümer.

Diese Naturfrömmigkeit ist in dem so hastig verlaufenden Umbruch zur Moderne vielfach abhanden gekommen. Sie im Interesse des Umweltschutzes zurückzugewinnen, wäre eine wahrhaft lohnende Aufgabe!

Im Kampf gegen die Waldzerstörung hat sich u.a. die Suan-Mokh-Bewegung des 1993 verstorbenen buddhistischen Vordenkers Buddha-dasa („Sklave Buddhas“) Verdienste erworben, die mittlerweile auch gegen Drogen und Aids sowie für Dorfmodernisierung und für Nachhaltigkeit in der Landwirtschaft eintritt. Eines ihrer wirksamsten Mittel gegen Rodungen besteht darin, daß Mönche die gefährdeten Bäume mit der traditionellen safranfarbenen Robe „umkleiden“ und sie dadurch mit in die Ordensgemeinschaft aufnehmen. Da auch die abgebrühtesten Ungläubigen in Thailand vor dem Mord an einem „Mönch“, dem schlimmsten aller Verbrechen, zurückschrecken, haben die Suan-Mokh-Anhänger bereits erhebliche Geländegewinne erzielen können, allerdings auch den Haß der Holzindustrie auf sich gezogen.

Angesichts neuer ökologischer Herausforderungen könnte es durchaus dazu kommen, daß der Sangha, also die theravada-buddhistische Mönchsgemeinschaft, dessen klassische Aufgabe es doch eigentlich immer war, die Welt als leidverhaftet und wesenlos zu „enttarnen“, nunmehr einen geradezu entgegengesetzten Weg beschreitet und über die Propagierung „gesunder“ ökologischer – und sozialer! – Verhältnisse einen neuen Weg zu den Herzen der Bevölkerung findet.

III. Wer regiert?
Zwischen Neoautoritarismus und Demokratie

1. Demokratie im Widerstreit

Hat Demokratie in Asien eine Chance? Von der Antwort auf diese Frage hängt nicht weniger als die politische Zukunft ab – genauer: der äußere und der innere Friede des Kontinents Asien, seiner Regionen und seiner Staaten; ist es doch ein Unterschied, ob die großen Herausforderungen der Zukunft von breiten Bevölkerungsschichten im Konsens aufgegriffen oder aber einer – am Ende doch allemal hilflosen – Bürokratie überlassen werden. Wohin also führt der Weg? Aus westlicher Perspektive zeichnen sich hier zwei konträre Alternativen im Stile eines unversöhnlichen Entweder-Oder ab:

Auf der einen Seite verläuft der „freiheitliche" Weg, der den Entelechien der „demokratischen Weltrevolution" folgt.[57] Im Zuge des „Mündigwerdens" der Menschheit trete an die Stelle des seit unvordenklichen Zeiten dominierenden „Rechts des Stärkeren" immer mehr die Gleichberechtigung, an die Stelle von Willkür der Rechtszustand, an die Stelle von Vormundschaft die Selbstbestimmung und an die Stelle von Despotismus die rechtlich abgesicherte Freiheit.

Das *Recht*, von dem hier die Rede ist, und das als solches einklagbar (!) sein müsse, entspreche der Natur des Menschen, weil es einerseits Selbstgestaltung ermögliche, gleichzeitig aber auch genügend begrenzt sei, um auch anderen gleiche Freiheiten zuzugestehen. Diese Menschen-Gemäßheit sei so evident, daß ihr eine „natürliche Tendenz zur universalen Ausbreitung über die ganze Erde innewohnt: Sie ist daher die Weltrevolution schlechthin."[58] Faschismus und (ehemaliger Ostblock-) Sozialismus seien gegenüber dieser so unaufhaltsam nach vorne drängenden Kraft nicht sehr viel mehr als reaktionäre Bewegungen und daher a priori zum Scheitern verurteilt.

In Begleitung einer „demokratischen Weltrevolution" kämen

letztlich auch mehr Friedlichkeit, mehr Marktgängigkeit und mehr Sozialstaatlichkeit in die Welt.

In schroffem Gegensatz zu dieser Zukunftsvision stehen die Realitäten einer antidemokratischen Vergangenheit, die gerade in Asien viele Jahrhunderte lang Wurzeln geschlagen hat und die – unter dem Deckmantel der kolonialzeitlichen „Second rule" – bis auf den heutigen Tag hat überleben können. Das Spektrum dieser autoritären Herrschaft war denkbar weit gespannt und reichte von den Hindukönigen, deren letzter Repräsentant noch heute in Nepal herrscht, über das chinesische und vietnamesische Mandarinat und über die zentralasiatischen Mullah-Regime bis hin zu den malaiischen Sultanaten und Prijaji-Eliten, den buddhistischen Königtümern und zum Sangha in Kambodscha oder Thailand, zu den hinduistischen Maharajas sowie den muslimischen Nabahs in Indien, zu den philippinischen Ilustrados, den Daimyōs in Japan und zur Mönchsherrschaft in Tibet sowie in der Mongolei.

Auch die politischen Akteure stammten aus Milieus, die mit Demokratie wenig zu tun haben: In China herrschte der Typ des Gelehrten und Geprüften (Mandarinat), im hinduistischen Indien der Geweihte (Brahmanentum), in Japan der Gestählte (Samurai), in der Theravadakultur der Geläuterte (Bhikku und Sangha), in den malaio-islamischen Ländern der Traditionsbeflissene (Sultanat) und in Zentralasien der Wiedergeborene (angefangen vom tibetischen „Lama" bis hin zum mongolischen Kutuchtu).

Das späte 19. und frühe 20. Jahrhundert hat diesen Bestand – unter kolonialem Vorzeichen – zwar kräftig ausgelichtet, ohne daß es deshalb freilich schon zu einer Vereinheitlichung oder gar zu einer Demokratisierung gekommen wäre.

Nach der Entlassung aus der Kolonialherrschaft hatten einige der neuen Staaten zwar mit parlamentarischen Spielformen („Westminster-Demokratie") zu liebäugeln begonnen, waren dann aber in aller Regel schnell zur „Kunst des Möglichen" zurückgekehrt und wieder auf autoritäre Traditionen eingeschwenkt – man denke an die „gelenkte Demokratie" im Indonesien Sukarnos, an die Militärherrschaft Ne Wins und seiner Nachfolger in Birma oder an neoautoritäre Herrschaftsformen à la Singapur.

Auch sonst gab es in den Übergangsjahren fast überall charismatische Führergestalten, die sich mit traditionellen Symbolen zu beglaubigen wußten und als moderne Kaiser (Mao Zedong in

China), als moderne Ratu Adil (Gerechtigkeitskönige, wie Sukarno in Indonesien), als moderne Versionen des traditionellen Gottkönigs (Sihanouk in Kambodscha) oder als „Vollstrecker des Himmelsauftrags“ (Ho Chi Minh in Vietnam) auftraten. Zu den großen Charismatikern gehörten auch Gandhi und Jawaharlal Nehru in Indien, Kim Il Sung in Nordkorea, Jiang Jieshi auf Taiwan, Aung San in Birma oder – zwei Jahrzehnte später – Mujibur Rahman in Bangladesch.

Die nationale Unabhängigkeit erschien weiten Kreisen der Bevölkerung damals nicht selten als eine Art Geschenk des großen Führers – mit entsprechenden Konsequenzen für den Personenkult.

Nach dem Tode dieser Vaterfiguren hatten es die Söhne bereits viel schwerer – und mehr noch die Enkel; gehörte es doch zu ihren undankbaren Aufgaben, die bisher charismatische durch eine „rationale“ Legitimität zu ersetzen, also durch Programme und Visionen, die wenig mit Personen und viel mit Sachfragen zu tun hatten.

Zahlreiche Vertreter der „Söhne- und Töchtergeneration“ wußten sich solchen modernen Legitimitätszwängen jedoch erneut zu entziehen, indem sie ihre Zuflucht zum „Kriegsrecht“, zum Neoautoritarismus oder zu quasi-dynastischen Verlegenheitslösungen nahmen:

- Vor allem tauchte bis in die 70er Jahre hinein überall das Gespenst der Militärherrschaft auf – man denke an Korea (Park Chung Hee), an Indonesien (*dwi fungsi*– Doppelherrschaft des Militärs!), an Kambodscha (Herrschaft Lon Nols zwischen 1970 und 1975), an Birma (Ne-Win-Diktatur, SLORC), an Thailand, wo kurzfristige zivile Interregna immer wieder durch langfristige Militärherrschaften abgelöst wurden, an Südvietnam (Nguyen Van Thieu), an Bangladesch (Herrschaft Zias), an Pakistan, in dem immer wieder Putschgeneräle die Herrschaft ergriffen und nicht zuletzt an die Marcos-Herrschaft auf den Philippinen. In vielen Ländern herrschte außerdem „Kriegsrecht“, angefangen von Taiwan (1949–1992) und Kambodscha (1975–1979) bis hin zu Birma und den Philippinen.
- In einer Reihe weiterer Staaten übernahmen Führungsapparate mit Ausschließlichkeitsanspruch die Lenkung, vor allem in der VR China, in Vietnam, in Singapur und, bis 1985, auch auf Tai-

wan. Ihnen allen war das leninistische Konzept der Führung durch „Berufsrevolutionäre" und durch eine straff durchorganisierte „Vorhut-Organisation" gemeinsam – also nicht nur der KPCh, sondern auch der seit 1927 so stramm antikommunistisch auftretenden Guomindang, die sich noch 1923/25 durch Komintern-Berater hatte „modernisieren" lassen.

– Neben der charismatischen (Vätergeneration) und der „rationalen" Herrschaft (Militärregime und leninistische Parteien) kristallisierte sich noch eine dritte Spielart heraus, die eher traditionell-asiatischen Charakters war, nämlich die Quasi-Dynastie, die vor allem in Südasien zur Geltung kam: In Indien stellte die Nehru-Familie mehrere Ministerpräsidenten, in Ceylon/Sri Lanka scheint der Clan der Bandaranaikes die politischen Spitzenpositionen des Landes geradezu gepachtet zu haben, und in Bangladesch liefern sich die Witwen und Töchter ermordeter Ministerpräsidenten seit den 80er Jahren erbitterte Kämpfe um die Nachfolge im Ministerpräsidentenamt.[59]

  Dynastische Ansätze hatte es sogar in China gegeben, und zwar sowohl in Taiwan, wo die Familien Song und Jiang lange Zeit das Heft in der Hand gehalten hatten, als auch in der Volksrepublik, wo die Witwe Maos, Jiang Qing, 1976 versucht hatte, zusammen mit verbündeten „Links"extremisten, aber auch mit Verwandten aus der Mao-Linie, eine Nachfolge zusammenzuschmieden, die propagandistisch in Parallele zur Kaiserinwitwe Lü, der Frau des Gründungskaisers der Han-Dynastie, Han Gaozu, gesetzt wurde.

  Zur ersten sozialistischen Dynastie der Weltgeschichte hat sich in Nordkorea der Kim-Clan aufgeschwungen.

  Neben diesen Quasi-Dynastien gibt es aber auch noch echte Dynastievertreter, nämlich beim japanischen Kaiserhaus, beim thailändischen und beim nepalesischen Erbkönigtum, beim kambodschanischen Wahlkönigtum und beim malaiischen Doppelkönigtum.

  Während sich die „monarchischen" Ansätze – ähnlich wie in den Niederlanden, Belgien oder England – bis auf den heutigen Tag haben halten können, sind die drei oben erwähnten „Zwischenformen" mittlerweile gescheitert oder stehen auf Abruf.

  Doch welcher neuen Herrschaftsvariante sollen sie Platz machen?

2. Neoautoritarismus und Demokratie: Ist eine Synthese möglich?

Die Frage, ob die 28 Länder des Kontinents im 21. Jahrhundert den obrigkeitlichen oder den demokratischen Weg beschreiten, erscheint vielen Asiaten allzu westlich formuliert, weil sie nicht dem dialektischen Sowohl-Als-auch, sondern dem dualistischen Entweder-Oder entspricht. So hat beispielsweise die Singapur-Schule Lee Kuan Yews den „Neoautoritarismus" als Herrschaftsform entdeckt, die einen *Mittelweg* zwischen westlichen Demokratie- und sogenannten asiatischen Wertvorstellungen aufzeige.

a) Der Neoautoritarismus als Alternative zur westlichen Demokratie?

Im Stadtstaat Singapur, der seit seinem Ausschluß aus der Föderation Malaysia im Jahre 1965 als selbständige Einheit hervortritt, ist unter dem Begriff „Neoautoritarismus" (*xin quanweizhuyi*) eine Staatsphilosophie, ja ein Glaubensbekenntnis geschaffen worden, das sich mit den Stichworten Anti-Individualismus, Paternalismus, bürokratischer Elitismus, Erziehungskampagnen, Respekt gegenüber Älteren und Höherstehenden sowie Korruptionsfreiheit umreißen läßt und das sich gegen den „Fünf-C-Materialismus" (Cash, Car, Credit Card, Condominium, Clubmembership), gegen sexuelle Freizügigkeit, gegen lange Haare und kurze Röcke, gegen unhöfliches Benehmen und gegen andere angeblich „westliche" Laster richtet.

Gefordert wird statt dessen Selbstdisziplin im Sinne des konfuzianischen *xiu ji shen*, Opferbereitschaft und Eintreten für das Ganze – nicht zuletzt auch für die „Nation Singapur". Hoch im Kurs steht der „Paternalismus", dem sowohl innerhalb der Familie als auch innerhalb des Gesamtstaats ein Ehrenplatz eingeräumt wurde: Er geht zurück auf die Forderung des konfuzianischen Philosophen Menzius, daß der Herrscher gegenüber dem Volk fürsorglich, das Volk dem Herrscher gegenüber aber respektvoll zu sein habe. Das „Respekt/Fürsorge-Tauschgeschäft" gilt zwischen Älteren und Jüngeren sowie zwischen Höhergestellten und Untergeordneten.

Ganz in diesem paternalistischen Sinn kümmert sich die Regierung Singapurs nicht nur um politische, sondern auch um wirtschaftliche Stabilität, führt einen „Trialog" mit Betriebsinhabern und Gewerkschaftsvertretern, wendet sich gegen „Auswüchse" (u.a. gegen Streiks) und bekämpft auch sonst jede Form von Instabilität, wobei der „Internal Security Act" von 1960 und 1963 zahlreiche Inhaftierungs- und Sicherungsmöglichkeiten vorsieht, wie sie im Rahmenwerk einer westeuropäischen Demokratie kaum vorstellbar wären.

Die Bürokratie legitimiert sich durch Anleihen bei der Tradition. Lee Kuan Yew, der Mitbegründer des Neoautoritarismus, führt dazu aus: „Die Hauptlast der gegenwärtigen ... Politik im Stadtstaat ruht auf den Schultern von rund 300 Schlüsselpersonen. Stürzten sie mit einem Jumbo-Jet ab, so wäre Singapur am Ende! Es ist merkwürdig, aber wahr, daß Millionen Schicksale von der Qualität, der Stärke und dem Weitblick einiger weniger Personen abhängen. An ihnen liegt es zu entscheiden, ob ein Land an Stärke und Ordnung gewinnt, oder ob es zerfällt und chaotisch untergeht."[60] Nicht demokratische Abstimmungen, sondern „good governance" durch ein verantwortungsvolles „Mandarinat" seien das Salz Singapurs, verkündete Lee; die „Mandarine" seien durch ihr „höheres Wissen" und durch ihre andauernde Selbstvervollkommnung dazu ausersehen, die Gesellschaft nach ihren Vorstellungen zu formen und gleichzeitig „sozialem Parasitentum" entgegenzutreten.[61]

Im Gegensatz zur westlichen, vor allem auf Thomas Hobbes zurückgehenden Prämisse, daß der Konflikt ein natürliches Element jedes Sozialisationsprozesses sei, habe in Singapur der konfuzianische Grundsatz zu gelten, daß jeder Streit a priori im Sinne von Loyalität, Verpflichtungsdenken und Gegenseitigkeit zu entschärfen, also „harmonisch" zu lösen sei. Ganz in diesem Sinne obliege es dem Mandarinat Singapurs, über Wirtschaft und Gesellschaft des Stadtstaats während der gesamten „Pubertätsphase" gewissenhaft Vormundschaft auszuüben und dafür zu sorgen, daß Ordnung und Disziplin, Verpflichtungsdenken und Gegenseitigkeit zwischen den Sozialpartnern ähnlich fürsorglich abgeglichen werden wie zwischen Eltern und Kindern.

Demokratie ist für Lee nicht Selbstzweck, d.h. eine Folgeerscheinung der Autonomie des Individuums, sondern, gerade umgekehrt, ein *Mittel zum Zweck*, d.h. zur Abklärung und Moderierung einer Vielzahl von Meinungen, die diskutiert, zusammengefaßt und letztendlich auf einen gemeinsamen Nenner gebracht werden müssen. Demokratie soll deshalb auch keineswegs in den Dienst der Pluralisierung, sondern, gerade umgekehrt, in den Dienst der Vereinheitlichung gestellt werden.

Den im Zug der Globalisierung daherkommenden Gefährdungen habe Singapur mit authentischen Wertvorstellungen zu begegnen, fordert Lee. Hohes Wirtschaftswachstum müsse deshalb mit einer Zügelung des Individualismus, mit einer Einschränkung „zivilgesellschaftlicher" Auswüchse und nicht zuletzt mit sanftem Druck auf widerspenstige Medien einhergehen; aus diesem Grunde wurde z.B. der Vertrieb ausländischer Publikationen wie der *Times*, des *Asian Wall Street Journal* und der *Far Eastern Economic Review* eingeschränkt und der Kampf gegen die Anbringung von Satellitenschüsseln aufgenommen.

Ohne solche Einschränkungen hätte der Stadtstaat, wie es beschwörend heißt, seine außergewöhnlichen Anpassungsleistungen ja wohl kaum erbringen können. „Disziplin, Disziplin und nochmals Disziplin" lautet daher die Devise.[62] Ganz auf dieser Linie glaubt die Singapurer Führung nach wie vor gut beraten zu sein, wenn sie immer wieder Kampagnen wie die Höflichkeits- oder die „Speak-Mandarin"-Bewegung der 70er und die seit den 80er Jahren laufende Antikorruptionsbewegung durchführt.

Der Neoautoritarismus Singapurs hat auch in der VR China lebhaftes Interesse – und Beifall gefunden. Bei seiner mittlerweile weltberühmt gewordenen „Südreise" im Frühjahr 1992 betonte Deng Xiaoping, daß das reformerische China sein Vorbild in Singapur sehe! Bezeichnenderweise wurde Lee Kuan Yew am 5. Oktober 1994 zum Vorsitzenden der neugegründeten „Internationalen chinesischen Konfuziusgesellschaft" berufen – und rückte damit an die Spitze einer Internationale neuen Zuschnitts!

Der von ihm kreierte „Neoautoritarismus" dürfte noch weit bis ins 21. Jahrhundert hinein als Demokratie-Alternative zur Diskussion stehen: Wenngleich ein Retortenprodukt, weiß er sich konfuzianischer Leitmotive so geschickt zu bedienen, daß er immer wieder von neuem attraktiv erscheinen dürfte, zumal sich das „Mandarinat" des Stadtstaats durch bemerkenswerte Effizienz und vor allem durch eine für südostasiatische Verhältnisse geradezu sensationelle Korruptionsfreiheit auszeichnet. Einem solchen „väterlichen Regime" gehorcht man gerne, auch wenn seine Bevormundung (in Hygiene- und Umweltbelangen) oft lästig und seine Strenge gegen Gesetzesverstöße manchmal rigoros ist – angefangen von der Prügel- bis hin zur Todesstrafe.

b) Option Nr. 2: Demokratie in asiatischer Einfärbung

Der „demokratische Dreisprung"

Zu den Hauptentdeckungen vieler asiatischer Gesellschaften gehört aber auch die Demokratie. Hatten noch in den 70er Jahren die Bevölkerungen von lediglich sechs Ländern zu den Urnen gehen können, so waren es Mitte der 90er Jahre bereits 13, nämlich Bangladesch, Indien, Japan, Kambodscha, Malaysia, Nepal, Pakistan, die Philippinen, Singapur, Sri Lanka, Südkorea, Taiwan und Thailand.

Zu den spektakulärsten Durchbrüchen ist es dabei in vier Ländern gekommen, nämlich in Kambodscha, wo noch 1975–79 die Roten Khmer ihr blutiges Regime ausgeübt hatten, wo aber 1993 und 1998 Wahlen stattfanden, ferner auf den Philippinen, wo die „People's Power" 1986 dem Marcos-Regime zum Verhängnis geworden war, darüber hinaus in Südkorea, wo der mächtige Staatspräsident seit 1987 direkt gewählt wird, und nicht zuletzt auf Taiwan, wo 1986 die Minjindang als erste authentische Oppositionspartei aus der Taufe gehoben und schon ein Jahr später das 1949 verhängte Kriegsrecht aufgehoben wurde. Nicht zuletzt aber traten zahlreiche Militärpotentaten ab – 1985 in Pakistan, 1990 in Bangladesch und 1992 in Thailand.

Fast all diese Durchbrüche folgten einem Schema, das sich im Sinne der Sequenz „Wohlstand – Mittelstand – Partizipationsverlangen" als „demokratischer Dreisprung" bezeichnen ließe.

Bei diesem Prozeß zeigte es sich immer wieder, daß Wohlstandsförderung die mit Abstand wirksamste Demokratisierungshilfe ist, und daß umgekehrt die von den USA jahrzehntelang vor allem in Asien praktizierte Embargopolitik das genaue Gegenteil dessen hervorrief, was eigentlich beabsichtigt war.

Zweiter Schritt ist das Hervortreten eines Mittelstands, den es im traditionellen Asien nie gegeben hatte, da die schmalen Oberschichten der vergangenen Jahrhunderte stets aufs engste mit den politischen Eliten verklammert gewesen waren. Ganz im Gegensatz dazu ist es mittlerweile, vor allem im Zeichen des wirtschaftlichen Aufstiegs der Drachen- und Tigerländer, erstmals zur Herausbildung wirklicher Mittel- oder *Zwischen*schichten gekommen. Umstritten bleibt allerdings nach wie vor die Definition dieses neuen „Mittelstands".

- Überkommenen Kategorien zufolge könnte man seine Angehörigen z.B. nach bestimmten objektiven (Einkommenshöhe, Vermögen, Mitbestimmungsmöglichkeiten) sowie nach subjektiven Kriterien (Selbsteinschätzung, Sozialprestige, Wertehaltungen) bestimmen.
- Einen anderen Weg ist der südkoreanische Samsung-Konzern gegangen, der, von seinem Standpunkt aus verständlich, vor allem auf die neuen Konsumgewohnheiten abstellt. Danach gehört jeder Asiate, vor allem aber jeder Koreaner, zur „Mittelklasse", der sich als Grundausstattung seiner Wohnung fünf (von Samsung produzierte) Hausgeräte leisten kann, nämlich eine Waschmaschine, einen Kühlschrank, einen Fernsehapparat, eine Mikrowelle und einen Videorekorder.
- Andere Kategorien stammen aus der Theorie des „nation building": z.B. städtische Orientierung, Kleinfamilie, Bildungsambitionen und hochgeschraubte Partizipationserwartungen.
- Auch die Einkommenshöhe wäre als Annäherungswert brauchbar: So ließe sich der Einkommens*mittel*stand beispielsweise zwischen den wohlhabendsten 20 % und den ärmsten 40 % einer Gesellschaft ansiedeln. Ungünstig wäre es bei einer solchen Berechnung um den Mittelstand in einem Land wie Brasilien bestellt, wo die unteren 40 % der Haushalte gerade einmal 7 % des Einkommens beziehen, während die oberen 20 % über 74 % verfügen. Für den Mittelstand bliebe hier eine Marge von gerade einmal 19 %. Das mittelständische Profil Brasiliens ist also extrem schmal – verglichen etwa mit demjenigen Deutschlands (45 %) oder aber Japans (49 %). In Hongkong beläuft sich das Einkommen der Mittelständler auf 36 %, in Singapur auf 37 %, in Thailand auf 42 %, in Südkorea und in der VR China auf 43 %, in Indien und Pakistan auf 45 % und in Malaysia auf 47 % des Gesamteinkommens.[63]

Kein Zweifel, daß Personen, die durch solide Einkünfte die Möglichkeit zu wirtschaftlicher Eigenständigkeit erlangt haben, damit auch in den Genuß emanzipativer Möglichkeiten kommen und daß diese Chance früher oder später auch wahrgenommen wird.

Hinzu kommt, daß die neuen Mittelständler „standesgemäße" Konsumgewohnheiten und einen häufig „westlichen" Lebensstil annehmen, der sie grenzüberschreitend zu einer Art „mittelständischer Internationale" werden läßt. Obwohl diese „Internationale" in Asien erst eine kurze Geschichte hinter sich hat, fügt sie sich doch glatt ins asiatische Gesellschaftsmilieu ein, da sie ordnungsstabilisierend und nicht zuletzt „ausgleichend/harmonisierend" wirkt.

Wo eine Gesellschaftsschicht „selbstbewußt" geworden ist und gegen ständiges „Hineinregieren" von oben allergisch zu werden beginnt, erfolgt früher oder später auch der dritte Schritt, nämlich die Forderung, daß aus Befehlen Dialoge, aus subordinativen Verwaltungsakten koordinative Arrangements und aus unkalkulierbaren Mobilisierungsaktionen berechenbare Behördenvorgaben werden müßten.

Nun zeigt der „Strategische Gruppen"-Ansatz allerdings Konstellationen auf, in denen bestimmte Personen, die zum „demokratischen Dreisprung" geradezu prädestiniert scheinen, auf Partizipationsforderungen verzichten, weil sie sich mit dem Regime ins gleiche Boot gesetzt haben und mit diesem die gemeinsamen Aneignungschancen wahrnehmen. Diese verblüffende Konstellation ergab sich z.B. im Indonesien Suhartos, wo eine neue – vom Ausland notorisch hochgelobte – Mittelklasse entstanden war, die dann allerdings, allen Erwartungen zuwider, keineswegs auf Demokratisierung drängte, sondern sich wie selbstverständlich mit der Regierung arrangierte. Bei genauerem Hinsehen rekrutierte sich diese konsum- und bildungsorientierte Schicht überwiegend aus Beamten, die, weit davon entfernt, zum Regime auf Distanz zu gehen, gerade umgekehrt an einer Koalition mit dem Militär zwecks Erhaltung des Status quo interessiert waren.[64]

Allerdings hat diese Obstruktion der „Abschöpfungseliten" dem Partizipationsdruck der wohlhabend gewordenen Schichten in den meisten Ländern Asiens (man denke z.B. an die oben genannten 13 Staaten) immer nur kurze Zeit standhalten können.

Sogar in der VR China sieht sich die Bürokratie seit den 80er Jahren immer mehr durch jene drei „Autonomiebewegungen" eingeschnürt, die von den pilzartig aus dem Boden schießenden Privatbetrieben, von den immer eigenmächtiger werdenden Regionen und nicht zuletzt von den neuen Mittelschichten getragen werden; zwar gibt es zahlreiche Mitglieder des Mittelstands, die, wie z.B. die „Prinzen" (= Kadersöhne), regierungsnah eingestellt sein mögen; doch handelt es sich bei ihnen eher um Randgruppen, die angesichts des Zellular- und Netzwerkcharakters der chinesischen Gesellschaft immer weniger ins Gewicht fallen.

Zwischen Mittelstandsbildung und Demokratisierung herrscht also keine Automatik, doch kann dieser Deckungsprozeß auf die Dauer nicht aufgehalten werden, sondern vollzieht sich nach dem Rhythmus „zwei Schritte vor, einen zurück". Dies wird besonders deutlich an den Demokratisierungsprozessen auf den Philippinen, in Südkorea und in Taiwan.[65]

Verstärkt wird das Mitbestimmungsverlangen noch durch den auch in Asien längst virulent gewordenen *Emanzipationsprozeß* des weiblichen Geschlechts.

Zwei Antriebskräfte sind es vor allem, die zum Aufstieg vieler asiatischer Frauen beigetragen haben, nämlich erstens – wieder einmal! – die Entstehung neuer Mittelschichten in Asien, von der auch Politikerinnen, Unternehmerinnen und Literatinnen profitieren, und, zweitens, paradoxerweise auch Elemente der als so überaus „reaktionär" geltenden Tradition, die z.B. der „ älteren Schwester" eine Schlüsselfunktion einräumt: In China ist es die *jiejie*, auf den Philippinen die *ate*, die von jüngeren Geschwistern als eine Art Ersatzmutter, von älteren Personen aber als „Mittelsfrau" betrachtet wird. Darüber hinaus hängt die geheime Macht der Frauen mit der vor allem im Konfuzianismus tradierten Pflicht des Mannes zusammen, ein guter Sohn zu sein. Von dieser „Pietät" profitieren in aller Regel die Mütter.

Da Söhne in Asien zumeist permissiver erzogen werden als Töchter, läuft das Ergebnis dieses Prozesses häufig auf „starke Frauen und weiche Männer" hinaus. Immer wieder wundert sich der europäische Beobachter, wie schnell Frauen, wenn sie auch nur den Hauch einer Chance erhalten, diese gleichsam im Handumdrehen zu nutzen wissen: „From teacups to politics" pflegt es nur ein kleiner Schritt zu sein! Chancen dieser Art eröffnen sich vor allem auf drei Wegen – in Stichworten: Nepotismus, Eigengesetzlichkeiten, Feminismus:

- Das „nepotistische" Sprungbrett steht überall dort bereit, wo Ehemänner oder Väter Führungspositionen bekleidet haben – man denke an die politische Nachfolge in Indien (Indira Gandhi und Söhne), in Pakistan (Benazir Bhutto), in Bangladesch (Kampf der miteinander verfeindeten Witwen und Töchter: Khalida Zia und Hasina Wajed), in Sri Lanka (Mutter und Tochter Bandaranaike), auf den Philippinen (Corazón Aquino) und in Birma, wo die Tochter des 1948 ermordeten Generals Aung San zur prominentesten Kritikerin des Militärregimes aufrücken konnte.
- Eigengesetzlichkeiten: Kaum hatte Corazón Aquino im Jahre 1988 das Präsidentenamt übernehmen können, gab sie bereits grünes Licht für den Einzug weiterer Frauen in die politische Arena und ebnete damit den Weg für ein Phänomen, das schon bald als „Pinay-Power" bekannt wurde. Ungeachtet aller Verniedlichung, wie er mit dem Ausdruck „Pinay" (für Philippininnen) assoziiert wird, wußten sich zahlreiche Frauen in den nachfolgenden Jahren sowohl im Senat als auch in der Regierung durchzusetzen; die Rechtsanwältin Miriam Defensor Santiago hätte 1992 um ein Haar sogar die Präsidentenwahlen gewonnen.
- Feminismus: Nachdem die ersten vier „Pinays" zu Senatorinnen aufgestiegen und dabei sogleich auch erfolgreich gewesen waren, entwickelte sich unter den Wählerinnen schnell die Parole: „Wenn die Männer alles verpfuschen, warum sollen wir es zur Abwechslung dann nicht auch einmal mit Frauen versuchen!?"[66]

  Gleichzeitig kam es in den 90er Jahren überall in Asien zur Gründung von Frauenvereinigungen, sei es nun der philippinischen „Womens Association of Scientists" oder aber der indischen „Self Employed Womens Association".

  Überdies hatte sich die Zahl der Managerinnen in Singapur schon während der 80er Jahre verdreifacht, die der thailändischen *Maeka* (Unternehmerinnen) sogar verfünffacht. Allerdings stößt der Aufstieg der Frauen in einer Gesellschaft wie derjenigen Singapurs nach wie vor auf „konfuzianische Vorurteile" gegen weibliche Politikerinnen: Während die Frauen in der Wirtschaft des Stadtstaats längst Spitzenpositionen erklommen haben, sind sie in der Politik unterrepräsentiert. Als Hauptbremsen erweisen sich hierbei vor allem der „Golf Circuit“, also die „Golfclubmafia“, und die Armee.[67] Auch in der VR China sind Frauen bisher nur dann ins Politbüro gelangt, wenn sie mit Spitzenpolitikern verheiratet waren.[68] Immerhin hat die Gleichberechtigungsparole Maos („Der halbe Himmel für die Frauen!“) auch hier längst seine Wirkung getan. Hürden für Frauen können längst nur noch in aller Heimlichkeit aufgestellt werden.

Dies gilt nicht zuletzt auch in einem Staat wie Malaysia. Sprichwörtlich ist dort die Frage: „Was ist in Malaysia vollkommen legal, von vielen praktiziert, aber nur von wenigen offen zugegeben?“ Die Antwort heißt „Polygamie“. Die meisten Sultane Malaysias sind mit drei bis vier, der Sultan von Brunei mit zwei Frauen verheiratet. Nur Ministerpräsident Mahathir und sein (im August 1998 gefeuerter) Stellvertreter Anwar Ibrahim haben beschlossen, ein Monogamie-Exempel zu statuieren – und erhielten damit auf der Stelle den Beifall der weiblichen Bevölkerung, deren aktivster Teil, nämlich die „Sisters in Islam“, schon seit Jahren gegen die „unhaltbaren“ alten Bräuche gekämpft hatte, sei es nun gegen die Vielweiberei oder aber gegen die traditionelle „Verstoßung“ einer Ehefrau. Die Aggressivität, mit der Frauenverbände, u.a. die „Association of Women Lawyers“, gegen Traditionen dieser Art vorgehen – und die verschüchterte sowie in jedem Fall auf Diskretion bedachte Verteidigung der Männer –, läßt die Erwartung zu, daß Polygamie im 21. Jahrhundert wohl kein Thema mehr sein dürfte – Indikator für einen neuen Stellenwert der Frauen in Politik und Gesellschaft.

Die etwas andere Machart asiatischer Demokratie

Asiatische Institutionen haben, wie Deng Xiaoping es auszudrükken pflegte, eine „besondere Farbe“ (*tese*) – angefangen vom „Sozialismus“ bis hin zur „Demokratie“.

Um diese Besonderheiten transparent werden zu lassen, seien nachfolgend zuerst die drei unterschiedlichen Ausgangspositionen und anschließend die drei Hauptkonsequenzen „asiatischer“ Demokratieauffassungen skizziert:

Die *drei unterschiedlichen Prämissen* beziehen sich auf das Wesen, den Zweck und den Entfaltungsraum von „Demokratie".

(1) Was zunächst die Demokratie in ihren *Grundeigenschaften* anbelangt, so gilt sie in Asien, um es nochmals zu betonen, keineswegs als Selbstzweck, der sich unmittelbar aus der Selbstbestimmung des Individuums ableitete und auf den Kampf um Mehrheiten hinausliefe, sondern als *Mittel zum Zweck*, d.h. zur optimalen *Vereinheitlichung* des politischen Willens. „Demokratisierung" pflegt spontan in einen dialektischen Zusammenhang mit der „Zentralisierung" gebracht zu werden: In einer solchen Gegenüberstellung aber läuft „Demokratie" auf Vielheit, „Zentralismus" aber auf Einheit hinaus. Damit ergibt sich sogleich auch ein dialektischer Bezug: Demokratie ohne Zentralismus nämlich wird mit Anarchie, Zentralismus ohne Demokratie aber mit Diktatur assoziiert. Erstrebenswert bleibt am Ende jener „Demokratische Zentralismus" (*minzhu jizhongzhi*), der die Mitte zwischen beiden Extremen auslotet und der übrigens auch zu einem Lieblingsbegriff der chinesischen Kommunisten geworden ist.

Asiatische Politiker[69] räumen zwar ein, daß Demokratie „das Beste sei, was Menschen je geschaffen haben". Doch sei Demokratie andererseits auch keine Religion und dürfe keinesfalls „um ihrer selbst willen" praktiziert werden. Solange Demokratie dem Lande nütze, werde sie gerne angenommen, wo sie ihm allerdings schade, müsse sie pausieren. Volksherrschaft wird hier mit anderen Worten als disponibel begriffen – und in ihrer „Nützlichkeit" letztlich dem Urteil der politischen Eliten anheimgestellt. Doch möchte auch die Bevölkerung demokratische Prozeduren keineswegs überbewertet sehen: Demokratie ja, aber bitte nicht im Übermaß![70]

Während daher die Wirkung demokratischer Beschlüsse nach westlicher Auffassung bereits mit der Stimmabgabe (und ihrer möglicherweise oft außerordentlich knappen Mehrheit) einsetzt, ist die Willensbildung nach asiatischen Vorstellungen die Vereinheitlichung divergierender Meinungen, bedarf also „konsultativer" Vorarbeit und bisweilen auch sanften Drucks von seiten der Gemeinschaft. Abstimmungen im formellen Sinn pflegen deshalb in aller Regel erst dann stattzufinden, wenn die Chance besteht, daß möglichst jedermann am gleichen Strang zieht, daß also Einstimmigkeit gewährleistet ist.

Wie unschwer zu ersehen, hängt diese Auffassung von Demokratie mit einem *anderen Menschenbild* zusammen.

(2) Da in den meisten asiatischen Kulturen nicht das Subjekt, sondern das Inter-Subjektive Vorrang hat, dient Demokratie keineswegs vorrangig dem Schutz des Individuums, sondern gerade umgekehrt dem Schutz des Ganzen vor allzu unverblümten Individual- und Partikularinteressen.

Diese überindividuelle Ausrichtung von Demokratievorstellungen hat zur Folge, daß zwischen Individuum und Gesamtheit sowie zwischen Gesellschaft und Staat kein Dualismus anerkannt wird und daher für typisch westliche Einrichtungen wie Gewaltenteilung oder die Einklagbarkeit subjektiver Rechte gegenüber dem Staat entweder überhaupt kein Verständnis besteht oder daß solche westlichen Fremdkörper zwar gesetzestechnisch rezipiert, im Alltag aber nur widerwillig akzeptiert werden.

Die Vorstellung von der Existenz eines autonomen Individuums ist sämtlichen asiatischen Überlieferungen gleichermaßen fremd, sei es nun dem Theravada-Buddhismus, der das Ich als Täuschung (*maya*) und als Hauptgrund für das Leiden des Menschen betrachtet, sei es dem asiatischen Islam, für den Ich-Betonung gleichbedeutend ist mit einer Verneinung der Allmacht Allahs, oder sei es dem Konfuzianismus, der fordert, daß das Kleine Ich bekämpft und durch ein Großes Ich ersetzt werden müsse (*ke qi fu li*) – und zwar durch ein hohes Maß von Selbstdisziplinierung, die sich ganz dem *lian* anpaßt, jenem Traditionskodex also, der dem „Weg des Himmels" (tiandao) nachempfunden ist.

An keiner anderen Stelle unterscheidet sich „Asien" stärker von der europäischen Tradition als bei dieser ich-verneinenden Tradition des Menschenbilds. Kein Wunder, daß Ost und West gerade in der „*Menschenrechts*"-Frage oft aneinander vorbei reden.

Nicht das Recht des einzelnen gegen den Staat findet in Asien Anerkennung; was vielmehr zählt, ist gerade umgekehrt das Recht des Ganzen gegenüber Einzelpersonen oder Gruppierungen, die auf Extravaganzen zu verzichten und sich statt dessen an die Gemeinsamkeiten zu halten haben. Zu diesen besonders geschützten Gemeinschaftswerten – oder „Sozialrechten" – gehört an allererster Stelle das Recht auf „Ordnung und Harmonie", ferner das „Recht auf Leben", aber auch das „Recht auf Frieden und Entwicklung" sowie auf eine heile Umwelt.

Gemeinschaftswerte dieses Kalibers haben Vorrang vor Individualansprüchen, die ja allemal mit Chaos und Konflikt assoziiert werden. Nicht die Einzelgerechtigkeit, sondern die „Gesamtgerechtigkeit" im Sinne sozialer Symmetrie, gesellschaftlicher „Harmonie" und wechselseitigen Friedens steht also im Vordergrund!

Auf dieser „sozialrechtlichen" Linie gehört es zu den Hauptaufgaben einer aufgeklärten Führung, zugunsten der Menschen den Kampf gegen Hunger, Krankheit, Arbeitslosigkeit und Analphabetismus aufzunehmen und für Nahrung, Kleidung und Infrastruktur, aber auch für Arbeit, Stabilität, Harmonie und Ausgeglichenheit in der Gesellschaft sowie für die Zunahme der „Staatskraft" (*guoli*) zu sorgen.[71]

Erst mit weitem Abstand hinter den „Sozialrechten" folgen dann in der asiatischen Wertschätzung die liberalen Abwehrrechte westlicher Prägung, die vor allem dem „autonomen" Indviduum zugute kommen und die, wie z.B. Chinas Propaganda immer wieder tadelnd hervorhebt, von „gewissen" Regierungen als Vorwand für Einmischungen in die inneren Angelegenheiten asiatischer Staaten mißbraucht würden, ohne daß diese Intervenienten allerdings je den Balken im eigenen Auge wahrnähmen.

Bezeichnenderweise löst China mit solchen Argumenten bei anderen asiatischen Staaten fast spontan Beifall aus, selbst wenn der Volksrepublik ansonsten wenig Wohlwollen entgegengebracht wird.

Bei der Umsetzung individueller Menschenrechte schneiden die meisten konfuzianischen Staaten schlecht, bei der Förderung von Sozialrechten aber z.T. mit Spitzenwerten ab – eine in ihren Proportionen typische Rückkoppelung an die konfuzianische Tradition! Das Ganze erhält hier also stets Vorfahrt vor dem Einzelnen – eine Reihenfolge, die von der breiten Bevölkerung ohne Zögern akzeptiert wird.

So sehr sich die verschiedenen politischen Kulturen Asiens in ihrer Argumentation gegenüber dem Westen auch sonst unterscheiden mögen, so besteht doch letztlich darin Einigkeit, daß Demokratie (1) keineswegs eine Folge der Autonomie des Individuums ist, daß es (2) keinen Dualismus zwischen Staat und Gesellschaft geben darf, daß (3) „Gewaltenteilung" lediglich Ausdruck von innerbürokratischer Arbeitsteilung, keinesfalls aber von „institutionellem Mißtrauen" des einzelnen gegenüber dem Staat sein darf und daß (4) Menschenrechte im Sinne der individualistischen westlichen Interpretation weit hinter den „Sozialrechten" rangieren.

(3) Ein dritter Unterschied schließlich ergibt sich beim *Entfaltungsraum* der Demokratie. Dazu muß man wissen, daß viele asiatische Gesellschaften, vor allem im metakonfuzianischen Bereich, ihrer horizontalen Dimension nach zellular, in vertikaler Richtung aber stufenförmig aufgebaut sind.

a) Was zunächst die *Zellularität* anbelangt, so hat sie sich vor allem im Zusammenhang mit den sowohl autonomen als auch autarken Dorfgemeinschaften herausentwickelt. Der Enklave Dorf oblagen hauptsächlich fünf Grundfunktionen: Sie diente den Bewohnern als Wirtschaftsraum, als gesellschaftlicher Magnet mit hohem Verpflichtungscharakter, als religiöses Zentrum, als Beschützerin der Ahnengräber und nicht zuletzt als eine Art vormoderne Sozialversicherungs- und Verteidigungsgemeinschaft.

Der Zentrale gegenüber hatten die Dörfer, altem Herkommen zufolge, lediglich drei Pflichten zu erfüllen, nämlich Ruhe zu wahren, Steuern zu zahlen und öffentliche Arbeitsdienste abzuleisten, d.h. vor allem bei den Dammbauten entlang der großen Ströme des Landes mitzuwirken. Im übrigen war die Autonomie des Dorfes sprichwörtlich – und geheiligt, insofern nämlich „das Recht des Kaisers an der Dorfhecke endete" und der Erdgott im dörflichen Bereich überdies schützend seine Arme ausbreitete. Die Dörfer besaßen auch ihr eigenes lokales Gewohnheitsrecht, ihren eigenen Ältestenrat, ihren höchst ortsgebundenen Ahnenkult sowie ihr zumeist in Tempel- und Schreinfesten zutage tretendes altehrwürdiges Dorfritual. Sie bestritten ferner – Staat im Staate – ihre eigene „Daseinsvorsorge" und hatten in Zeiten der Gefahr sogar die Dorfverteidigung selbst in die Hand zu nehmen. In weiten Bereichen Südchinas und Vietnams galt die Idealgleichung „1 Dorf = 1 Clan = 1000 Dorfbewohner = 1 gemeinsamer Ahne", so daß hier häufig sogar Kommunal-, Clan- und Familieninteressen zur Deckung kamen. Kaum etwas Verbisseneres und Erdverbundeneres läßt sich denken als der aus dieser Autonomie erwachsene zähe Widerstand des Bauerntums gegen mandarinäre Bevormundungsversuche, wie sie sich im Lauf der Zeit immer wieder ergaben. Kein Wunder, daß sich diese Dorfgesellschaften schon früh zu „zellularisieren" sowie mit der Bürokratie selbstbewußt zu „konsultieren", ja zu feilschen begannen.

Was in den traditionellen Gesellschaften das Dorf, ist in den modernen Republiken die „Grundeinheit" (chinesisch *danwei*, vietnamesisch *don vi*), die längst in die Städte mitgewandert ist und die der Durchschnittsbürger nach wie vor wie die Luft zum Atmen braucht, sei es nun in Form von Fabrikbelegschaften und Nachbarschaften oder aber in Gestalt anderer „Wir-Gruppierungen", die dem Staat und der Bürokratie gegenüber meist ebenso zähe Abwehrkräfte entfalten wie in früheren Zeiten das Dorf.

Die kommunistischen Führungen in China und Vietnam haben lange Zeit den Fehler begangen, daß sie die Autonomievorstellungen der *danweis* mißachteten – und damit ungeahnte Abwehrkräfte freisetzten, die sich schon bald auch gegen den „Realsozialismus" überhaupt zu richten begannen.

Nicht nur die Kommunisten, sondern auch die Amerikaner bekamen (in Vietnam) die Abwehrdynamik der (Dorf-) Einheiten zu spüren, als sie im Zweiten Indochinakrieg glaubten, mit den „Charlies" kurzen Prozeß machen zu können.

Die Reformer, die aus den Fehlern eines Mao und eines Ho Chi Minh gelernt haben, wissen sich gut beraten, wenn sie Regelungen nicht mehr bis ins Filigran hinein ausgestalten, sondern die Einzelheiten dem Selbstgestaltungsgeschick der beteiligten Dörfer und Grundeinheiten überlassen. Gefragt ist mit anderen Worten wie eh und je nicht die direkte, sondern die indirekte Steuerung – genauer: *die Steuerung von Selbststeuerung*. Auch in Deutschland werden Verhandlungssysteme bisweilen nur *vorstrukturiert*, indem der Staat z. B. die Rahmenbedingungen für Tarifpartnerschaften, aber auch für Verbraucherverbände oder für die Kartellbehörde regelt, sich aus den Einzelheiten aber strikt heraushält.

Zur Verbildlichung dieser Selbststeuerungsidee läßt sich das bereits erwähnte Käfig/Vogel-Gleichnis heranziehen: Der Gesetzgeber möge sich darauf beschränken, einen großzügig dimensionierten Käfig bereitzustellen, damit der Vogel (namens „Marktwirtschaft" oder „Demokratie") einerseits weder zu sehr eingeengt wird noch andererseits ganz ohne schützende Begrenzung bleibt.

Diese Vorstrukturierung von Sozialprozessen dürfte auch in Zukunft von ausschlaggebender Bedeutung bleiben.

b) Und das zweite Baugesetz – der *Vertikalismus*? Es wird durch die zellulare Struktur mit vorgegeben und bestimmt nicht nur den gesellschaftlichen Aufbau von der staatlichen Spitze bis hinunter zu den Dörfern, sondern auch die Abstufungen innerhalb der Familie und in den Grundeinheiten: Wer in Vater/Sohn-, Eltern/Kinder- und Führer/Gefolgschafts-Kategorien zu denken pflegt, ist auf vertikale Organisationsmuster programmiert, während andererseits die vorrangige Beschäftigung mit Berufsgruppen („*alle* Architekten"), Ständen („*alle* Adligen"), Klassen („*das* Proletariat", „*die* Bourgeoisie") oder Funktionsgruppen („*alle* Wähler") auf einen soziologisch horizontalen Denkansatz hinweist.

Das in konfuzianischen Gesellschaften mit einsamem Abstand vorherrschende Organisationsmuster ist die „Vertikale". „Demokratie" entfaltet sich also nicht über ganze Kreise, Provinzen oder gar über die ganze Nation hinweg, sondern hat die Tendenz, sich auf die vom einzelnen Bürger „erlebbaren" sozialen Zellen/*danweis* zu beschränken, die in ihrer Getrenntheit allein durch hierarchische Verbindungen wieder gesamtgesellschaftlich integriert werden. Demokratisierung ist also im wesentlichen identisch mit *danwei*-Demokratisierung sowie mit dem – vertikalen – Bestreben, von der staatlichen Bürokratie möglichst unbehelligt zu bleiben, d.h. nur über Rahmenvorschriften in die Pflicht genommen zu werden.[72]

Gesellschaftliche Grundeinheiten dieser Art, die horizontal isoliert/zellularisiert und nur vertikal miteinander verbunden sind, bilden also den eigentlichen Entfaltungsraum für möglichst autarke und möglichst autonome Prozesse: Das eine wird durch vertraglich ausgestaltete „Selbstverantwortungssysteme", das andere durch *danwei*-demokratische Prozesse wahrgenommen.

Ganz in diesem Sinne hat übrigens auch Indien durch eine Verfassungsergänzung vom April 1993 die „dörfliche Selbstverwaltung" (*grama swaraj*) und die altehrwürdige, vor allem von Mahatma Gandhi gepriesene „Herrschaft der fünf Ratsmitglieder" (*panchayati raj*) wieder eingeführt. Mit diesem Versuch einer Neubelebung der *Panchayats* gingen Regelungen für Direktwahlen auf Gemeinde-, Landkreis- und Bezirksebene, für Quotenregelungen zugunsten von Frauen sowie von Kastenlosen und für die Zuteilung von 29 entwicklungspolitischen Hauptaufgaben an die *Panchayats* einher, wobei sich diese Aufgaben vor allem auf Land- und Forstwirtschaft, Ausbildung, Gesundheitsfürsorge und Armutsbekämpfung beziehen.[73]

Freilich sind diese Ansätze längst wieder auf halbem Wege steckengeblieben, weil (1) die Verwaltungsbürokratie eine Schmälerung ihres Einflusses befürchtet, weil (2) Frauen und Kastenlose nach wie vor an traditionellen Vorurteilen scheitern und weil in der Praxis (3) das Subsidiaritätsprinzip nicht funktioniert, so daß die Kompetenzen der *Panchayats* von der Bürokratie immer wieder eingeengt werden können. Nicht zuletzt aber haben (4) Untersuchungen aus Rajastan gezeigt, daß die *Panchayats* eindeutig von Angehörigen der Oberkasten und von wohlhabenden Personen dominiert werden, so daß der Zweck der Fünferräte, die Dorfbevölkerung in ihrer ganzen Breite widerzuspiegeln, nicht erreicht wird.[74]

Mit Blick auf das 21. Jahrhundert bleibt die Hoffnung, daß es am Ende doch noch zu einem konstruktiven Zusammenwirken zwischen drei Arten von lokalen Akteuren kommt, nämlich zwischen der Lokalverwaltung, den auf dem indischen Dorf immer stärker werdenden Nichtregierungsorganisationen und – eben – den *Panchayats.*

Während der Zellularansatz den Mitgliedern konfuzianischer

Gesellschaften bereits in die Wiege gelegt wird und auch die hinduistische Gesellschaft zumindest auf historisch überlieferte Zellularansätze zurückgreifen kann, lassen die theravada-buddhistischen und die malaio-islamischen Gesellschaften solche Ansätze weitgehend vermissen, wenngleich sie der metakonfuzianischen und der hinduistischen Gesellschaftsordnung in puncto Hierarchie und Anti-Individualismus ansonsten keineswegs nachstehen.

Kein Wunder, wenn die Bürokratie hier wesentlich mehr Interventionsmöglichkeiten vorfindet und daher mit immer neuen Bevormundungsversuchen zur Stelle ist. Dies haben nicht zuletzt die Filipinos erfahren, die trotz der Kommunalreform von 1991 immer noch auf eine echte Bürgerbeteiligung warten müssen. Vor allem auf den Dörfern ist die Verwaltung nach wie vor so stark auf den lokalen Verwaltungschef zugeschnitten, daß nicht zu Unrecht von „Bossism" gesprochen wird.[75]

Kein Wunder, wenn angesichts der so grundverschiedenen demokratischen Prämissen am Ende auch abweichende Erscheinungsformen asiatischer Demokratie zu konstatieren sind.

Drei Hauptunterschiede zwischen westlicher und asiatischer Demokratie

Unterschiede zeigen sich besonders deutlich bei der Trägerschaft, beim Verlauf und beim Ergebnis von Entscheidungsprozessen:

- Als *Träger* agieren im Westen vor allem Einzelpersonen, während in Asien stets ein überpersönliches Element mit in die Entscheidungen hineinspielt, sei es nun ein Netzwerk oder aber – negativ ausgedrückt – eine Clique, die ihrem Repräsentanten in aller Regel ein imperatives Mandat mit auf den Weg gibt.
- Beim Abstimmungs-*Prozeß* werden in Asien offene Zusammenstöße möglichst vermieden und statt dessen „harmonische" Lösungen angestrebt, wobei die „Konsultation", also das Köpfe-Zusammenstecken, als Königsweg gilt. Geraten Konflikte freilich außer Kontrolle – und an die Öffentlichkeit –, so pflegen die Fronten sogleich besonders scharfrandig zu werden – getreu dem Grundsatz: „Wenn schon Disharmonie, dann aber richtig!" Vor allem taiwanische Oppositionspolitiker haben zu Anfang der 90er Jahre Kostproben dieser Einstellung

geliefert, die wegen ihrer Drastik via Fernsehen in alle Welt gelangt sind.

- Und das Ergebnis von Abstimmungen? Hier pflegen sich westliche Gremien oft schon mit 51 %-Mehrheiten zu begnügen, während in Asien, wie bereits erwähnt, eigentlich nur der „Konsens", also die überwältigende Zustimmung, als Lösung anerkannt wird.
- In den metakonfuzianischen Gesellschaften kommt zur Trias dieser Eigenarten als weiteres Sondermerkmal des demokratischen Prozesses noch jener spezifische *Entfaltungsraum* hinzu, der oben unter den Stichworten „Zellularität" und „Vertikalismus" beschrieben wurde.

Die Dreiheit von Netzwerkträgerschaft, Harmoniesuche und Konsenswunsch läßt viele jener Demokratie-Attribute entbehrlich werden, die in der westlichen Welt als unverzichtbar gelten, seien es nun solide institutionalisierte Parteien und Meinungspluralismus oder aber eine formelle – und womöglich „loyale" – Opposition. In China und Vietnam gibt es sogar das „Drei-Nein"-Prinzip, das exakt diesen drei Ansätzen einen Riegel vorschieben soll, das langfristig allerdings für innere Widersprüche sorgen dürfte, die auf Lösung drängen: Kann nämlich auf der einen Seite (markt-)wirtschaftliche Initiative eingefordert, gleichzeitig aber politische Initiative verboten werden? Lassen sich Geister, einmal auf den Plan gerufen, so einfach per Knopfdruck wieder wegschicken!?

3. Zukunftsträchtige Eigenarten der politischen Systeme Asiens

Verglichen mit der Demokratisierungsperspektive sind alle anderen Zukunftsfragen zur asiatischen Politik von mehr oder weniger zweitrangiger Bedeutung.

Gleichwohl sei zur Abrundung des Bildes noch ein Blick auf das politische System gerichtet, auf den Ziel-Mittel-Ansatz also, der auch in Zukunft noch nachhaltig von traditionellen Elementen mitbestimmt werden dürfte.

Von den drei theoretisch denkbaren Staatszwecken hat im traditionellen Asien die Betreuungsaufgabe so gut wie keine Rolle gespielt (vgl. Abschnitt Sozialpolitik), haben Leistungsaufgaben sich zum großen Teil auf Infrastruktur und „Hydraulik" (Wittfogel) beschränkt und ist letztlich eigentlich nur die *Ordnung* des Gemeinwesens Hauptanliegen staatlicher Politik gewesen – und zwar Ordnung im Sinne von Stabilität und ewiger Wiederkehr eines nach bestimmten Wertevorstellungen definierten Gesellschaftsbildes, sei es nun des *fu qiang* („wohlhabend und stark werden" in der konfuzianischen Ordnung), der *Vereinheitlichung* von Religion, Recht und Staat im Islam, oder sei es der *Hindutva*, d.h. des Hindutums in den indischen Königreichen, sowie nicht zuletzt des harmonischen Nebeneinanders von Staat und Kirche/Sangha in den theravada-buddhistischen Ländern.

Obwohl auch in den nach 1945 neu entstandenen Staaten das Ordnungsanliegen gleichsam spontan in den Mittelpunkt gerückt ist, melden sich Leistungs- und Betreuungsappelle heutzutage – und wohl auch in fernerer Zukunft – immer lauter zu Wort.

Weitaus mehr als die Ziele interessieren im vorliegenden Zusammenhang freilich die ihnen dienstbaren *Mittel*:
Kommen im Westen hier hauptsächlich rechtliche, formelle und institutionelle Mechanismen zum Zug, so pochen die meisten asiatischen Gesellschaften (1) eher auf Moral als auf Recht, bedienen sich (2) eher informeller als formeller Kommunikationskanäle und räumen (3) Personen einen klaren Vorrang gegenüber Institutionen ein.
Da die Eigenarten ad (2) bereits erläutert wurden, seien hier lediglich die Varianten (1) und (3) behandelt:

- *Moral vor Recht:* Abweichend von modernen westlichen Denkgewohnheiten gab es in den traditionellen asiatischen Gesellschaften nirgends eine exakte Trennung von Recht und Moral, bisweilen nicht einmal von Sakral- und Profanrecht. Am meisten galt (und gilt) dies für den Islam, der bekanntlich jeder Säkularisierung des Rechts, wie sie in Europa bereits in spätrömischer Zeit einsetzte, einen Riegel vorschob. Religiösen Ursprungs ist aber auch das hinduistische Recht, das auf zahlreichen *Dharma-shastra* („Rechtsbüchern") beruht und, wie z.B. das Gesetzbuch des Manu, vor allem Kastenregelungen enthält, darüber hinaus aber auch das buddhistische Recht, das im wesentlichen auf den Sangha zugeschnitten ist.

In Malaysia „kleben“ nicht weniger als drei Rechtsschichten übereinander, die sich gegenseitig durchdringen, nämlich die geschriebenen und zumeist westlich (britisch) inspirierten Gesetze, das muslimische Recht (Sharia) und das *Adat*.[76]

Besonders deutlich läßt sich die Spannung zwischen Recht (*fa*) und Sittlichkeit (*li*) anhand der chinesischen Tradition darstellen:

An der Wiege sowohl des Konfuzianismus als auch des Legalismus standen 500 Jahre Krieg, machiavellistische Intrigen, Verrohung und ein Dauerzustand des „homo homini lupus“. So gemeinsam den großen Denkschulen das Ordnungsanliegen war (wie kann dem Blutvergießen ein Ende bereitet werden?), so verschieden fielen ihre Empfehlungen aus, insofern nämlich die Anhänger der *Fajia* („Rechtsschule“) die Anwendung von Recht und Gesetz, die Konfuzianer aber die Versittlichung gesellschaftlicher Beziehungen als Allheilmittel einforderten. Die Vertreter beider Denkschulen gerieten – als Anhänger einander bekämpfender Bürgerkriegsparteien – in einen scharfen Dauergegensatz zueinander, der sich am Ende bis hin zu blutigen Säuberungen steigerte.

Beide verfochten fundamentalistische Positionen, die sich aus grundverschiedenen Ordnungsvorstellungen ableiteten: Ordnung kann sich ja entweder auf Recht oder auf Konvention gründen, also auf zweckrationale positive Setzung oder auf traditionelles Herkommen. Sie kann ferner als historisch bedingt und veränderbar oder aber als natürlich vorgegeben und prinzipiell unwandelbar postuliert werden. Das erstere ist der Weg des Legalismus, das letztere der des Konfuzianismus.

Ein moderner Europäer hätte sich mit an Sicherheit grenzender Wahrscheinlichkeit für die legalistische Lösung entschieden. Durchgesetzt in China haben sich aber die konfuzianischen Ordnungsvorstellungen: Nicht Jurisprudenz, sondern Ritusprudenz, nicht *fa* („Recht“), sondern *li* („Moral und Ritual“) hieß von der Han-Zeit (206 v. bis 220 n. Chr.) an die Devise.

Konfuzianisch gesehen war China ein moralisch-pädagogisches und nicht etwa ein rechtlich-administratives Gemeinwesen. Oberste Aufgabe jedes Mitglieds der Elite sollte es sein, sein Ego auszulöschen und es durch Gemeinschaftsgesinnung zu ersetzen. Gefragt waren nicht Entfaltungs-, sondern Erhaltungswerte, d.h. also Einstellungen, die der Stabilisierung und der Berechenbarkeit dienten. Interessieren den modernen Westen am gesellschaftlichen Netz hauptsächlich die Knoten, so forderte die konfuzianische Gesellschaftslehre die Stärkung der Maschen, also des *Zwischen-Ich*. Wer es durch ständige Selbstdisziplinierung fertigbringt, sein Ich zugunsten des Zwischen-Ich zu disziplinieren, gleicht nach den Worten des Konfuzius dem „Polarstern", den die „Planeten" bewundernd umkreisen – und nachahmen.

Regiert man das Volk mit Recht und Strafen, wird es versuchen, durch die Maschen zu schlüpfen und „keine Scham kennen". „Regiert man es dagegen mit Tugend (*de*) und lenkt es mit Moral (*li*), dann wird es Scham empfinden und Charakter zeigen. Konfuzius empfiehlt, „zu *verhindern*, daß Rechtsstreitigkeiten überhaupt entstehen" (*bi shi wu song*).

Beide Schulen, die *Fajia* und die *Rujia*, folgten einem diametral entgegengesetzten Menschenbild: *li* ging von der angeboren guten, *fa* dagegen von der schlechten Natur des Menschen aus. *Li* war Spiegelung der himmlischen Ordnung, *fa* dagegen Ausfluß staatlicher Ordnungsgewalt. *Li* sollte durch Harmonisierung, Hierarchisierung und erzieherisches Vorbild wirken, wobei der Edle (*junzi*) als Leitbild galt, *fa* dagegen durch Befriedung, Gleichstellung vor dem Gesetz und Verwaltung/Bestrafung; *li* stellte primär auf innere Ordnung („Scheu", „Scham"), *fa* dagegen auf korrektes äußeres Gesetzesverhalten ab.

Die *Rujia* argumentierte naturrechtlich, indem sie von einem Sein (d.h. der von Konfuzius idealisierten Moralordnung der frühen Zhou-Zeit) auf ein Sollen („vom Himmel gestiftet") schloß, die *Fajia* dagegen formalrechtlich, indem sie forderte, daß das rechtliche Sollen nicht aus dem Sein abzuleiten, sondern als solches zu *setzen* sei!

Recht war nach konfuzianischer Auffassung nur Teilattribut einer allumfassenden Sittenordnung. Es galt nicht um seiner selbst willen, sondern diente lediglich als Beweis für eine andere – weitaus höher angesiedelte – Ordnung, das *li*.

Zwar haben die meisten asiatischen Staaten inzwischen modernes westliches Recht rezipiert – die Volksrepublik China auf weite Strecken hin sogar deutsches Recht. Bei näherem Hinsehen wird jedoch deutlich, daß die Tradition deshalb keineswegs verschwunden ist und vermutlich noch lange nachwirkt, vor allem die Neigung, rechtlichen Lösungen möglichst aus dem Weg zu gehen, zur Jurisprudenz (und zu juristischen Haarspaltereien) weiten Abstand zu halten und nicht zuletzt personen- statt fachbezogene Lösungen anzupeilen.

– *Personen- und Rechtsherrschaft:* Zum Verhältnis zwischen Person und Institution hat es im Laufe der Jahrhunderte immer wieder Auseinandersetzungen gegeben, vor allem innerhalb des chinesischen Mandarinats: Zugunsten der Person wurden die überkommenen Ehr- und Sittlichkeitsargumente, zugunsten der Institution aber der „Rebellentest" ins Feld geführt: Am Sturz einer Dynastie seien noch allemal illoyale Vasallen schuld gewesen!

In diametralem Gegensatz zu dieser Tradition gilt heutzutage, und zwar seit dem Machtantritt der Reformer, der Grundsatz, daß die Rechtsherrschaft (*faquan*) an die Stelle der „Personenherrschaft" (*renquan*) zu treten habe; die Alltagspraxis verharrt jedoch, unbeeindruckt von solchen Appellen, nach wie vor auf der personalistischen Schiene – mit der Folge, daß zwei traditionsgesättigte Phänomene auch im 21. Jahrhundert noch auf der Tagesordnung bleiben dürften, nämlich andauernde Konsultation und Klientelismus:

Erhalten bleibt also zunächst einmal die Neigung, eher zu feilschen als zu „spuren". Statt Gesetze und Anordnungen konsequent durchzuführen, werden die Vorgaben immer wieder zerredet und auf den einzelnen Schauplätzen neu inszeniert. Ständig kommt es zu „Besprechungen", zu „Arbeitskonferenzen" und zu „freundschaftlichen Kompromissen", bei denen der Jurist das letzte ist, was benötigt wird.

Trumpf ist statt dessen die Klientelbildung, die überall in Asien angestrebt wird.[77]

Wie *Klientelismus* in der Politik funktioniert, läßt sich anhand der japanischer Praktiken besonders einleuchtend darstellen:

Der Abgeordnete X hat nur dann Chancen, neu gewählt zu werden, wenn er für seine Gemeinde oder seine Präfektur immer wieder möglichst große Stücke aus dem bei der Zentrale in Tokyo bereitstehenden Kuchen herausschneiden kann, sei es nun für den Bau von Straßen und Brücken oder für die Reparatur von Kanalisationsanlagen.

De lege wäre hier zwar der offizielle Weg zu beschreiten, der über drei Stufen von den Gemeinden über die Präfekturen zu den Zentralministerien hinaufführt. Doch nichts wäre törichter – und erfolgloser –, als diese Regularien beim Wort zu nehmen. Statt dessen gilt es, sich durch „Hintertüren“ zu stehlen und dabei – allen Windungen und Wendungen zum Trotz – stets vier Fixpunkte im Auge zu behalten: Erstens muß X im „richtigen“ Ministerium fest verankert sein – im *zoku* („Stamm“, „Sippschaft“), wie es ironisch heißt. Zweitens ist er gut beraten, auch für eine wohl geölte „Linie“ (*keiretsu*) von seiner Gemeinde bis hinauf ins Ministerium zu sorgen, drittens braucht er in seinem Wahlbezirk eine *koenkai*, d.h. eine „Rücken-Stärkungs-Vereinigung“, und nicht zuletzt muß er bei seiner Partei insgesamt den richtigen Stallgeruch verbreiten und sich innerhalb der verschiedenen „Faktionen“ (*habatsu*) einen passenden *oyabun* aussuchen, der ihn protegiert und ihm die richtigen Türen öffnet.
Der *oyabun* – eine Leitfigur in der japanischen Kultur – ist keineswegs nur ein „Vorgesetzter“ (als solcher hieße er *sempai*), sondern eine Art Pate, dem X sich freiwillig unterordnet und von dem er im Gegenzug Wohltaten erwarten darf.
Keiner dieser vier Fixpunkte taucht in der Verfassung oder in einem Gesetz auch nur andeutungsweise auf, und doch hängt der politische Erfolg davon ab, wie X mit diesem informellen Spiel zurechtkommt. Mitglied eines *zoku* oder einer *habatsu* zu werden, kostet viele Jahre harte Arbeit, verlangt Hunderte von „Erkenntlichkeiten“ und einen niemals endenden persönlichen Einsatz – von Gaben und Leistungen ganz zu schweigen, die in einem eher rechtlich argumentierenden westlichen Umfeld schnell als „Korruption“ bewertet würden.[78]
Ganz im Gegensatz zu den Angehörigen des konfuzianischen Kulturkreises, wo ständige Neu-Arrangements zum Alltag gehören, befinden sich Mitglieder der hinduistischen Gesellschaft in der etwas angenehmeren Situation, daß viele ihrer Verhaltensweisen durch subtile traditionelle Regelwerke bereits vorstrukturiert sind, vor allem, was ihr Verhalten im täglichen Leben anbelangt.

IV. Wer steht im Licht – und wer im Schatten? Wirtschaft und Soziales

1. Erfolgsbilanz und Wermutstropfen

Unter den 28 Ländern Asiens ist eine Zehnergruppe wirtschaftlich besonders rasch in Fahrt gekommen – allen voran Japan, das zu Beginn der 60er Jahre ins Rennen ging, gefolgt von den „vier kleinen Drachen" (Hongkong, Singapur, Südkorea, Taiwan) in den 70er Jahren, den „drei kleinen Tigern" (Indonesien, Malaysia, Thailand) in den 80er und der VR China sowie der SR Vietnam in den 90er Jahren. Mit einem Durchschnittswachstum von 12,5 % zwischen 1992 und 1994 konnte China eine Zeitlang sogar Weltspitzenreiter werden – zumindest, was das Wachstumstempo anbelangt.

Bemerkenswerterweise handelte es sich bei den führenden Zehn fast durchwegs um Volkswirtschaften mit metakonfuzianischem Hintergrund.[79] Dies gilt für China, Hongkong, Japan, Singapur, Südkorea, Taiwan und Vietnam direkt, für Indonesien, Malaysia und Thailand aber indirekt, insofern dort nämlich das Auslandschinesentum als Lokomotive gewirkt hat: So kontrollieren beispielsweise die 3 % Auslandschinesen in Indonesien rund 70 % des dortigen Kapitals, in Thailand 8 % rund 90 % und in Malaysia 33 % Huaren schätzungsweise 60–70 % – und dies mit steigender, damit aber auch konfliktträchtiger Tendenz zugunsten der als Ausländer empfundenen Huaren!

Die „Nachzügler" China und Vietnam sind deshalb so spät auf die Trittbretter des Erfolgszugs gelangt, weil sie sich – im Zeichen „sozialistischer Revolutionen" – über drei Jahrzehnte lang den Luxus eines Verzichts auf das authentische Wertesystem geleistet hatten und damit das Wagnis eines alternativen Entwicklungspfads eingegangen waren, der sich spätestens seit den 70er Jahren als Holzweg erwies. Beide hatten daraufhin eine Wende um fast 180 Grad vollzogen und waren mit fliegenden Fahnen – und unter „Reform"-Parolen – ins Lager der „kleinen Drachen" übergewechselt, um nun doch noch den authentischen Weg zu beschreiten und das bisher Versäumte nachzuholen.

Das Bemerkenswerte am Erfolg der Zehnergruppe war die raketenhafte Beschleunigung: Noch nie in der Geschichte der Menschheit hat es Volkswirtschaften gegeben, die ihr Wachstum mit so rasender Geschwindigkeit „von null auf hundert" haben hochziehen können, angefangen von dem aus der Asche des Zweiten Weltkriegs erstandenen Phönix Japan über die aus kolonialer Vorherrschaft entlassenen „vier kleinen Drachen" bis hin zu den vom Scheitern ihres sozialistischen Experiments geläuterten Volksrepubliken China und Vietnam. Zwischen 1965 und 1995, d.h. innerhalb einer einzigen Generation, hat sich das Pro-Kopf-Einkommen der zehn Erfolgswirtschaften mehr als vervierfacht; im gleichen Zeitraum stiegen Korea und Taiwan von Agrar- zu Hochtechnologiestaaten auf.

Die anderen asiatischen Volkswirtschaften hatten keine Chance, das Tempo mitzuhalten, und fielen deshalb weit zurück, vor allem die Länder Südasiens, in denen, wie unten noch näher auszuführen, ein Großteil der „Armen" dieser Welt lebt, und zwar vermutlich noch auf lange Zeit.

Wenn die in Lateinamerika entwickelte Dependenztheorie Unterentwicklung als logische Konsequenz jenes Nord-Süd-Tauziehens bezeichnet, das fast ausnahmslos auf ein Nullsummenspiel zugunsten des Nordens hinauslaufe, so können mit diesem Ansatz zwar die Probleme einzelner asiatischer Entwicklungsstaaten, wie z.B. Bangladeschs oder Papua-Neuguineas, erklärt werden; für eine Gesamtbeurteilung Asiens, vor allem für eine Würdigung der Tiger- und Drachenländer, dürfte diese Theorie jedoch auch in Zukunft wenig hergeben.

Noch am Vorabend der „Asienkrise" (1997ff.) hatte die Weltbank – unter Fortschreibung der Wachstumsraten aus dem vorangegangenen Jahrzehnt – die Prognose gewagt, daß unter den zehn BIP-stärksten Ländern bereits im Jahre 2020 nicht weniger als sieben Asiaten vertreten sein werden, nämlich – in dieser Reihenfolge – China, Japan, Indien, Indonesien, Südkorea, Thailand und Taiwan, während der Westen dort nur noch mit drei Ländern, nämlich mit den USA, Deutschland und Frankreich, mithalten könne. Setze man die USA auf Index 100, so läge China dann bei 130, Japan bei 43, Indien bei 35, Indonesien bei 30, Deutschland bei 25, Südkorea bei 23, Thailand bei 22, Frankreich bei 21 und Taiwan bei 19.

Auch wenn eine Abstufung nach Nationen im 21. Jahrhundert zweifelhaft wird (man denke an die EU-Entwicklung bis 2020!), und wenn überdies die Asienkrise so manches Fragezeichen gesetzt hat (Indonesien!), sollten Hochrechnungen dieser Art doch Nachdenklichkeit auslösen und erneut daran erinnern, daß vor allem hinter den metakonfuzianischen Volkswirtschaften geballte Dynamik steckt!

2. Ein Erfolgsmodell? Die „3:3:6-Formel"

Das „asiatische Wirtschaftswunder", wie es seit den 80er Jahren durch die westlichen Vorstellungen geistert, ist weder „asiatisch" noch „wundersam": Erstens nämlich beschränkt es sich weitgehend auf den metakonfuzianischen Einflußbereich, und zweitens hat es nichts mit besonders geheimnisvollen Eigenschaften zu tun, sondern ist das Ergebnis von harter Arbeit, eisernem Sparwillen, hohem unternehmerischem Einsatz und am Ende vielleicht auch noch einer Portion „Glück des Tüchtigen".

Gleichwohl zog es die Aufmerksamkeit vieler Bewunderer auf sich, sei es nun der Weltbank, der asiatischen Nachbarländer (Parole: „Look East!"), oder sei es Rußlands, das 1998 in eine tiefe Wirtschaftskrise abrutschte und sich häufig genug fragen mußte, ob es beim „asiatischen Modell" keine Anleihen aufnehmen könne.

Eine „Zauberformel" haben die metakonfuzianischen Volkswirtschaften zwar nicht anzubieten; vielmehr setzt sich das Erfolgsrezept aus einer komplexen 3:3:6-Mischung zusammen, nämlich aus drei Faustregeln (Effizienzversessenheit, Korporatismus, Exportorientierung), aus drei Eingaben (in die Wirtschaft und in den Menschen, allerdings noch kaum in die Umwelt) und aus sechs klassischen Verhaltenseigenarten, die sich bei genauerem Hinsehen als veritable Wirtschaftstugenden erweisen (Leistung, Lernethik, Stabilitätsbewußtsein, Risikobereitschaft, Tabufreiheit und Klientelismus).

Diese höchst zukunftsträchtigen Elemente dürfen nicht etwa nur als die Summe ihrer Teile verstanden werden, sondern sind als zusammenhängendes Ganzes zu begreifen, weil die „Faustregeln" und die „Eingaben" ohne das Wertefundament wohl kaum hätten umgesetzt werden können.

a) Die „Drei Faustregeln"

Effizienzversessenheit und wirtschaftliche Stromlinienform

Zu nennen ist hier erstens die Effizienzversessenheit. Gemeint ist damit ein Verhalten, das wirtschaftlich „stromlinienförmig" ist, weil es wirtschaftsdienlichen Zweck-Mittel-Überlegungen den Vorrang einzuräumen pflegt – und zu entsprechender Flexibilität führt. Angesichts dieses Schulterschlusses zwischen Politik, Gesellschaft und Geschäftswelt war in der Tat auch bald schon von „Japan GmbH" oder von „Singapore Inc." die Rede. Stromlinienförmig pflegen nicht nur die Kapitalakkumulations- (Sparkapital, aber auch Wissens- und Bildungskapital), sondern auch die Allokationsentscheidungen zu sein, die in engem Einvernehmen zwischen Unternehmerschaft und Bürokratie getroffen werden. In Japan und Korea beispielsweise konnten sich die am „Konsultations"-Prozeß Beteiligten schon frühzeitig auf die Bearbeitung zukunftsträchtiger Sektoren wie Schiffbau, Chemieindustrie und Automobilproduktion einigen, später auf Elektronik und Biochemie.[80] Wirtschaftsdienlich – und ideologiefrei – erfolgte in Ländern wie Taiwan oder Südkorea auch der stufenweise Aufbauprozeß, der meist auf dem Bauernhof begann und dann *yi bu yi bu* („Schritt für Schritt") über die Industrialisierung bis hin zur Exportorientierung fortschritt – man denke an Taiwan, das in den frühen 50er Jahren eine Bodenreform durchführte, oder an Südkorea, das in den späten 60er Jahren seine Saemaul-Bewegung durchzog – und damit den Dörfern ein neues Aussehen gab. Wo andererseits, wie auf den Philippinen zur Zeit der Marcos-Ära, die Landwirtschaft vernachlässigt wurde, konnte auch die Industrie nicht so richtig Tritt fassen.

So mancher spätere Großindustrielle hat seinen Aufstieg auf dem Dorf begonnen: Der Gründer des Hyundai („Modern")-Konzerns, Chung Ju Yung, reüssierte beispielsweise zuerst im Reishandel. Der thailändische Ministerpräsident Banharn (1996) war ursprünglich ein ländlicher Geschäftsmann, der erst Mitte der 70er Jahre politische Ämter übernahm.

Im Hinblick auf Stromlinienförmigkeit und Wirtschaftsdienlichkeit hat übrigens das kleine Taiwan dem übermächtigen maoistischen China eine so anschauliche Lektion erteilt, daß die Reformer um Deng Xiaoping einsehen mußten, daß eine schnelle Rettung der VRCh nur durch eine Nachahmung des taiwanischen Modells möglich sei. Taiwan hielt z. B. nichts von Autarkiepolitik, wie sie für das Festland bis 1978 unter der Parole „auf eigenen Beinen gehen" (*zi li geng shen*) oder in Nordkorea unter der Parole *Juche* („Autarkie") Schule gemacht hatte. Auch „politökonomische" Vorurteile waren der taiwanischen Führung fremd: Nirgends wurde beispielsweise das Dienstleistungswesen als „unproduktiv" bekämpft, nirgendwo ein Fachmann als „bourgeoiser Intellektueller" diskriminiert, insbesondere kein einziger Unternehmer durch Kampagnen „mobilisiert" – und entmündigt. Selbst die Vierjahrespläne Taipeis waren nicht imperativ, sondern lediglich „indikativ".

Während auf dem Festland in den 50er und 60er Jahren das Grundbesitzertum ausgelöscht, im Sekundärbereich der Schwerindustriesektor gefördert und die Außenwirtschaft einem Staatsmonopol unterworfen wurde, führte Taiwan eine Bodenreform (mit Entschädigung) durch, gab der Schwerindustrie erst im Anschluß an die Erdölkrise der 70er Jahre grünes Licht und öffnete dem außenwirtschaftlichen Privatunternehmertum schon 1958 Tür und Tor.

Überhaupt ist Taiwan geradezu der Musterfall eines schritt- und stufenweisen Aufbaus, der Anfang der 50er Jahre bei der Importsubstitution begann, 1958 in Exportförderung überging und in den 80er Jahren von der Arbeits- auf Kapitalintensität sowie auf High-Tech-Entwicklung umschaltete. Vor allem die „vier kleinen Drachen" haben modellhaft vorexerziert, wie ganze Volkswirtschaften „den Markt mit der Rindernase auswittern" und entsprechend agieren können. Der „Asienkrise" und ihren Symptomen zum Trotz bleibt dieses Vorbild zukunftsträchtig.

Korporatismus: Trialog zwischen Kapital, Arbeit und Bürokratie

Zweitens haben die metakonfuzianischen Erfolgswirtschaften gezeigt, daß Staat und Bürokratie noch lange nicht zum alten Eisen gehören, sondern, im Einvernehmen mit den beiden anderen tragenden Säulen des Wirtschaftsprozesses, der Unternehmer- und Arbeiterschaft, als Geburtshelfer und „Wohltäter" im makrowirtschaftlichen Prozeß mitmischen. Dieses *korporatistische* Verhalten sorgt für Synergie und gehört mit zu den typischen Eigenschaften des metakonfuzianischen Modells. Geradezu sprichwörtlich geworden ist das japanische MITI (Ministry for Trade and Industry), das mit seinen einvernehmlich erzielten Vorgaben Wege der makrowirtschaftlichen Steuerung aufgezeigt hat, denen auch die kleinen Drachen und Tiger gefolgt sind – und die übrigens lange Zeit auch von der westlichen Geschäftswelt bewundert wurden.

Die ständige Präsenz der Bürokratie in der Wirtschaftspolitik wird von mancher Seite, u. a. von der VR China,[81] als das eigentliche „Geheimnis" des ostasiatischen Erfolgs bezeichnet, von Vertretern der neoliberalen Schule dagegen als eine Art Krankheit zum Tode kritisiert. Letztlich kommt es hier freilich nicht auf das Ob, sondern auf das Wieweit des Eingriffs an: Beschränkt sich die Bürokratie nämlich auf den Erlaß von bloßen Rahmenrichtlinien und vor allem auf die eher informelle „Netzwerk-Arbeit", bleiben also die Unternehmer bei ihren betrieblichen Entscheidungen unbehindert, so kann dies der „Auswitterung" des Markts nur gut tun; kommt es dagegen, wie beispielsweise noch in den Zeiten Mao Zedongs, zu ständigen Interventionen, so geht die Marktanbindung schnell verloren.

Während Staat, Kapital (Unternehmertum) und Arbeit (Gewerkschaften) in den angloamerikanischen Gesellschaften oft weit auseinanderdriften (man denke an die Dauerkonflikte zwischen Konzernen, Regierungen und Trade Unions in Großbritannien vor Margaret Thatcher), zeigen sich in Japan so gut wie keine Reibungsverluste. Bezeichnenderweise ist dort auch das Gros der Gewerkschaften auf Betriebs- und nicht etwa, wie in Deutschland, auf Industriespartenebene angesiedelt, so daß eher das Gefühl aufkommt, daß „wir alle im gleichen Boot sitzen".

Die Verbindungen zwischen den einzelnen Betrieben sowie zwischen Betrieb und staatlicher Bürokratie bilden sich in der Retorte persönlicher Beziehungen heraus. Zwischen Regierungs-, Banken- und Unternehmensvertretern kommt es, soweit nicht ohnehin schon Schul- oder Karrieregemeinsamkeiten bestehen, zu Verbindungen, die treffend als „Golfplatzkapitalismus" bezeichnet werden. Kontakte finden aber nicht nur auf dem Golfplatz, sondern auch in „Beratungsgremien“, „Studiengruppen“ oder in „Wirtschaftsforschungsinstituten“ sowie über „Anhörungs-Stellen“ statt, die von Konzernen oder von der Regierungspartei unterhalten werden, nicht zuletzt auch in einem Labyrinth von „Clubs“ und „Beratungsgremien“, in denen fast permanent abgestimmt und „gemauschelt“ wird.

Gerade in einer Gesellschaft wie der metakonfuzianischen, in der das „Zwischen-Ich“ und die „Beziehung“ alle formellen Institutionen und Regelungen weit in den Schatten stellen, können solche korporatistischen Verbindungen für den Fortgang der Wirtschaft gar nicht hoch genug veranschlagt werden.

„MITIs“ gibt es nicht nur in Japan, sondern auch in Korea, in Taiwan, in Singapur und mittlerweile auch in der Volksrepublik, auch wenn dort andere Benennungen üblich sind. Überall herrscht die Überzeugung, daß wirtschaftlicher Erfolg nur dort auf solider Grundlage steht, wo eine strenge Hand für berechenbare Rahmenvorgaben sorgt. Typisch für diese Einstellung ist das im reformerischen China immer wieder propagierte, schon beschriebene Käfig-Vogel-Gleichnis.

Den Übergang von der staatsplanerischen zur korporatistischen Führung hat keine andere Volkswirtschaft exemplarischer vorexerziert als Singapur: Hatte die leninistisch aufgebaute Singapurer Staatspartei, nämlich die PAP (People's Action Party), in den 60er Jahren noch streng sozialistische Planung betrieben, so war in den 70er Jahren an die Stelle klassenkämpferischer Auseinandersetzungen zwischen Kapital, Arbeit und Bürokratie eine „Symbiose“ zwischen den drei Seiten getreten. Im Rahmen dieses „Three-Partism“ sollte nicht mehr das Gegeneinander, sondern künftig das Miteinander die Tonlage bestimmen.[82]

Die Bürokratie trat hier – ganz in Fortsetzung altkonfuzianischer Traditionen – immer mehr als Mentor, ja als „väterlicher“ Führer in Erscheinung, der nicht nur die technologische Entwicklung und das Erziehungswesen in die Hand nahm, sondern auch eigene Betriebe gründete. Unter dem sanften Druck der PAP entwickelten sich Gewerkschaften jetzt immer mehr zu „pietätvollen“ Organisationen, die den „väterlichen“ Ratschlägen der Regierung folgten, wurden die beiden Hochschulen Singapurs zu Regierungsanstalten für den Industrie- sowie für den Beamtennachwuchs und begannen auch die einzelnen Industriebetriebe einen (als „symbiotisch" bezeichneten) Kurs permanenter Abstimmung mit der Bürokratie zu steuern.

Der Trialog zwischen Kapital, Arbeit und Bürokratie sollte den Konsens fördern und offene Konflikte möglichst abbauen. Kraft dieses korporatistischen Verhaltens setzte sich auch das Konzept des „Schlüsselministeriums" leichter durch. In Korea beispielsweise wurde der „Economic Planning Board" zu einem Gremium, das Wirtschaftsplan und Budgetfunktionen zu einer Einheit zusammenfaßte und das in dieser herausgehobenen Stellung unter die Fittiche eines Stellvertretenden Ministerpräsidenten kam.

Nur mit der Existenz solcher „MITIs" lassen sich auch die spektakulären Anpassungsleistungen erklären, für die z.B. Korea ein anschauliches Beispiel lieferte, als seine Schwerindustrie im Gefolge des zweiten Ölschocks Rückschläge erlitt und daraufhin rasch zurückgefahren wurde.

Daß korporatistische Ansätze übrigens der Privatisierung sowie der betrieblichen Freiheit keine Steine in den Weg legen, läßt sich aus dem „Index der wirtschaftlichen Freiheiten" entnehmen, der 1995 von der amerikanischen Heritage-Foundation veröffentlicht wurde: Als „freieste" Wirtschaft unter den 142 untersuchten Ländern tauchte dort Hongkong (Platz 1) auf, gefolgt von Singapur (2), Taiwan (8) und Japan (15). Als Kriterien für die Beurteilung galten hierbei die Handelspolitik, die Besteuerung, der Staatsanteil, der Kapitalfluß, das Bankenwesen, die Lohn- und Preiskontrolle, die Eigentumsordnung und die Reglementierung des Schwarzmarkts.

Im Gefolge ständigen „Konsultierens" und „Korporierens" stellt sich offensichtlich auch heute noch ein Klima ein, das bereits von Konfuzius als A und O guten Regierens bezeichnet wurde, nämlich *xin* (Vertrauen) und Berechenbarkeit. Ganz auf dieser Linie umschreiben manche Autoren die ostasiatischen Wachstumserfolge mit der Formel: „harte Arbeit + niedrige Steuern + Sparraten + Abstimmung über die makroökonomischen Rahmenbedingungen = Wirtschaftsboom".

Außenwirtschaftsorientierung statt Autozentrismus

Faustregel Nr. 3 läuft auf *Exportorientierung* hinaus, die im Zusammenhang mit den Tiger- und Drachenstaaten beinahe sprichwörtlich geworden ist, und zwar unter dem Terminus „export-led growth".

Im dichtbesiedelten China galt es immer schon als ausgemacht, daß menschliche Arbeitskräfte reichlich vorhanden, Güter und Rohstoffe dagegen knapp seien. Es kam also darauf an, fleißig zu arbeiten und mit dem Erwirtschafteten sparsam umzugehen. In Abschnitt 19 der „Großen Lehre" heißt es: „Es gibt ein Patentrezept (*bao*) für die Schaffung von Reichtum: Laßt die Produzenten viel, die Verbraucher dagegen wenig sein und seid fleißig bei der Produktion, dagegen sparsam beim Verbrauch: dann wird es genügend Wohlstand geben".

Auf die Außenwirtschaft übertragen, ließe sich diese alte Lehre folgendermaßen umformulieren: „Laßt die Chinesen möglichst viel produzieren und die Nichtchinesen möglichst viel verbrauchen." Um „merkantilistisch" zu denken, brauchten die Chinesen, die Japaner und die Koreaner also durchaus keinen Colbert!

Ganz im Widerspruch zur Exportfreundlichkeit der konfuzianischen Tradition hatte sich in der westlichen Entwicklungstheorie der 60er Jahre unter der Führung von Theoretikern wie Gunnar Myrdal oder Paul Prebisch ein Ansatz herausentwickelt, der sich „autozentristisch" nannte, von der UNCTAD befürwortet wurde und überdies auch an vielen deutschen Hochschulen Eingang fand. Ungezählte Seminararbeiten, die mit Entwicklungsfragen zu tun hatten, sortierten die in Betracht kommenden Länder nach „richtig" oder „falsch", ja nach „gut" oder „böse" – je nachdem, ob die dortige Entwicklungspolitik auto- oder aber heterozentristisch ausgerichtet worden war. Kein Wunder, wenn all jene NICs (Newly Industrialized Countries), die schon damals zu den am schnellsten wachsenden Volkswirtschaften überhaupt gehörten, wie Hongkong, Singapur, Taiwan, Südkorea sowie Malaysia, Indonesien und Thailand, durchwegs mit schlechten Zensuren bedacht wurden, während „autozentristisch" gelenkte Volkswirtschaften à la Indien, Pakistan oder Sri Lanka mit glänzenden Bewertungen davonkamen. Sogar das maoistische China erfreute sich des allergrößten Wohlwollens dieser Denkschule.

Allem Applaus der „Autozentristen" zum Trotz begann jedoch spätestens in den 80er Jahren die „Strategie der Türöffnung" überall Schule zu machen und nun sogar realsozialistische Länder vom Zuschnitt Chinas und Vietnams in den Bann zu ziehen.

Ob dieser außenwirtschaftsfreundliche Kurs künftige „Unwetterkatastrophen“ vom Ausmaß der 1997er Asienkrise unbeschadet überdauern kann, ist eine Frage, die in Asien weniger apologetisch als vielmehr kühl pragmatisch beantwortet werden dürfte: Exportorientierung ist ja einerseits durchaus von Nachteilen begleitet, sei es nun von Umweltbelastungen und wachsenden Ungleichgewichten zwischen arm und reich oder sei es von verstärkten Abhängigkeiten. Positiv ins Gewicht fallen andererseits schnelles Wachstum, technologische Intensivierung und gesteigerte Wettbewerbsfähigkeit:

- Schnellwachstum: In der Dritten Welt, vor allem aber in Asien, ist der Handel längst zur wichtigsten Wachstumslokomotive geworden. Er expandierte dort[83] in den 90er Jahren doppelt so schnell wie das BIP. Die wachstumsfördernden Impulse des Welthandels werden für den Zeitraum 1996–2006 im Güterbereich auf + 6 % p.a. und im Dienstleistungsbereich sogar auf + 10 % veranschlagt.

  Langfristig gilt die Erkenntnis, daß (1) mehr Handel mehr Wohlstand bringt, daß (2) Protektionismus ein Holzweg ist und daß (3) die höchsten Unkosten durch Anpassungsversäumnisse hervorgerufen werden.
- Technologie-Intensivierung: Fast alle Drachen- und Tigerländer haben sich im Gefolge ihrer Einbindung in den Welthandel seit den 70er Jahren permanent erneuern müssen und sind dadurch stets auf der Höhe der Zeit geblieben: Am Anfang nahmen sie das Rennen mit einer „Strategie der Importsubstitution“ auf und schalteten später (Taiwan z.B. 1957) auf „Exportförderung“ um, die wiederum in zwei Schüben zu verlaufen pflegte, nämlich von der Ausfuhr arbeitsintensiver zum Export kapital- und technologieintensiver Güter. Thailand z.B. hatte noch zwischen 1992 und 1995 hauptsächlich Schuhe und Textilien produziert, mußte dann aber – im Zuge wachsender Konkurrenz von seiten des weitaus „billiger“ produzierenden Vietnam – auf elektronische Bauteile, Elektromotoren und Chemikalien umschwenken.

  Einige asiatische Länder vollzogen diesen Innovationsprozeß mit solcher Dynamik, daß sie sogar Industrieländer in den Schatten stellten, so z.B. Taiwan, das im Bereich der Elektronikproduktion 1995 den Industriegiganten Deutschland von Platz 3 auf Platz 4 verdrängte.

- Steigerung der Wettbewerbsfähigkeit: Nach der Maxime „ohne Fleiß kein Preis" haben sich die Drachen- und Tigerstaaten auch im Wettbewerb stählen können. Auf der vom „World Economic Forum" (WEF) in Genf 1997 ermittelten Skala über „internationale Wettbewerbsfähigkeit" nehmen die „vier kleinen Drachen" die Plätze 1 (Singapur), 2 (Hongkong), 8 (Taiwan) und 21 (Südkorea) ein. Die drei Tiger folgen auf den Plätzen 9 (Malaysia), 15 (Indonesien) und 18 (Thailand)[84] – zumindest war dies bis zum Ausbruch der Asienkrise der Fall. Die Wettbewerbsfähigkeit wird noch dadurch gesteigert, daß ausländische Investitionen zu werben sind: In Asien konkurrieren hier hauptsächlich China, Indien, Indonesien und Vietnam miteinander. In China selbst steht überdies noch Region gegen Region im Wettbewerb, wobei die südchinesische Provinz Guangdong in aller Regel die Nase vorn hat.

  Wettbewerbsfördernd hat sich auf die Drachen- und Tigerländer besonders die dreifache Erkenntnis ausgewirkt, daß (1) der Welthandel schneller wächst als die Weltproduktion, daß (2) der Interfirmenhandel höhere Umsätze tätigt als der allgemeine Handel und daß (3) der Dienstleistungsaustausch dem Warenaustausch, vor allem aber dem Rohstoffhandel immer mehr den Rang abläuft.

Da Globalisierungsgewinne freilich immer häufiger mit sozialen und ökologischen Belastungen einhergehen, dürften sich auch die Gegenkräfte (NROen!) vermehren und die Widerstände häufen: Verschärfter Wettbewerb könnte also beispielsweise sehr wohl Protektionismus, zunehmende Firmenkonzentration aber die Gefahr von Anpassungsverlusten bis hin zur Selbstlähmung nach sich ziehen.

Auch schlägt sich die Globalisierung keineswegs einheitlich nieder: Am stärksten werden von ihr die Kapital-, am wenigsten hingegen die Arbeitsmärkte erfaßt; dazwischen liegen die Güter-, die Dienstleistungs- und vielleicht auch noch die Immobilienmärkte.

Unabhängig von solchen Einzelreaktionen kann man generell schon heute davon ausgehen, daß die metakonfuzianischen Staaten im 21. Jahrhundert wesentlich waghalsiger am Wind, d.h. am Risiko, segeln als die anderen asiatischen Volkswirtschaften.

b) Hohe Investitionen

Investitionen sind dann nachhaltig, wenn sie vor allem drei Adressaten zugute kommen, nämlich der Wirtschaft, dem Menschen und der Umwelt. Die zehn asiatischen „Klassenbesten" sammeln zwar bei zweien dieser Eingaben, nämlich bei Investitionen in die Wirtschaft und in die „menschlichen Fähigkeiten", laufend Punkte, haben andererseits aber, wie in Kap. II.4 ausgeführt, der Umwelt gewaltige Lasten aufgebürdet und damit kurzfristige Vorteile auf Kosten der natürlichen Lebensgrundlagen – und vielleicht sogar der eigenen Zukunft – erzielt.

Eingaben in die Wirtschaft

Was zunächst einmal die Investitionen in die *Wirtschaft* anbelangt, so dienen sie nicht nur der künftigen Entwicklung, sondern liefern gleichzeitig auch drei wichtige Anhaltspunkte zur Zukunfts*fähigkeit* einer Volkswirtschaft, nämlich zum Sparverhalten der Bevölkerung, zur Vorsorgebereitschaft der Regierung und zur Wettbewerbsfähigkeit der Unternehmen.

Die zehn Erfolgsländer können hier jeweils mit Musterwerten aufwarten. Während die Sparquote (gemessen am BIP) im Durchschnitt aller Entwicklungsländer 1995 bei 27 % lag, konnten Südkorea, Thailand und Indonesien je 36 %, Malaysia 37 %, China 42 %[85] und Singapur sogar 52 % aufweisen.[86] Südasiatische Staaten kamen demgegenüber gerade einmal auf die Hälfte – Pakistan auf 16 %, Indien auf 22 %.[87]

Die Sparethik, die in solchen Zahlen zum Ausdruck kommt, ist, wie unter c) näher ausgeführt wird, tief im konfuzianischen Wertesystem verwurzelt und veranlaßt die Menschen, nicht nur Geld auf die hohe Kante zu legen, sondern überdies auch langfristig zu planen und nicht zuletzt wettbewerbsfähig zu bleiben: Konkurrenzfähigkeit hängt bekanntlich von vielen Faktoren ab, sei es nun – objektiv – von Forschung und Entwicklung, von Preisstabilität, von mäßigen Staatsausgaben und einer nicht zu hoch bemessenen Währung, oder sei es von subjektiven Faktoren wie Optimismus, Risikofreudigkeit, von innovativem Wagnis und nicht zuletzt auch vom Sparwillen.

In den zehn asiatischen Erfolgsländern wird nicht nur viel gespart, sondern auch hoch investiert. In puncto „Bruttoinvestitionsquote“ (= Anteil der Investitionen am BIP) gehören einige asiatische Staaten schon heute mit zu den Spitzenreitern:

Zur Gruppe 1 (mit Investitionsanteilen von 30 % und mehr am BIP) zählten Mitte der 90er Jahre China, Japan, Südkorea, Taiwan, Thailand, Malaysia und Indonesien, zur Gruppe 2 (25–29 %) Indien, zur Gruppe 3 (20–24 %) Pakistan, Nepal, Vietnam, die Philippinen und Neuguinea (auf gleicher Höhe mit Deutschland und Frankreich!), zu Gruppe 4 (15–19 %) die Mongolei und Kambodscha (wie die meisten EU-Länder, USA, Kanada) und zur Schlußgruppe (mit weniger als 15 %) Laos, Myanmar und Bangladesch.[88]

Sparsamkeit spiegelt sich auch in den Währungsreserven wider, die einem Land Rückhalt gegen Spekulation und allzu gefährliche Fluktuationen geben. 1996 waren nicht weniger als fünf Asiaten unter die ersten zehn Staaten mit dem höchsten Reservepolster vorgestoßen, nämlich Japan (214 Mrd. US-$), VR China (100 Mrd. US-$) und Taiwan (83 Mrd. US-$) sowie – auf Platz 5 – Singapur (72 Mrd. US-$) und auf Platz 9 Thailand (38 Mrd. US-$). Nichtasiaten lagen auf den Plätzen 4 (Deutschland, 80 Mrd. US-$), 6 (USA, 62 Mrd. US-$), 7 (Spanien, 60 Mrd. US-$), 8 (Brasilien, 56 Mrd. US-$) und 10 (Italien, 32 Mrd. US-$). Der Stadtstaat Singapur hatte also sogar die Supermacht USA auf die Plätze verwiesen – das muß man sich einmal vorstellen! (Allerdings wurden viele dieser Reserven bei der „Asienkrise“ von 1997 wieder „verheizt“, vor allem von seiten Thailands!)

Es ist vor allem die dem metakonfuzianischen Kulturkreis zur zweiten Natur gewordene Sparneigung, die Gewähr dafür bietet, daß Quoten dieser Größenordnung voraussichtlich auch in Zukunft beibehalten werden.

Investitionen in den Menschen

Hauptschlüssel zum wirtschaftlichen Erfolg sind letztlich „Investitionen in den Menschen“.[89] Wenn es dafür noch eines Beweises bedurft hätte, so wäre er von der auf Konfuzius zurückgehenden Lernkultur Ostasiens erbracht worden. Aufschlußreich für den Investitionseffekt, der von solider Erziehung ausgeht, ist ein Vergleich zwischen Pakistan und Südkorea: Hatten beide noch 1960 über ein ähnlich hohes Pro-Kopf-Einkommen verfügt, so waren die Koreaner 25 Jahre später den Pakistanis bereits um das Dreifache davongeeilt. Einer der Hauptgründe für diese Überflügelung war – neben den Antriebskräften des metakonfuzianischen Wertesystems – die so überaus unterschiedliche Einschulungsrate im Primärbereich, die zu Beginn der 60er Jahre in Pakistan bei 30 %, in Südkorea aber bei 94 % gelegen hatte. Da nirgends mehr „gebüffelt" wird als in den metakonfuzianischen Ländern, dürfte der ostasiatische Wirtschaftsvorsprung noch weit ins 21. Jahrhundert hinein anhalten.

Gemessen werden Investitionen in den Menschen nicht in BIP, sondern in HDI (Human Development Index). Während die neoliberale Wachstumstheorie vor allem exogene Faktoren als Hauptschrittmacher des Wirtschaftswachstums betrachtet, seien es nun Kapital, Technologie oder Forschung, und während diese Erfolge in BIP gemessen werden, hält die Entwicklungsagentur der Vereinten Nationen UNDP (United Nations Development Programme) eher *endogene* Faktoren für ausschlaggebend. In der Tat hat eine Weltbankstudie über 192 Länder aus dem Jahre 1994 zu dem Ergebnis geführt, daß Wachstum nur zu 16 % von Sachkapital und zu 20 % von natürlichen Rohstoffen, dagegen zu 64 % von menschlichen Faktoren („human capital") abhängt.[90] Wachstum wird vom UNDP in HDI gemessen, wobei die Dreiheit von Bildung, Lebensstandard und Gesundheit als Hauptkriterium gilt.

In der Tat wären die Nachkriegserfolge Japans, Taiwans, Hongkongs oder Singapurs anders als durch die Förderung menschlicher Faktoren kaum erklärbar, da diese Staaten ja über keinerlei Rohstoffe verfügten. Überdies hatten sie nach den Verwüstungen des Zweiten Weltkriegs sogar ihr Sachkapital neu aufbauen müssen. Ihr „Erfolgsgeheimnis" bestand also zu einem ganz wesentlichen Teil in der „Entwicklung des Menschen".

Nach HDI-Maßstäben gemessen befinden sich immerhin sieben asiatische Nationen unter den (weltweit insgesamt 64) „hochentwickelten" Staaten, nämlich Japan (Platz 8), Hongkong (25), Singapur (28), Südkorea (30), Thailand (59) und Malaysia (60) sowie Taiwan, das, wenn es nicht aus politischen Gründen ausgeschlossen wäre, etwa auf Platz 30 käme.[91] Unter den 65 „mittelentwickelten" Ländern befinden sich weitere sieben Asiaten, nämlich Nordkorea (75), Sri Lanka (90), Indonesien (96),

Philippinen (98), Mongolei (101), China (106) und Vietnam (122). Unter den 43 Ländern mit der Bezeichnung „low human development" sind acht Asiaten aufgeführt, nämlich Myanmar (131), Laos (136), Pakistan (138), Indien (139), Kambodscha (140), Bangladesch (147), Nepal (152) und Bhutan (155).

Erneut wird hier das Gefälle zwischen ost- und südasiatischen Staaten auf drastische Weise deutlich! Wo andererseits Angehörige der metakonfuzianischen Kultur das Wirtschaftsgeschehen mitbestimmen, vor allem in Thailand und Malaysia, scheinen „Wachstumsgarantien" gleichsam miteingebaut zu sein.

In den metakonfuzianischen Erfolgsländern werden freilich nicht nur die drei HDI-Essentialien hochgehalten, sondern darüber hinaus das wohl am höchsten eingeschätzte Gut, nämlich das *soziale Vertrauen* (*xin*). Als Konfuzius einmal gefragt wurde, wie gutes Regieren zu bewerkstelligen sei, antwortete er: „Durch drei Dinge, nämlich durch Soldaten, Getreide und Vertrauen"; allerdings könne man auf Soldaten verzichten, notfalls auch auf Getreide, niemals aber auf das „Vertrauen des Volkes".[92] Dieses m i n x i n wird heutzutage durch drei „Gerechtigkeiten" hergestellt, nämlich durch Einebnung der Einkommensverhältnisse, durch Beseitigung feudaler Klassenstrukturen (vor allem mit Hilfe von Bodenreformen) und durch die Eröffnung von Möglichkeiten für schwächere Teile der Gesellschaft, vor allem für Frauen und Minderheiten, an Entscheidungen zu partizipieren. Im einzelnen:

– Welches Gewicht der Herstellung *gleicher* Einkommensverhältnisse zugemessen wird, hat u.a. eine Studie der Weltbank ans Tageslicht gebracht, derzufolge das BIP des „Wirtschaftswunderlands" Südkorea im Jahre 1985 um immerhin 15 % niedriger ausgefallen wäre, hätte es dort ein Vierteljahrhundert früher eine ähnliche Verteilungsungleichheit gegeben wie beispielsweise in Brasilien.[93] Leistungsgerechte Verteilungsmodalitäten tragen also ganz wesentlich zur Einsatzbereitschaft bei.

Zur Frage der Verteilungsgerechtigkeit gibt es einen wissenschaftlichen Streit: Kuznetz[94] vertritt die Hypothese, daß schnelles Wachstum notwendigerweise mit Ungleichheit – also Einkommensverzerrungen – erkauft werden müsse.

Die ostasiatische Praxis hat jedoch genau das Gegenteil bewiesen: In Taiwan beispielsweise lag das Verhältnis zwischen den 20 % Reichsten und den 20 % Ärmsten jahrelang bei 4,1 – also einem nur niedrigen Gefälle.[95] Auch andere „Wirtschaftswunderländer“ können sich mit ihrer „Verteilungsgerechtigkeit“ sehen lassen. In Südkorea lautete das Verhältnis beispielsweise 5,7 (und zwar im Zeitraum 1981 bis 1993), auf den Philippinen 7,4, in Thailand 8,3, in Hongkong 8,7, in Singapur 9,6, in Malaysia 11,7 und in der VR China 17,4.[96]

Brasilien kam andererseits auf 32, Guatemala auf 30 und Panama auf 20, Japan andererseits auf 4,3, Deutschland auf 5,8 und die USA auf 8,9.[97]

– *„Soziale Gerechtigkeit“* wurde in mehreren asiatischen Ländern darüber hinaus durch *Bodenreformen* hergestellt, vor allem in Taiwan[98] und in Japan[99] sowie in Ansätzen auch auf den Philippinen, wobei allerdings nur Reis- und Maisland, nicht dagegen die finanziell weitaus interessanteren Zuckerrohr-Latifundien und Kokosnußplantagen in das Reformwerk miteinbezogen wurden.

  In Indien ist Bodenreform dagegen ein Fremdwort geblieben, weil sich hier das Großgrundbesitzertum im Kongreß quergelegt und damit die Bodenprogramme Mahatma Gandhis sowie Jayaprakesh Narayans lahmgelegt hatte.

  Bezeichnenderweise waren es auch hier hauptsächlich metakonfuzianische Staaten, die das Bodenproblem angepackt haben – Taiwan, Japan und Südkorea auf Entschädigungs-, China und Nordkorea aber auf Requisitionsbasis. In Südostasien blieben Bodenreformansätze demgegenüber auf halbem Weg stekken, während sie in Südasien häufig nicht einmal thematisiert wurden.

– Und die *Emanzipationsfrage*?

  Ob man den weiblichen Teil der Bevölkerung mit in den Entwicklungsprozeß einbezieht oder nicht, ist für das „Vertrauensklima“ in einer Gesellschaft von ausschlaggebender Bedeutung.

Ganz in diesem Sinne hat UNDP zwei Kriterien entwickelt, mit denen sich Fortschritte in der Frauenfrage messen lassen, nämlich den GDI (Gender Related Development Index) und den GEM (Gender Empowerment Measure). Der GDI ist hierbei ein im wesentlichen auf Frauenfragen zugeschnittener HDI, in dem die drei Parameter Lebenserwartung, Erziehung und Lebensstandard unter geschlechtsspezifischen Gesichtspunkten gewichtet werden, während der GEM auf die Teilnahmemöglichkeiten von

Frauen an Entscheidungen in Wirtschaftsunternehmen und in der Politik abstellt.

Weltweit stehen die skandinavischen Staaten hier an erster Stelle, während Deutschland beim GDI den siebzehnten und beim GEM den achten Platz einnimmt.[100]

Wo aber landen die asiatischen Länder? Bemerkenswert sind hier vor allem die GEM-Plazierungen. China z.B. rückt – mit Platz 33 – allen Ernstes an die Spitze sämtlicher asiatischer Staaten.[101] Japan folgt auf Platz 38, Singapur auf Platz 42, Malaysia auf Platz 45 und die Philippinen auf Platz 46. Mit noch weiterem Abstand hinken Südkorea (83), Sri Lanka (84), Indien (95) und Pakistan (100) hinterher.[102]

Nach kumulierter HDI/GEM-Bewertung schält sich für Asien eine Skala der „Frauenfreundlichkeit" in folgender Reihe heraus: VR China – Thailand – Philippinen – Sri Lanka – Indonesien – Malaysia und Vietnam. Umgekehrt weisen Länder wie Korea, Japan, Pakistan und Bangladesch Negativbewertungen auf.

Auch bei den „Investitionen in den Menschen" gibt es also, ähnlich wie schon bei den Sachinvestitionen, ein bemerkenswertes Gefälle zwischen ost- und südasiatischen Staaten, wobei die südostasiatischen Gesellschaften erneut mittlere Positionen bestreiten.

c) Wirtschaftstugenden

Zum Schluß der 3:3:6-Aufzählung seien noch jene sechs im Wertesystem verankerten Wirtschaftstugenden genannt, die in ihrer vorteilhaften Mischung maßgebend mit zum wirtschaftlichen Aufstieg der metakonfuzianischen Länder beigetragen haben, und die auch im 21. Jahrhundert noch ihre Wirkung tun dürften:

Da ist zunächst einmal die Anerkennung von *Leistung*, die in konfuzianischen Gesellschaften sowohl beim wirtschaftlichen Entgelt als auch bei der Bewältigung gewaltiger Lernpensen in Erscheinung tritt, die allerdings in anderen asiatischen Kulturkreisen, vor allem im Theravada-Buddhismus und im malaiischen Islam, weniger honoriert wird.

Ein zweiter Aktivposten sind nie endenwollender *Fleiß*, Hingabe an die Arbeit und materielle Diesseitsfrömmigkeit. Nach einer Statistik von 1994 arbeitet ein Bewohner Seouls jährlich 2301

Stunden und erhält nur 7,8 Feiertage bezahlt. In Hongkong liegen diese Werte bei 2222 und 12,1, in Taibei bei 2136 und 17,0, in London dagegen bei 1880 und 22,1 und in Düsseldorf gar bei 1682 und 30,5.

An dritter Stelle ist die *Sparsamkeit* zu nennen: Grundvoraussetzung jeder Kapitalbildung, wie oben bereits ausgeführt. Die Sparethik hängt im konfuzianischen Kulturkreis mit dem Ahnenkult zusammen; hatten doch die wirtschaftlich aktiven Generationen jahrhundertelang einerseits den Ahnen und andererseits – mit Blick in die Zukunft – der Nachkommenschaft dienen müssen. Von überall her gab es also eine Verpflichtung, die Ärmel hochzukrempeln, das Erarbeitete zusammenzuhalten und langfristig zu investieren.

In den meisten anderen asiatischen Gesellschaften ist Sparsamkeit demgegenüber weit davon entfernt, als wert- oder sinnvoll empfunden zu werden: Bei den malaiischen Völkern beispielsweise gilt nicht das Sparen, sondern das großzügige gemeinsame Verausgaben bei sogenannten *Selametan*-Essen[103] als höherwertiges soziales Verhalten. Theravada-Buddhisten andererseits „investieren" in Karma. Für die einen ist es eben „werthafter", jeden Dollar auf die hohe Kante zu legen, für die anderen aber sinnvoller, ihn zu „konsumieren", sei es nun für Selametan- oder für Karma-Zwecke.

Viertens stößt wirtschaftliches Handeln im metakonfuzianischen Kulturkreis auf *keinerlei religiöse Tabus*. Anders als im Hinduismus brauchen sich Chinesen, Japaner oder Vietnamesen keinen Berufseinschränkungen oder sonstigen Kasten-Regelungen zu unterwerfen, anders als im Islam unterliegen sie keinem Zins-, Monopol- oder Versicherungsverbot, und anders als im Theravada-Buddhismus müssen sie sich auch beim Einstreichen von Profiten keine Schranken auferlegen – von Leistungstabus ganz zu schweigen.

Fünftens besteht ein bemerkenswerter Hang zum *Unternehmertum*, das sich durch extreme Risikobereitschaft auszeichnet. „Krise" heißt auf chinesisch bezeichnenderweise *weiji*, wörtlich „gefahrvolle Chance": In diesem Ausdruck findet sich die Dialektik von Erwartungen und wirtschaftlichen Risiken auf die Wort-Spitze getrieben! Die Tollkühnheit, die mit diesem Sowohl-Als-auch einhergeht und die nicht zufällig viele Ostasiaten zu

Glücksspielern werden läßt, wird bisweilen noch durch Astrologie, Fengshui oder ganz besondere Glücksverheißungen angefacht: Als z.B. 1988 die japanischen Aktienkurse die Schallmauer von 30000 Punkten auf dem Nikkei-Index durchbrachen und damit den höchsten Stand aller Zeiten erreichten, hätten Spekulanten eigentlich gewarnt sein müssen, zumal ausländische Beobachter schon lange die Frage aufgeworfen hatten, wann die „Seifenblase" wohl platzen würde. Doch schrieb man damals das Jahr 1988 mit der doppelten Glückszahl 8, und so *konnte* eigentlich gar nichts schiefgehen! Die Wirklichkeit sollte die Spieler schon bald von ihrem Höhenflug herunterholen: 1991 nämlich fand die „Bubble economy" ihr jähes Ende. Von diesem Absturz wird sich das Land wohl auch zu Beginn des 21. Jahrhunderts noch nicht ganz erholt haben. Da die unternehmerischen Kräfte dadurch zwar schockiert, aber keineswegs gelähmt wurden, ist damit zu rechnen, daß Japan früher oder später wie ein Phönix aus der Asche wiederersteht, zumal den „faulen Krediten" in Höhe von 1 Bio. DM auf der einen Waagschale nicht weniger als 16 Bio. DM Sparguthaben auf der anderen gegenüberstanden! Der Durchschnittsjapaner hatte dem Risiko also mit Hilfe einer seiner ganz spezifischen Wirtschaftstugenden, nämlich seinem Sparwillen, tatkräftig vorgebaut!

Wirtschaftlich noch bedeutsamer aber ist wahrscheinlich die sechste hier zu nennende Eigenschaft, nämlich der *Wille zum Netzwerk* und damit zum Klientelismus sowie zu der bereits erwähnten Korporativität. Während die meisten südostasiatischen Gesellschaften locker strukturiert sind, zeigt sich in der metakonfuzianischen Welt eine Tendenz zu hochgradiger zellularer Verdichtung, bei der vor allem die staatliche Bürokratie immer wieder anleitend in Erscheinung tritt (siehe dazu oben unter a). Betriebe, angefangen vom chinesischen Familienunternehmen bis hin zum japanischen *Keiretsu* oder zum koreanischen *Chaebol*, sind streng vertikal organisierte Einheiten, die sich als Schicksalsgemeinschaften, als familiäre Gruppierungen oder aber, wie es in einem philippinischen Lieblingsausdruck heißt, als „Barcadas" empfinden, als Gruppierungen also, deren Mitglieder in einem gemeinsamen Boot sitzen, wobei sie versuchen müssen, keineswegs nur alleine zu überleben, sondern möglichst nach allen Seiten hin „Beziehungsfäden zu ziehen" (*la guanxi*) und sich in geschäftliche, regionale oder aber gesamtnationale Netzwerke einzubringen (Näheres dazu Kap. V).

d) Die Schattenseiten des Modells

Die Erfolge der „Drachen" und „Tiger" erwiesen sich als dermaßen attraktiv, daß die einstmals so verlockende „autozentristische" Alternative ungeachtet ihres ideologischen Charmes schnell verblaßte und gleichzeitig überall in Asien die Parole „Look East!" aufkam.

Spätestens die „Asienkrise" der Jahre 1997ff. hat jedoch gezeigt, daß auch gegenüber dem lange Zeit so erfolgreichen „Osten" Vorsicht geboten ist. Drei Hemmfaktoren dürften vor allem dafür sorgen, daß die Bäume des 3:3:6-Modells auch im 21. Jahrhundert nicht in den Himmel wachsen, nämlich erstens gewisse selbstzerstörerische Enzyme, die dem Organismus des Modells innewohnen, zweitens die Tendenz zu organisatorischer Diffusion und drittens unübersehbare Grenzen der Übertragbarkeit:

Was zunächst die hier angedeuteten „selbstzerstörerischen" Fermente anbelangt, so zeigen sie sich sowohl im wirtschaftsethischen als auch im organisatorischen Bereich:

Grenze Nr. 1: Klippen in der Wirtschaftsethik

Die inneren Gefahren sind vor allem bei der „Asienkrise" von 1997 ans Tageslicht gekommen. Die Antworten auf die Frage, wie es zu diesem für alle Welt höchst überraschenden Ereignis eines Währungs- und Aktienzusammenbruchs habe kommen können, bewegten sich in der Regel in den vertrauten Bahnen volkswirtschaftlicher Lehrtraditionen und kaprizierten sich auf den Teufelskreis „Wirtschaft auf Pump – Spekulantenangriff – Währungsabwertung – Zinserhöhungen – Flucht ausländischer Investoren – abermaliger Werteverfall". Letztlich freilich kratzte diese Antwort nur an der Oberfläche des Problems herum und umging die tiefer liegenden Ursachen und Antriebskräfte, die durchaus „kultureller" Art waren und sich mit den Stichworten Modellbesessenheit, Größenwahn, Risikobereitschaft bis hin zum Fatalismus, Immobilienverklärung, Familienorientierung und „anderes Verhältnis zum Geld" benennen lassen. Im einzelnen:

– Modellversessenheit: In der konfuzianischen Welt bildet die Erziehung durch Modelle, d.h. durch Vorbilder, die dem „Himmelsweg" (*tiandao*) nachempfunden sind, seit unvordenklicher Zeit eine Art Eckstein des Selbstverständnisses. Kein Wunder, daß das wirtschaftlich so erfolgreiche Japan insgeheim zum „Polarstern" (*beichen*) aufstieg und beinahe blind nachgeahmt wurde, und zwar sowohl in seinen positiven Errungenschaften als auch in seinen „wirtschaftlichen Unsitten" – angefangen von der Überbewertung des Immobilienmarkts bis hin zu den aberwitzigsten Börsenspekulationen, die 1991 ja zum „Platzen der Seifenblase" führten.
– Zweitens versucht jedermann, „der Größte" oder aber die Nr. 1 zu sein. Der kalligraphische Schriftzug *di yi* oder *di yi hao* („Nr. 1") taucht nicht nur in Firmenbezeichnungen oder bei Vereinen aller Art auf, sondern ziert häufig auch Kleidungsstücke – übrigens auch in Japan oder Korea, wo die Schriftzeichen nur anders ausgesprochen werden: Auf T-Shirts heißt es dann z.B. *ichiban*, und Hotels, Banken und Industriefirmen firmieren mit *dai ichi*. Manche Unternehmen tragen diese Bezeichnung übrigens nicht einmal ganz zu Unrecht, so z.B. die drittgrößte Bank der Welt, die japanische Dai Ichi Kangyo-Bank. „Großes Gesicht" versuchen nicht nur einzelne Personen, sondern auch Firmen – und Staaten zu gewinnen: Die größte Geschäftsbank der Welt, gemessen am Kapital, war bis 1998 beispielsweise die japanische Sumitomo-Bank, und auch die Firmen mit dem größten Umsatz sind japanischer Provenienz, nämlich der Misch- und Handelskonzern Mitsubishi (mit einem Jahresumsatz von 184 Mrd. US-$ im Jahre 1995), gefolgt von Mitsui (181 Mrd. US-$) und Itochu (169 Mrd. US-$).

Wo die Japaner so viele Spitzenpositionen einnehmen, wollten die ihnen wenig wohlwollend gesonnenen Koreaner keinesfalls zurückstehen. Kein Wunder, daß sie – in einem Akt nachholender Entwicklung – 1995 die größte Schiffswerft der Welt aufgebaut haben, nämlich beim Hyundai-Chaebol: Die Hyundai Heavy Industries Co. Ltd. Auch das größte Trockendock der Welt steht in Korea, nämlich bei der Firma Daewoo Okpo Nr. 1.

Hongkong konterte mit dem größten Containerhafen und mit der längsten Hängebrücke der Welt. Singapur präsentierte sich als „sauberste Stadt" der Welt und als Weltkommunikationszentrum, Malaysia pflanzte die Petronas Twin Towers in das ansonsten immer noch liebenswürdig altväterliche Stadtbild von Kuala Lumpur – das höchste Gebäude der Welt, das den Chicagoer Sears Tower noch einmal um rund 20 Meter in den Schatten stellt.

Überall konnte man sich hier fragen, ob die Dimensionen nicht auch eine Nummer kleiner und bescheidener hätten ausfallen können. Gleichwohl lösten Regierungen und Unternehmerschaft mit diesem Imponiergehabe nicht nur bei der eigenen Bevölkerung, vor allem bei den Bauern, maßloses Staunen – und gleichzeitig Selbstzufriedenheit – aus, sondern veranlaßten auch viele Europäer, allen Ernstes die Frage zu stellen, ob „der" Westen gegen dieses vitale, selbstbewußte und offensichtlich zur Nr. 1 aufsteigende Asien auf die Dauer überhaupt noch den Hauch einer Chance habe.

– Drittens ist den Mitgliedern der metakonfuzianischen Welt ein Hang zum Fatalismus – und zum Glücksspiel – eigen, der sich in hoher Risikobereitschaft, in einem draufgängerischen Unternehmerverhalten und in einer waghalsigen Kreditakrobatik ausdrückt, und der auch dann endemisch bleiben dürfte, wenn die „Asienkrise" längst wieder zu Ende ist.

– Viertens gibt es in vielen Teilen Asiens eine Haltung gegenüber Grund und Boden, die sich geradezu als „Bodenheiligung" und „Immobilienverklärung" bezeichnen ließe, und die dazu führt, daß Grundstücke zum Hundert-, ja bisweilen zum Tausendfachen überbewertet werden, wenn es darum geht, Kredite abzusichern. Nur so konnte es 1989 zu der Aussage kommen, daß die Ginza, die Hauptstraße Tokyos, genauso viel wert sei wie ganz Kalifornien.

  Diese „Bodenheiligung" hängt damit zusammen, daß auf den Feldern nicht nur von jeher Weizen und Reis angebaut wurden, sondern daß dort auch die Ahnen beerdigt waren – daher der Ausdruck *bai tian*, d.h. „weiße (Trauer-) Felder".

– Fünftens fördert die patriarchalische Orientierung Tendenzen zur Abschottung der einzelnen Konzerne und „Einheiten" nach außen. Japan hat auch hier wieder einmal die Weichen gestellt, und zwar mit seinem bereits erwähnten MITI. MITI – das war lange Zeit gleichbedeutend mit Modernisierung, Mobilisierung von oben und Aufstieg aus den Niederungen des ver-

lorenen Kriegs von 1945. In engem Einvernehmen mit Betrieben (und ihren Betriebsgewerkschaften), gelang es der MITI-Bürokratie, den japanischen Wirtschaftszug rechtzeitig auf zukunftsträchtige Geleise (u.a. Elektronik!) zu setzen und ihn damit auf Höchstgeschwindigkeit zu programmieren. Gleichzeitig wurde allen Betrieben, die sich zum Mitmachen bereiterklärten, Hilfestellung versprochen:
Betriebliche Risiken waren z.B. häufig genug nur dadurch abgesichert, daß der Staat im Notfall als Auffangnetz zur Verfügung stand. Kam eine Bank oder ein Wertpapier-Haus (Broker) aus dem Tritt, verhalfen ihm andere Institute, nicht zuletzt aber das Finanzministerium wieder zu schneller Gesundung. Die „Kumpanei" zwischen Wirtschaft und Bürokratie kam im übrigen auch darin zum Ausdruck, daß Konzerne an die regierende LDP hohe Geldbeträge überwiesen und sich überdies dadurch erkenntlich zu zeigen wußten, daß sie pensionierte Beamte aus den Finanz- und Wirtschaftsministerien – sogenannte amakudari („Himmelsboten") – auf gut bezahlte Direktorenposten schleusten.[104]
Spätestens seit der Asienkrise stehen die Volkswirtschaften im metakonfuzianischen Asien vor einem Dilemma: Auf der einen Seite geht vom MITI-Kosmos mit seinen geschlossenen Kreisläufen und mit seinen quasifamiliären Schutzmechanismen nach wie vor beträchtliche Anziehungskraft aus, zumal dieses Schema mit altüberkommenen Denkmustern harmoniert. Auf der anderen Seite hat sich jedoch auch die westliche Botschaft herumgesprochen, daß letztlich nur solche Staaten langfristig den globalen Wettbewerb bestehen können, die ihre Märkte weit öffnen, die für Transparenz und Information, nicht zuletzt aber auch für Berechenbarkeit und für Vorhersehbarkeit ihrer Entscheidungen sorgen.
Kann Asien es sich leisten, beim diffusen Sowohl-Als-auch zu bleiben oder muß es hier nicht doch klarere Entscheidungen treffen?

- Nicht zuletzt aber besteht im metakonfuzianischen Asien ein etwas anderes Verhältnis zum Geld. Während in der angelsächsischen Tradition klare Kapital-Mehrheitsverhältnisse sowie die Orientierung auf den „shareholder value" im Vordergrund stehen, hat die japanische Korporatismus-Philosophie dafür gesorgt, daß das MBS (Main Bank System) und die Betriebsfamilienethik dominieren. Im klassischen japanischen Konzern werden 60 % der Aktien konzerneigener (Industrie- und Handels-) Betriebe von der konzerneigenen Hausbank und weitere 30 % von der konzerneigenen Versicherungsgesellschaft übernommen. Umgekehrt halten die konzerneigenen Betriebe die Mehrheit der Aktien der Hausbank und der Hausversicherung. Es kommt hier also zu einer Überkreuzung des Aktienbesitzes, der bei der Kreditvergabe oft nicht Markt-, sondern Klientelüberlegungen ausschlaggebend werden läßt – mit der Folge, daß Einzelbetriebe häufig genug „auf Pump" wirtschaften.[105]

So weit also die sechs „Risiken", die der metakonfuzianischen Wirtschaftsethik innewohnen, und die, weil sie ja von konjunkturellen Schwankungen völlig unabhängig sind, auch im 21. Jahrhundert noch dafür sorgen dürften, daß das 3:3:6-Modell, all seiner Attraktivität zum Trotz, immer wieder in Krisen hineingerät.

Grenze Nr. 2: Organisatorische Unzulänglichkeiten

Das 3:3:6-Modell ist aber nicht nur mit Hypotheken wirtschaftsethischer, sondern auch mit solchen organisatorischer Art behaftet: Vor allem japanische *keiretsu* und koreanische *chaebol* haben in Zeiten, da die Löhne in ihrem Stammland noch niedrig, die Währungen noch unterbewertet und die heimischen Märkte gut abgeriegelt waren, riesige Konglomerate hochgezogen, die alles und jedes unter einem Dach vereinigten, was schnelle Gewinne einzufahren versprach, angefangen von Schiffen bis hin zu Chips, von Stahlwerken bis hin zur Unterhaltungselektronik und von Versicherungen bis hin zu Firmenbanken. Nicht wenige Unternehmen sind auf diese Weise zu veritablen „Gemischtwarenläden" geworden und haben erst spät, nämlich im Zeichen der Globalisierung, erkannt, daß wirtschaftliche Unternehmen, wenn sie wettbewerbsfähig bleiben wollen, dem Synergieprinzip zu gehorchen haben: Ein Konzern ist also gut beraten, seine Schlagkraft zu konzentrieren und alle Bereiche möglichst auf eine gemeinsame Effizienzlinie zu bringen: Ein Medienkonzern läßt also ratsamerweise die Finger von Küchengeräten oder Motorrädern und konzentriert sich statt dessen von vornherein auf die Bereiche Film und Multimedia, TV und Homevideo, Nachrichtenkanäle und Zeitungen sowie Buchverlage, Musikabteilungen und „Themenparks".

Die Zukunftsdevise auch für asiatische Betriebe muß also lauten: „Korporatismus ja – aber in einer effizienten, d.h. synergetischen Richtung!" Nur in *dieser* neuen Fassung kann das 3:3:6-Modell auch im 21. Jahrhundert wirksam bleiben.

Mag sein, daß die Behauptung westlicher Kulturkritiker, die Ostasiaten seien „effizienzunfähig" (Näheres dazu in Kap. VII), aus der bei fast allen Konzernen beobachtbaren Unfähigkeit zur Synergie abgeleitet worden ist!

Grenze Nr. 3: Keine Übertragbarkeit

Eine dritte Limitierung des 3:3:6-Modells ergibt sich schließlich aus den Grenzen seiner Übertragbarkeit: Zwar mögen die oben beschriebenen „drei Faustregeln" universell nachvollziehbar erscheinen. Schon beim Umgang mit der Umwelt freilich erweist sich das ostasiatische Muster als weniger empfehlenswert – und bei der Umsetzung der sechs Wirtschaftstugenden gar als „unverpflanzbar".

3. Sozialpolitik

„Wirtschaftspolitik = produzieren, Sozialpolitik = verteilen": Diese schlichte Zweiteilung trifft schon heute auf Europa kaum noch zu, geschweige denn auf Asien, dessen „Sozialpolitik" seit unvordenklicher Zeit *implizit* betrieben wird – und die in dieser Gestalt wohl auch noch eine lange Zukunft vor sich hat.

a) Implizite Sozialpolitik

Den besten Zugang zu den Eigenarten „asiatischer" Sozialpolitik findet der deutsche Leser, wenn er sich vergegenwärtigt, daß Asien zu den drei Hauptmerkmalen deutscher Sozialtradition – Primat der Sozialpolitik, institutionelles Eigenleben sozialer Einrichtungen und hohe Dotierung des sozialen Sektors – ein überaus scharfes Kontrastbild liefert: Nirgends wird hier das Soziale aus dem Gesamtzusammenhang „herausgesägt“ und als Materie sui generis behandelt. Nirgends auch läßt sich ein auch nur von ferne vergleichbares Regelungsfiligran finden, von üppigen Sozialhaushalten ganz zu schweigen.

Mit dieser *impliziten* Behandlung des Sozialen folgt Asien einer vielhundertjährigen Tradition, die den Prinzipien der Eigenverantwortung und allenfalls der Subsidiarität, auf keinen Fall jedoch der Solidarität gehorcht.

In den konfuzianischen Gesellschaften waren für „Sozialpolitik“ noch allemal die Familie, der Clan und allenfalls noch die (in Südchina mit einem Clan häufig identische) Dorfgemeinschaft zuständig gewesen. Staatshilfe fand höchstens dort statt, wo das Gleichgewicht des Ganzen aus den Fugen geraten war, wobei die Bürokratie mit zwei Hauptinstrumenten arbeitete, nämlich direkt und kurzfristig mit der Verteilung von Nahrungsmitteln aus öffentlichen Getreidespeichern, indirekt und langfristig aber mit der Wiederherstellung des Gleichgewichts, sei es, daß in Notzeiten konjunkturbelebende öffentliche Aufträge vergeben, sei es, daß Beamte jetzt verschärft auf Korruption überprüft oder daß „Anti-Luxus“-Maßnahmen neu in Erinnerung gerufen wurden. Hilfeleistungen dieser Art waren allenfalls „subsidiär“, hatten jedoch nichts mit „Solidarität“ im modernen westlichen Sinne zu tun, zumal die traditionellen asiatischen Gesellschaften durchwegs vertikal organisiert waren und schon deshalb keine horizontal organisierte Hilfe kannten.

Auch in der hinduistischen Gesellschaft, die der erweiterten Familie einen vielleicht noch höheren Stellenwert beimaß als das Reich der Mitte, war „soziale Sicherung“ stets eine Angelegenheit von Primärverbänden – und hatte im Geist der Eigenverantwortung stattzufinden. Daneben gab es eine Tradition der Mildtätigkeit, die dem Alleinheits-Denken („reich oder arm: das alles bist DU!“) entsprang, und die übrigens dazu führte, daß Bettelei in der hinduistischen Gesellschaft zu einem a priori geduldeten Haupterwerbszweig werden konnte.

Der Grundsatz der sozialen Autarkie herrschte auch im Theravada-Buddhismus und im Islam. Allerdings war das Almosengeben hier weiter verbreitet als in den konfuzianischen sowie den hinduistischen Gesellschaften: Ohne Unterstützung durch die Laien wäre beispielsweise der *Sangha*, also das theravada-buddhistische Mönchtum, unmöglich (gewesen). Hier gab und gibt es eine Art Tauschprinzip: Mönche leben von den milden Gaben der Gläubigen, die jeden Morgen die Reisschalen der Gelbgewandeten füllen, wofür sie „Verdienste" erwerben, die sich karmisch auf das nächste Leben weitervererben.

Auch buddhistische Könige haben von der Möglichkeit, sich „Verdienste" zu erwerben, bisweilen Gebrauch gemacht, indem sie den Laien Gelegenheit verschafften, sich eine Zeitlang sorgenfrei dem Wesentlichen, nämlich der Selbstversenkung, zu widmen: Dies zumindest war der Grundgedanke des „Ashoka"-Laienbuddhismus, der in den Überlieferungen, nicht zuletzt auch in den Diskussionen um die Vereinbarkeit von Buddhismus und Marxismus, lebendig geblieben ist. Auch hier kann man freilich nicht von „Solidarität" sprechen, da „Leid" ja ohnehin das Wesen aller menschlichen Existenz ausmacht, so daß eher ein passives Mitleiden als aktives Händereichen angebracht ist, und da Erlösung von Leiden jedweder Art im übrigen nur durch Eigenanstrengungen gelingen kann – immer gemäß dem Grundsatz, daß es „kein Schicksal gibt außer dir und deiner karmischen Bilanz"!

Was schließlich den Islam anbelangt, so bildet das *Zakat*, d.h. das Almosengeben, einen der fünf „Grundpfeiler" der islamischen Pflichtenlehre. Wenn überhaupt, so könnte man allenfalls hier – in der brüderlichen Hilfe für den Mitgläubigen – Spurenelemente von „Solidarität" ausmachen.

Lassen sich solche Traditionen freilich auch im modernen Milieu fortsetzen, das durch Bevölkerungsexplosion sowie durch eine dramatische Zunahme von industriegesellschaftlichen Grundrisiken wie Krankheit, Unfall und Arbeitslosigkeit geprägt ist? Paradoxerweise wird die soziale Schieflage noch dadurch verschärft, daß vieles seit 1945 besser geworden ist, sei es nun in puncto Lebenserwartung, die sich in einigen Ländern, z.B. in der VR China, verdoppelt hat, nämlich von 35 auf 70 Jahre, sei es bei der Verringerung der Kindersterblichkeit oder sei es beim Rückgang der Analphabetenrate. Die Weltbank spricht hier wohl zu recht von einem der „bisher weitgehend unbesungenen Erfolge der Menschheitsgeschichte".[106]

Doch werden spektakuläre Verbesserungen dieser Art sogleich dadurch wieder relativiert, daß sich einerseits das Gefälle zwischen erfolgreichen und zurückgebliebenen Ländern/Regionen/Gruppierungen laufend vertieft und daß, zweitens, auffällige Zusammenhänge zwischen den drei hier erwähnten sozialen Parametern bestehen: Je reicher eine Bevölkerung, um so höher ihre Lebenserwartung und um so niedriger gleichzeitig auch ihre Kindersterblichkeit sowie ihre Analphabetenrate.[107]

b) Wie kann es sozialpolitisch weitergehen?

Keine Rundumversicherung

Nicht weniger als sechs asiatische Staaten suchten in der Nachkriegszeit ihre gesellschaftlichen Probleme mit revolutionären Mitteln zu lösen, nämlich China, Nordkorea, Nordvietnam, die Mongolei, Kambodscha und Laos. Ihre Versuche sind durchwegs gescheitert, und zwar keineswegs infolge äußerer Behinderungen, sondern wegen selbstzerstörerischer innerer Widersprüche: So handelte beispielsweise die KPCh all ihren Prinzipien vom sozialen Ausgleich zwischen den „revolutionären Massen" zuwider, als sie die in der chinesischen Gesellschaft ohnehin schon vorhandenen Mauern zwischen Dorf- und Stadtbevölkerung zusätzlich erhöhte und den Dorfbewohnern nicht nur jeglichen Umzug in die Städte verwehrte, sondern darüber hinaus auch noch die *zhigong*, d.h. die staatlichen „Angestellten und Arbeiter", hoch privilegierte, die Bauernhaushalte aber weitgehend sich selbst überließ: U.a. wurden die *zhigong* nach dem Versorgungsprinzip betreut, erhielten also einen gesicherten Monatslohn, Urlaubsberechtigung, Kranken- und Unfallschutz sowie Mutterschaftsurlaub, während die Bauern, d.h. über 80 % der Bevölkerung, von solchen staatlichen Versorgungsleistungen nur träumen konnten und sich mit Sozialleistungen nach dem *Versicherungsprinzip* zufriedengeben mußten. Die Versorgung der „Arbeiteraristokratie" war also steuer-, die der Bauernschaft dagegen lediglich beitragsfinanziert! Hinzu kam, daß die Bauern nicht nur bei der Verteilung, sondern sogar bei der Produktion den Gürtel enger zu schnallen hatten, insofern sie auf die Linie „Getreide als Hauptkettenglied" eingeschworen und von gewinnbringenderen Zweigen wie Vieh- und Forstwirtschaft, vor allem aber vom „landwirtschaftlichen Nebengewerbe" ideologisch verbannt wurden. Kein Wunder, daß dieses Zwei-Klassen-System bereits am Ende der Mao-Herrschaft (1976/78) in sich zusammenbrach.

Auch in den anderen „realsozialistischen“ Staaten stürzten die Revolutionsgebäude auf so dramatische Weise ein, daß schon in den 80er Jahren nur noch *sozialreformerische* Wege begehbar schienen.

Als die Reformer um Deng Xiaoping im Dezember 1978 die Macht übernahmen, hatten sie neue Wege zu beschreiten, die, wenn sie nicht in einer Sackgasse enden sollten, nicht nur den Möglichkeiten, sondern auch den Grenzen von Sozialpolitik unter „asiatischen Bedingungen“ angepaßt sein mußten.

Angesichts solcher Startbedingungen stand von vornherein fest, daß die VR China – und übrigens auch der Großteil der asiatischen Staatenwelt – den Weg der westlichen Sozialpolitik (mit Altersrente, Krankengeld, Arbeitslosenunterstützung und anderen – formell festgelegten – Wohltaten) nicht gehen konnte, da es hierfür nicht nur in den späten 70er Jahren, sondern auch in voraussehbarer Zukunft schlicht an der nötigen Verteilungsmasse fehlen würde; liegen die Sozialversicherungsleistungen in den OECD-Ländern – bezogen auf das Jahr 1993 – doch immerhin bei 14 % des BIP, wobei Spitzenreiter wie Schweden, Dänemark und Deutschland auf 38 %, 29 % und 25 % kommen,[108] während andererseits selbst die wohlhabenderen asiatischen Länder wie z.B. die „vier kleinen Drachen“ sich mit Sätzen zwischen 7,2 % (Singapur) und 2,3 % (Südkorea) zu begnügen hatten, gar nicht zu reden von Ländern wie Indien oder China, wo diese Leistungen gegen Null tendieren (Indien: 0,3 %, China rund 2 %). Daß der Staat in den asiatischen Ländern so geringe Sozialkosten trägt, hat paradoxerweise auch Vorteile: Wo es keine (überfamiliären) „Generationenverträge“ gibt, kann es zumindest in der Sozialpolitik nicht zu „Generationenkonflikten“ kommen!

Fazit: Eine „Rundumversicherung“ im wohlfahrtsstaatlichen Sinn scheidet angesichts der wirtschaftlichen Möglichkeiten des asiatischen Durchschnittsstaats nicht nur heute, sondern, soweit der Prognosehorizont reicht, wohl auch in Zukunft aus.

Andererseits wäre es aber auch unangemessen, den in die Stürme des Industrialisierungsprozesses hineingeratenen einzelnen sich völlig selbst zu überlassen – und ihn dabei auf das altasiatische Prinzip der Familienversorgung zu verweisen. In einem

Land wie China wäre dies schon deshalb absurd, weil die moderne „Ein-Kind-Familie“ das überkommene Familienversorgungsgefüge längst hat zusammenbrechen lassen.

Mittelweg: Zwei Hauptstränge impliziter Sozialpolitik

Bleibt zwischen diesen beiden Extremen der Rundum- und der Eigenversorgung also nur ein bescheidener Mittelweg, der mit zwei sozialpolitischen Hauptsträngen zurechtzukommen hat, nämlich – positiv – mit Wachstumsförderung (Formel: „Sozialpolitik via Wachstum + Stabilität“) sowie – negativ – mit Armutsbekämpfung. Diese komplementären Lösungsansätze seien hier als die *zwei Hauptstränge impliziter Sozialpolitik* bezeichnet.

Das erste dieser beiden Maßnahmenbündel gehört zum Instrumentarium fast jeder asiatischen Regierung, das zweite hat sich vor allem bei zwei realsozialistischen Staaten des Kontinents besonders markant herausgebildet, nämlich bei China und Vietnam. In beiden Staaten dürften die *zwei Hauptstränge* noch weit bis ins 21. Jahrhundert hinein die Linien für sozialpolitisches Handeln vorzeichnen, wobei zusätzliche Leistungen, sei es nun in Form ergänzender staatlicher Sozialversicherung oder aber in Form von NRO-Hilfen, lediglich Attribute bleiben, die an der Substanz wenig ändern. Angesichts dieser impliziten Ausgestaltung von Sozialpolitik läßt sich also auch in Zukunft kein klarer Trennungsstrich zwischen Wirtschaftspolitik/Produktion einerseits und Sozialpolitik/Verteilung andererseits ziehen.

Strang Nr. 1: Sozialpolitik durch Wachstumsförderung

In den 70er, 80er und 90er Jahren ist es in zahlreichen asiatischen Ländern zu beträchtlichen Wachstumsschüben gekommen, deren Erlöse nicht immer zu den unteren Schichten durchsickerten, weil „Abschöpfungseliten“ („strategische Gruppen“) einen Großteil des Ertrags auf ihre eigenen Konten zu leiten wußten, und die nicht zuletzt deshalb die Frage aufkommen ließen: Welches Wachstum für wen? Wachstum, das mit hoher Umweltverschmutzung einhergeht, das das Gefälle zwischen oben und unten weiter vertieft und das vielleicht auch noch Arbeitsplätze hinwegrafft, konnte ja wohl kaum wünschenswert sein. Tabuisiert unter HDI-Gesichtspunkten müßten auf längere Sicht vor allem fünf

Entwicklungsvarianten bleiben, denen es an *Sozialverträglichkeit* fehlt, nämlich Wachstum, das keine Beschäftigung hervorbringt, das keine Mitbestimmungsmöglichkeiten schafft, das ungerecht ist, das die kulturellen Gegebenheiten unberücksichtigt läßt und dem es nicht zuletzt auch an „Nachhaltigkeit" fehlt. Wünschbar erscheint hier jeweils gerade das Gegenteil, nämlich:

Fünf Arten von sozialrelevantem Wachstum

– Wachstum, das Beschäftigung fördert: Die Erfahrung, daß im Zeitalter der Globalisierung Arbeitsplätze knapp werden, gehört auch am Ende des 20. Jahrhunderts schon zu den Einsichten der meisten asiatischen Gesellschaften. Während das reale BIP in einem Land wie Pakistan zwischen 1975 und 1992 z.B. um durchschnittlich 6,3 % p.a. wuchs, beschränkte sich das Beschäftigungswachstum im gleichen Zeitraum auf durchschnittlich + 2,4 %. Indien mußte sich mit 5 % und 2 % begnügen. Selbst Länder wie Singapur und Malaysia, die im Zeitraum 1980 bis 1990 eine kräftige Zunahme an Arbeitsplätzen hatten verzeichnen können, bekamen die Antinomien von BIP- und Arbeitsplatzzuwächsen spätestens beim Ausbruch der Asienkrise von 1997 zu spüren, zumal sie sich angesichts steigender Arbeitskosten immer mehr auf Kapital- und Technologieintensivierung eingelassen hatten.

Auch Asien wird sich voraussichtlich darauf einzustellen haben, daß im 21. Jahrhundert sowohl das produzierende als auch das Dienstleistungsgewerbe nur noch etwa ein Drittel der vorhandenen Arbeitskräfte absorbiert und daß die übrigen zwei Drittel ohne Arbeit (im Sinne der klassischen Erwerbskriterien) bleiben, wobei die Verhältnisse in Asien angesichts der dort immer noch andauernden Bevölkerungsexplosion zu wesentlich krasseren Verwerfungen führen dürften, als dies in den OECD-Ländern der Fall ist.

Lautet im Westen die Parole: „Weg vom Wohlfahrtsstaat, hin zur Wohlfahrt- und zur Arbeitsbeschaffung in Eigenregie", so erübrigt sich in Asien eine solche Abkoppelung von vornherein, da es einen Wohlfahrtsstaat dort nie gegeben hat. Ratsam erscheint statt dessen ein Weg, auf den die chinesischen Reformer seit 1979 immer wieder mit erhobenem Zeigefinger hinweisen und der in

Richtung „Selbstverantwortungssysteme“ (*zerenzhi*) führt – einer Art Raiffeisen-Methode à la China. Zwar ist das Raiffeisen-System in einigen asiatischen Staaten, u.a. in Thailand, schon einmal gescheitert, doch hat es immer wieder Versuche eines Neuanlaufs gegeben. Johann Jakob Raiffeisen hatte in den 60er Jahren des 19. Jahrhunderts bekanntlich ein Modell der solidarischen Selbsthilfe für die Kleinbauern des Westerwalds entwickelt, das auf sieben Prinzipien beruhte: (1) personelle Überschaubarkeit der Genossenschaften, (2) unbeschränkte Solidarhaftung der Mitglieder, (3) Verzicht auf Dividendenauszahlung, (4) Gewinnansammlung in Gemeinschaftsfonds, (5) unentgeltliche Mitarbeit der Genossenschaftsfunktionäre, (6) Vergabe von Krediten nur an Mitglieder und (7) Beschränkung der Finanzquellen auf Anleihen, Spargelder und Gewinne.

Gerade in metakonfuzianischen Ländern, in denen sich das Mandarinat seit Jahrhunderten auf Steuerung von Selbststeuerung, d.h. auf bloße Rahmenvorschriften beschränkt und den „Zellen“ (*danweis*) im übrigen die Möglichkeit der Selbstgestaltung überlassen hatte, könnte die Saat Raiffeisens aufgehen – und u.a. auch der Schaffung von Arbeitsplätzen zugutekommen.

Theravada-buddhistischen oder malaio-islamischen Gesellschaften andererseits, die ohne „feste Zellen“ auskommen, dürfte das (wie immer modifizierte) Raiffeisen-Modell einiges Kopfzerbrechen bereiten. Es wird mit zu ihren Hauptaufgaben im 21. Jahrhundert gehören, hier „nachzusitzen“.

– Wachstum, das Mitbestimmung zuläßt: Partizipation hat in Asien einen anderen Stellenwert als im Westen. Während sich im Europa der industriellen Revolution ein häufig klassenkämpferischer Gegensatz zwischen Arbeitern und „Kapitalisten“ aufgebaut hat, spielt sich die Mehrzahl der Arbeitsverhältnisse in den asiatischen Gesellschaften auch heute noch unter quasifamiliären Bedingungen ab. Dies ist kein Zufall, da Europa, wie oben ausgeführt, in gesellschaftlichen Fragen *horizontal*, Asien dagegen *vertikal* denkt und weil dementsprechend hier Konflikte in Kauf genommen und offen ausgetragen, dort aber patriarchalische Verhältnisse akzeptiert wurden und werden, wobei bezeichnenderweise auch heute noch von „Betriebsfamilie“ sowie von „Vater/Kind“- (chinesisch *fu/zi*, malaiisch *bapak/anak*)-Beziehungen die Rede ist.

Im Gegensatz zu Europa geht es in Asien bei der Mitbestimmungs-Debatte folglich auch weniger um ein („bilaterales") Hickhack zwischen Arbeit und Kapital sowie zwischen Arbeitnehmern und Arbeitgebern als vielmehr um die angemessene Einbettung von „Betriebsfamilien" in das (oben in Kap. IV.2.a) bereits erwähnte) Dreieck zwischen Kapital, Arbeit und Bürokratie. „Mitbestimmung" besteht nach asiatischem Verständnis also überall dort, wo der einzelne sich in der *Betriebsfamilie* aufgehoben fühlt und wo diese „Familien" auch im *überbetrieblichen* Bereich korporatistisch eingebunden sind. Fehlt es umgekehrt an der familiären Einbindung und greift die Bürokratie zu allem Überfluß auch noch direkt ins Betriebsräderwerk ein, so kommen jene *zellularen* Grundqualitäten nicht zur Geltung, die in Ostasien nun einmal das Salz der autochthonen Mitbestimmung sind. Schnell kann Wachstum dann in Stillstand übergehen – die Ruinen der maoistischen Wirtschaftspolitik können hierfür als Mahnmal dienen!

– Wachstum muß ferner der *sozialen Gerechtigkeit* dienen, also dazu beitragen, daß die bereits bestehenden Gefällestufen nicht noch steiler werden. Dies gilt nicht zuletzt auch für das Verhältnis zwischen den „Ethnien", das vor allem in den südostasiatischen Ländern immer wieder auf die Probe gestellt wird und das, wie die „Rassenunruhen" von 1969 in Malaysia und die Übergriffe indonesischer „Bumiputra" auf Huarenbetriebe in den Jahren 1997/98 gezeigt haben, wohl noch lange als Zeitbombe weitertickt.

Mit einem „20-Jahre-Perspektivplan" hat vor allem Malaysia dem „sozialen Frieden" als Standortfaktor Rechnung zu tragen versucht, indem es die Bumiputra wirtschaftlich näher an die Huaren heranzuführen versuchte – und dieses Programm im Jahre 1990 durch einen zusätzlichen Langzeitplan ergänzte, der unter dem anspruchsvollen Titel „Vision 2020" steht.

– Wachstum sollte darüber hinaus auch *kulturadäquat* sein: Der westlichen Entwicklungstheorie hat es hier immer wieder an Einfühlungsvermögen gefehlt. Allzulange war Entwicklung ja mit bloßem wirtschaftlichen Wachstum verwechselt worden. Man stellte die westlichen Industrieländer als Vorbilder hin, benutzte die Höhe des Pro-Kopf-Einkommens als Meßlatte für den Entwicklungsstand und rückte den Einsatz kapitalintensiver Technologien in den Mittelpunkt der Entwicklungshilfe.

Ein Vierteljahrhundert Entwicklungspolitik mußte vergehen, ehe in den 80er Jahren die ernüchternde Erkenntnis heranreifte, daß die rein effizienz- und wachstumsorientierten „grünen" (Feldbau) und „blauen" (Fischerei) Revolutionen zwar beträchtliche Produktionserfolge, gleichzeitig aber auch Konflikte von bisher unbekanntem Ausmaß ins Rollen gebracht hatten: Die beiden „Revolutionen" führten nämlich dazu, daß nicht nur die Reichen (d.h. die Inhaber der Produktionsmittel) reicher und die Armen ärmer wurden, sondern daß es darüber hinaus zu einer Zweiteilung der bis dahin weitgehend homogenen Wirtschaft in einen dynamischen warenproduzierenden und in einen stagnierenden Sektor kam.

Als Reaktion auf diesen durch die „Wachstumsstrategie" mitverursachten Dualismus und auf die damit entstehende Arbeitslosigkeit – zwei Hauptprobleme der meisten asiatischen Länder – wandte sich das Interesse der Entwicklungsstrategie in den 60er Jahren einer gerechteren *Verteilung* und in den 70er Jahren schließlich auch einem *kulturadäquateren* Vorgehen zu, das unter der Bezeichnung „Grundbedürfnisstrategie" in die Diskussion einging: Im Mittelpunkt sollten künftig nicht mehr wirtschaftliche Zuwächse, neue Technologien oder staatliche Umverteilungseingriffe stehen, sondern der Mensch mit seinen „Grundbedürfnissen": Zu entwickeln sei nicht irgendeine Maschine oder ein technisches Verfahren, sondern der „Faktor Mensch" mit seinen birmanischen oder indonesischen Grundbedürfnissen, die materieller oder immaterieller Art sein konnten, angefangen von Gesundheit und Schulbildung bis hin zur Einbindung in dörfliche und überdörfliche Entscheidungsprozesse.

Für einen birmanischen Buddhisten läuft ja die westliche Lebensphilosophie, daß Fortschritt identisch sei mit zunehmender Güterproduktion, höherem Energieverbrauch und wachsender Urbanisierung, der Grundlehre Buddhas, wonach die „Gier" nach Gütern eigentliche Ursache allen Leidens ist, diametral zuwider. Auch die im Westen durchaus positiv bewertete „Revolution der steigenden Lebenserwartungen" erweist sich, aus buddhistischer Sicht, als Vermehrung von „Durst" – und damit von Leid.

Ein buddhistischer Thai hat andere Erwartungshaltungen als ein katholisch-philippinischer Bauer, für den wiederum ein Stadtbewohner Hongkongs oder Singapurs genauso fremd ist wie für den Einwohner Vientianes ein Bürger Canberras oder Seouls.

Wachstum und Entwicklung können also nicht darauf hinauslaufen, daß am Ende Birmanen zu Amerikanern werden. Vielmehr geht es um das Ermöglichen alternativer Lebensstile. Dazu gehört auch, daß der Bauer nicht sein Dorf verlassen, sondern sich – „Dorfentwicklung“ – in *seinem* angestammten Milieu auf kulturadäquate Weise den Erfordernissen des 21. Jahrhunderts anpassen kann. Hierfür – und nur hierfür – sind die nötigen Strukturveränderungen herbeizuführen, angefangen von der Anschlußstraße über das Gesundheitszentrum bis hin zur Wasserversorgung und zur Dorfschule.

Der „Faktor Mensch“, wie er hier ins Blickfeld angemessener Theorieansätze geraten ist, wird auch im 21. Jahrhundert kaum zum alten Eisen gehören, sondern im Gegenteil noch stärker in den Mittelpunkt der Entwicklung rücken. Diese „Renormalisierung“, wie sie sich vor allem in China nach dem Ende der als abnorm empfundenen maoistischen Revolutionsära wieder zu Wort gemeldet hat, dürfte auch andere asiatische Gesellschaften nachdenklich werden lassen, zumal autochthone Entwicklungsmethoden den Geldbeutel weit weniger strapazieren, als es bei den „grünen“ und „blauen“ Revolutionen der Fall ist!

– Nicht zuletzt aber muß Wachstum „nachhaltig“ sein, darf sich also nicht, wie es in Asien jahrzehntelang geschehen ist, auf Kosten der Umwelt vollziehen.

Strang Nr. 2: Armutsbekämpfung

Armutsbekämpfung kommt in fast allen asiatischen Staaten als sozialpolitische Drillingsschwester der Wachstums- und der Ordnungspolitik einher. Doch was ist „Armut“? Offensichtlich handelt es sich hier um ein komplexes Phänomen, das unter mehreren Aspekten – nämlich Einkommen,[109] Befriedigung der Grundbedürfnisse[110] und Befähigung[111] – beurteilt sein will.

Positiv zugunsten Asiens fällt ins Gewicht, daß die meisten asiatischen Staaten bei der „Befähigungsarmut“ (ausgedrückt in „Human Poverty Index“, HPI)[112] fast durchwegs besser dastehen als bei der Einkommensarmut.

Was die Bekämpfung der Armut insgesamt anbelangt, so ergibt sich eine höchst zwiespältige Bilanz: Auf der einen Seite ist Einkommensarmut seit dem Ende des Zweiten Weltkriegs insgesamt stärker zurückgegangen als in den 500 Jahren zuvor. So haben beispielsweise China und 14 weitere Länder, deren Bevölkerung sich zusammengerechnet auf mehr als 1,6 Mrd. beläuft, in weniger als 20 Jahren den Anteil der „Einkommens-Armen" halbieren können. Doch waren diese Fortschritte ungleich: Während Ostasien sich im Aufwind befindet, sind andere Teile Asiens, allen voran Südasien, vor allem aber Afrika (südlich der Sahara) immer noch im Sinkflug begriffen: In absoluten Zahlen leben die meisten Armen Mitte der 90er Jahre in Südasien, prozentual ausgedrückt aber in Afrika. Nicht weniger als ein Viertel der Drittweltbevölkerung ist immer noch „befähigungsarm", rund ein Drittel (= etwa 1,3 Mrd.) aber einkommensarm! Unter den „Armen" haben wiederum drei Gruppen besonders zu leiden, weil sie noch ärmer sind als der Durchschnitt, nämlich Kinder, Frauen und Alte.[113]

Wie läßt sich gegen diese Entwicklung ankommen?

Kein Land in Asien betreibt Armutsbekämpfung systematischer als die VR China, die unter der von Deng Xiaoping geprägten – und gegen den früheren Mao-Kurs gemünzten – Parole, daß „Armut nicht Sozialismus" sei, Programme der direkten und der indirekten Hilfe aufgenommen hat.

Zu den eher direkten Methoden gehört das 1984 beschlossene „Nationale Armutsbekämpfungsprogramm", das durch zweckgerechtere Bodenzuteilung, durch den Bau von Straßen und Elektrizitätsleitungen, durch die Eröffnung von Schulen und Gesundheitsstationen sowie durch strengere Geburtenkontrolle und durch Beseitigung von Trinkwasserengpässen bessere Entwicklungsvoraussetzungen schaffen soll.

Zu den eher indirekten Methoden gehört die Begründung von Patenschaftsverhältnissen zwischen wohlhabenden Küsten- und armen Inlandsprovinzen.

Auch in anderen asiatischen Ländern, z. B. in Vietnam, in Laos und in Indonesien, werden Armutsbekämpfungsprogramme durchgeführt: In Indonesien gehört dazu beispielsweise die „Transmigrations"-Politik, die dafür sorgen soll, daß die Ungleichgewichte zwischen der Hauptinsel Java und den anderen 14 000 Inseln zumindest ansatzweise ins Gleichgewicht kommen.

Zusammenfassend: Eine Politik, die (1) den sozialen Sektor nicht verselbständigt, sondern die (2) „implizit" vorgeht, sich also (3) auf die beiden Hauptstränge der Wachstumsförderung sowie der Armutsbekämpfung beschränkt, und die nicht zuletzt (4) in Ermangelung von solidarischen Traditionen der „Eigenverantwortlichkeit" den Vorrang beläßt: Dies etwa könnte in groben Zügen das Schema sein, das den meisten asiatischen Staaten auf dem Marsch durchs 21. Jahrhundert als sozialpolitischer Ariadnefaden dient.

V. Warum so – und nicht anders?

Das Wertesystem zwischen Verwurzelung und modischer Vereinnahmung

1. Drei Spielarten von „Werten"

Am Ende des 19. Jahrhunderts hatte das vom Westen gedemütigte und zum größten Teil kolonialisierte Asien eine seiner schwersten Krisen durchleiden müssen. Zwei Reaktionen schienen damals möglich, nämlich entweder eine möglichst schnelle Verwestlichung, die vor allem mit der Rezeption des Nationalismus (also eines gesamtstaatlichen Wir-Gefühls) Hand in Hand ginge, oder aber die Flucht in eine am Überkommenen festhaltende Trotzidentität, die freilich in Gefahr war, sich fundamentalistisch zu verlieren.

Verglichen mit dem damaligen Stimmungstief erscheint Asien am Ende des 20. Jahrhunderts wie ausgewechselt: Drei Jahrzehnte kontinuierlicher wirtschaftlicher Aufschwünge haben viele Vertreter des asiatischen „Establishments" geradezu übermütig und – dem „dekadenten" Westen gegenüber – bisweilen fast gönnerhaft werden lassen. Trotz der „Asienkrise" von 1997, die dem bis dahin überschäumenden Optimismus einen kurzen Dämpfer versetzte, hat sich vor allem in Ost- und Südostasien die Überzeugung verfestigt, daß die der Krise vorausgegangenen Erfolge keineswegs auf Zufall beruhten, sondern durch bestimmte „asiatische Werte" beflügelt wurden. Die guten alten Traditionen sollten also keineswegs entsorgt, sondern ganz im Gegenteil revitalisiert werden.

Das Wertesystem sei nachfolgend unter den drei Stichworten „Nativismus", „Asiatismus" und „Nationalismus" thematisiert, wobei mit „Nativismus" das Erbe der Tradition, mit „Asiatismus" aber jene Modeerscheinung gemeint ist, die unter dem Begriff „Asian values" vor allem von Singapur aus Eingang in die globale Diskussion gefunden hat.

a) Nativismus

Den Auftakt soll die wohl auch im 21. Jahrhundert noch gültige Feststellung bilden, daß es „Asien" nicht gibt, sondern daß dieser (lediglich geographisch zusammenhängende) Kontinent sich aus einer verwirrenden Vielfalt von 28 modernen Nationalstaaten, aus einem Mosaik von wirtschaftlichen Gebilden unterschiedlichster Entwicklungshöhe und nicht zuletzt aus fünf großen kulturellen Subsystemen zusammensetzt, die ihrerseits alles andere als geschlossen und einheitlich sind – angefangen von den konfuzianischen über die theravada-buddhistischen und malaio-islamischen Gesellschaftsordnungen bis hin zum Hinduismus und den katholischen Philippinen.

Bei diesen nativistischen Systemen handelt es sich um historisches Urgestein, das von den Mitgliedern dieser Kulturen bereits in den ersten sechs Lebensjahren verinnerlicht zu werden pflegt und dessen Wirkung deshalb auch im Jahre 2050 noch lange nicht verbraucht oder von „westlichen" Vorstellungen überlagert und verdrängt sein dürfte. Wie „festgemauert in der Erde" diese Werte auch bei der heute zwanzigjährigen Jugend noch sind, hat eine Untersuchung Hongkonger Werbefachleute aus dem Jahre 1996 erneut bestätigt.

Waren die Projektbeauftragten ursprünglich von der Prämisse ausgegangen, daß die neue Generation (vor allem in einer Weltstadt wie Hongkong) längst durch und durch verwestlicht sei, so mußten sie schon bald verblüfft zur Kenntnis nehmen, daß die Zwanzigjährigen, all ihren T-Shirts, Miniröcken, Handys, Popmusikvorlieben und sonstigen „westlichen" Ausdrucksformen zum Trotz sich „just like their parents" verhielten[114] – und daß die asiatischen Traditionen in ihren Köpfen durchaus lebendig und stilbildend geblieben waren. Nicht weniger als 74 % der unter Zwanzigjährigen in Hongkong wollten sich beispielsweise bei der Einschätzung ihrer Freunde weiterhin auf das elterliche Urteil verlassen, 91 % verlangten Respekt für Senioren, 87 % plädierten für die Aufrechterhaltung enger Beziehungen zur eigenen Familie und 91 % solidarisierten sich mit der elterlichen Erwartung, beim Studium das Äußerste geben zu müssen.

Auf Ablehnung stieß bei den Befragten auch jegliche Überdosis an Individualismus. Statt dessen erwarteten sie gruppenbezogenes

Verhalten und harte Arbeit, die – nur in *dieser* Kombination! – zum Erfolg führten: zu einem *gemeinsamen* Erfolg also! Hoch im Kurs standen bei den Befragten auch traditionelle „Tugenden" wie Sparsamkeit, hierarchisches Statusdenken und – für die Werbefachleute besonders überraschend! – ein durch und durch konformistisches Konsumschema, das vom einzelnen verlangte, bei bestimmten Moden schlicht mitzuhalten. Auch die Mitgliedschaft in bestimmten Vereinen und Clubs wurde als Beweis dafür gewertet, daß man dazugehörte. Zur westlichen Kultur fühlten sich die Jugendlichen allenfalls oberflächlich hingezogen: man spiele gewisse Äußerlichkeiten nun einmal mit, ohne deshalb bereits auch innerlich ganz dabei zu sein!

Es gibt also nach wie vor Werte mit „besonderer asiatischer Einfärbung". Allerdings ist das Postulat, es gebe „Asian values" schlechthin, ein Mythos.

Vor dem Hintergrund der so ganz anders konturierten europäischen Wertelandschaft *gleichen* sich die asiatischen Grundvorstellungen vor allem in dreifacher Hinsicht, insofern sie erstens keine Autonomie des Individuums anerkennen, zweitens offene Konfliktaustragung zugunsten „harmonischer" Lösungen ablehnen und sie, drittens, ihr Menschenbild ganzheitlich einbetten: Im Gegensatz zur westlichen Anschauung steht in Asien nicht das autonome Ich, sondern die Beziehung *zwischen* den einzelnen Individuen im Vordergrund. Man ist dort niemals ein souveränes Einzelwesen, sondern stets Glied in einer langen Kette, also z.B. „Dritter Onkel", „Zweiter Stellvertretender Direktor" oder „Angehöriger der Brahmanen-Kaste" mit dieser oder jener lokalen Besonderheit.

Ganz in diesem Sinne hat sich der einzelne dem Eingliederungs- und Verkettungsschema zu fügen, das ja geschichtlich gewachsen, ja z.T. religiös verankert ist. Die Wucht des Harmonieimperativs läßt sich am besten mit einer zugespitzten Frage verdeutlichen: „Soll ich ehrlich (treu, gerecht, usw.) *oder* aber harmoniebedacht sein?" Die Antwort fiele hier, wenn sich in der konkreten Situation das Entweder-Oder nicht umgehen ließe, allemal im letzteren Sinne aus.

„Harmonie" ist übrigens nicht nur gegenüber den Mitmenschen, sondern auch gegenüber der Natur und gegenüber der Transzendenz geboten – gehorcht also dem Gebot der Ganzheitlichkeit.[115] Die ökologischen Sünden der Übergangszeit verstoßen damit ganz eindeutig gegen den Harmonieimperativ!

Ergänzend zu diesen drei Hauptähnlichkeiten ließen sich noch weitere Gemeinsamkeiten anführen, die von der Organisationsstruktur (durchgehende Vertikalisierung, Hierarchie, „Person vor Institution") über Denk- und Verhaltensweisen („Innewerden" statt „Erkennen", zyklischer Zeitbegriff, Zukunftsskepsis, Ablehnung des engen Newtonschen Kausalitätsdenkens) bis hin zur Politik reichen (Patronage und Personalismus statt Recht und Institutionen; Naturrecht vor Juristenrecht und numinoser Machtbegriff).[116] Gemeinsam ist den asiatischen Subkulturen auch noch die Verankerung im Dorf, die ortsansässige Lebensweise (Mobilität und Nomadismus gab es nur an den kulturellen Rändern) und der weitverbreitete „Kommunalismus". Der Zündstoff Lateinamerikas ist dem traditionellen Asien erspart geblieben, angefangen von saisonalen Wanderungen des Großteils der Bauernschaft über spontane Landerschließungen und häufige Bodenbesetzungen bis hin zu extrem extensiver Bodennutzung bei minimaler Reinvestitionsneigung.[117]

Soweit die Gemeinsamkeiten; weit ausgeprägter sind allerdings die Unterschiede zwischen den Subsystemen, deren fünf Hauptvarianten hier wenigstens beim Namen genannt seien:

Da ist zunächst einmal die konfuzianische – oder besser *metakonfuzianische* – Gesellschaftsordnung (MKGO), die das Leben in China, in Japan, in den beiden Koreas, in Vietnam sowie in den chinesischen Auslandsgemeinden bestimmt.

Die *hinduistische* Gesellschaftsordnung (HGO) ist vor allem in Indien, in Nepal, in Bali sowie bei den zahlreichen indischen Auslandsgemeinden in Südostasien zu Hause. Der *Theravada-Buddhismus* (TB), d.h. der klassische Selbsterlösungsbuddhismus, hat seine Hauptanhängerschaft in Birma, Kambodscha, Laos, Sri Lanka und Thailand. Und „der" *Islam*? Mehrere Spielformen treten auf dem asiatischen Kontinent zutage, vor allem die *malaio-islamische* Variante (MI), die in Brunei, Indonesien, Malaysia und auf den Südphilippinen (Mindanao, Sulu-Archipel) verbreitet ist, sowie der indo-islamische Zweig (Bangladesch, Pakistan und Indien); eine dritte Spezies findet sich in den nach 1991 zu eigener Staatlichkeit erwachten Republiken Zentralasiens.

Ein Kosmos besonderen Zuschnitts hat sich darüber hinaus im

katholischen Teil der *Philippinen* herausgebildet, wo die Spanier 333 Jahre lang missionarisch tätig gewesen waren, ohne daß sie jedoch die autochthonen Fundamente ganz hätten beseitigen können.

Da eine Darstellung aller fünf Subsysteme eine eigene Monographie verlangte,[118] sollen hier nur die zwei am weitesten voneinander entfernten Systeme in Augenschein genommen werden, nämlich die MKGO und die HGO, wobei im Interesse der Kürze auf Einzelheiten verzichtet sei.

Die Unterschiede treten besonders ausgeprägt im organisatorischen und im religiösen Bereich zutage. Anders als in der HGO herrscht in der MKGO das Beitritts- statt des Geburtsprinzips sowie die Regelfindung statt der Regelvorgabe, gilt ferner Berufsfreiheit statt Berufsfestlegung und findet nicht zuletzt eine säkulare statt der religiösen Verankerung statt.[119] In der MKGO sorgte ein historisch schon früh einsetzender Rationalismus dafür, daß Gesellschaft und Religion voneinander getrennt wurden und daß sich die soziale Stellung des einzelnen also fast ausnahmslos nach „weltlichen" Kriterien bestimmte, insbesondere nach seiner Bereitschaft, sich in Gruppen einzugliedern.

Im Gegensatz dazu werden im Hinduismus religiöse „Reinheit" und gesellschaftlicher Rang durch die Geburt festgelegt und gehört das Gebot, diesen karmischen Auftrag anzuerkennen, zur ethischen Grundausstattung. Das durch Geburt erworbene oder auferlegte Vermächtnis ist von folgenschweren wirtschaftlichen, sozialen und politischen Konsequenzen begleitet: Beeinflussen Glaubensregeln in den hinduistischen Gesellschaften doch nicht nur das Ritual- und Frömmigkeitsverhalten im engeren Sinn, sondern bringen darüber hinaus auch zahlreiche Alltagstabus (angefangen von Nahrungsmittel- bis hin zu Eheverboten) mit sich und begründen nicht zuletzt auch bestimmte wirtschaftliche Verhaltensweisen.

Daß in den chinesischen, japanischen, koreanischen oder vietnamesischen Gesellschaftsordnungen demgegenüber eine eher säkulare Grundstimmung vorherrscht, hängt mit der Lehre des Konfuzius zusammen: Man verhalte sich „Geistern und Dämonen" gegenüber im großen und ganzen so, *als ob* es sie gäbe, heißt es im *Lunyu*. Dieses „Als ob" (*ru*) ist zum Credo des Mandarinats geworden und bestimmt Denken und Handeln auch der einfachen

Menschen bis auf den heutigen Tag. Götter sind im konfuzianischen Kulturkreis keine Numina, sondern gestandene Erfinder und Entdecker, auf jeden Fall aber gewitzte Praktiker, die den Menschen das Jagen, das Fischen, das Eindämmen von Flüssen, den Gebrauch des Feuers, das Rösten, Dämpfen und Braten sowie den Nutzen gesellschaftlicher Institutionen beigebracht haben.

Die Konsequenzen dieser Nüchternheit treten an vielen Stellen zutage:

Wirtschaftlich gibt es in der MKGO beispielsweise kaum religiöse Tabus, und zwar weder Kasten- oder Jati-Schranken bei der Berufswahl noch Profit-, Zins- oder Versicherungstabus. Die praktischen Auswirkungen dieser Enttabuisierung wurden bereits im Wirtschaftsteil beschrieben (Kap. IV.2).

Gesellschaftlich zeigen sich die Konsequenzen vor allem in den Strukturen und im Verhalten: Während die sozialen Zellen in der MKGO – angefangen von der Familie über Gemeinden, Kreise und Provinzen bis hinauf zum Gesamtstaat – nach dem *gleichen* Grundmuster aufgebaut sind, nämlich pyramidenartig, so daß am Ende ein „pyramidaler Analogismus" zwischen Kleinfamilie und „Staatsfamilie" (*guojia*) herauskommt und die Einzelteile auch nach dem Zerfall eines Staatswesens schnell wieder „paßgenau" zusammenfinden können,[120] gliedert sich die hinduistische Gesellschaft in Kasten, vor allem aber in mehrere Hunderte von *Jatis* (Unterkasten) auf, die ihr Selbstverständnis gerade daraus beziehen, daß sie sich von anderen Jatis erkennbar *unterscheiden* – und sei es auch nur dadurch, daß Angehörige der einen Fischer-Jati beim Reparieren der Netze die Nadel von links nach rechts, die der anderen aber von rechts nach links führen. Unterschiede dieser Art gehören also systemtypisch genauso zur HGO wie die Analogstrukturen zur MKGO!

Unterschiedlich fällt aber nicht nur die Organisationsweise, sondern auch der *habituelle* Zuschnitt der am Gesellschaftsprozeß Beteiligten aus! Während in der HGO die Verhaltensmuster – nun gerade umgekehrt! – durch feste „Kasten"-Regeln zum großen Teil vorstrukturiert, wenn nicht modulisiert sind, müssen sie in der MKGO immer wieder neu arrangiert werden. Damit aber kommt es zu jenen drei bereits beschriebenen, für die MKGO so typischen Folgeerscheinungen, nämlich zur permanenten Konsultation, zu korporatistischen Lösungen und zur Steuerung von

Selbststeuerung, nicht zuletzt auch zur Bildung der gerade für den chinesischen Reformprozeß so charakteristischen „Selbstverantwortungssysteme“ (*zerenzhi*).

So weit also die beiden voneinander am weitesten auseinanderstrebenden Subkulturen. Was nun die anderen drei anbelangt, so ähneln TBGO und MIO eher dem hinduistischen, die philippinische Gesellschaftsstruktur eher dem konfuzianischen Muster: Auf den Philippinen bestimmten lange Zeit die *Barangays* (Dorfgemeinschaften) das Gesellschaftsbild, die in der modernen Umgebung z.T. durch Großfamilien, z.T. aber auch durch *Barcada*-Seilschaften („Schiffsbesatzung“) etc. abgelöst worden sind, deren einzelne Mitglieder durch das *utang na loob*, d.h. durch eine Ethik des Verpflichtungsdenkens, zusammengehalten werden.[121] Zellenbildung und ständiges „Konsultieren“ sind hier also ähnlich ausgeprägt wie in der MKGO.

Andererseits spielen in den „lose strukturierten Gesellschaften“ des TB und des MI Zellen und „Beziehungen“ im Sinne von *guanxi* kaum eine Rolle: Hier gibt es keine patri- oder matriarchalischen, sondern im allgemeinen nur „partnerschaftliche“ Verhältnisse mit großzügig dimensionierten Eigentums- und Erbschaftsregelungen. Bezeichnenderweise liegen hier auch die Scheidungsraten besonders hoch.[122]

b) Asiatismus

Die „nativistischen“ Strukturen, wie sie hier geschildert wurden, unterliegen zwar dem geschichtlichen Wandel, sind aber gleichwohl solide genug verankert, um auch im Jahr 2050 noch zur Stelle zu sein. Ob sich dies auch von den „asiatischen Werten“ behaupten läßt, steht auf einem anderen Blatt. Bewußt wurde hier der Kunstbegriff „Asiatismus“ gewählt, weil er als solcher schon das überaus artifizielle Wesen der „Asian values“ zum Ausdruck bringen – und sie als Kunstprodukt bloßstellen – kann.

Die „asiatischen Werte“ stammen aus der Singapurer Schule Lee Kuan Yews, wurden mit konfuzianischen Versatzstücken untermauert, gelten aber gleichwohl als panasiatisches Erbe und haben den Zweck, erstens Begründungen für den „asiatischen“ Wirtschaftserfolg zu liefern, zweitens Kritik am „dekadenten“ Westen zu formulieren und drittens als Schutzimpfung gegen

„Verwestlichung" (= „geistige Verschmutzung", *jingshen wuran*) zu wirken.

Vor allem aber sollen sie in den Dienst der „Asiatisierung Asiens" gestellt werden und umfassen zu diesem Zweck ein Bündel von angeblich typisch asiatischen Maximen, die aufs phantasievollste variiert und mittlerweile gar schon zu einer Art „Dekalog" verdichtet worden sind.[123] Im einzelnen:

- Die Nation kommt vor der Gruppe; Gesellschaft und Familie stehen über dem Ich. Extremer Individualismus führt zu Kriminalität und zum Verfall der Gesellschaft. Abzulehnen sei auch der „Welfarism", d.h. der „übertriebene" Wohlfahrtsstaat.
- Starke Familien sind authentische soziale Schutzgemeinschaften.
- Bildungseifer und Lernkultur müssen hochgehalten,
- Sparsamkeit, Bescheidenheit sowie Konsumzurückhaltung gefördert und Fleiß sowie harte Arbeit honoriert werden.
- Teamgeist: Unternehmer, Gewerkschaften und Bürokratie haben eng zusammenzuarbeiten, statt sich mit institutionellem Mißtrauen – oder gar klassenkämpferisch – zu begegnen. Der „nationale Konsens" sei die Grundlage des ostasiatischen Wirtschaftswunders.
- Gesellschaftsvertragliche Wechselseitigkeit: Die Regierung garantiert Sicherheit, Ordnung und Daseinsvorsorge, die Bevölkerung befolgt im Gegenzug die Gesetze, respektiert die Regierung und erzieht die Kinder im Geiste nationaler Gemeinsamkeit.
- In einigen Ländern bemühen sich die Regierungen auch darum, ihre Bürger zu „Anteilseignern" werden zu lassen. In Singapur leben z.B. mehr als 90 % der Einwohner in den eigenen vier Wänden.
- Betonung einer „moralisch sauberen Umgebung": Die meisten Bewohner Singapurs wendeten sich erwiesenermaßen gegen den Verkauf von „gelben" (d.h. „schlüpfrigen") Zeitschriften wie z.B. dem *Playboy*.
- Die Presse soll weder ein Sprachrohr der Regierung sein noch absolute „Freiheit" genießen dürfen. Vielmehr habe sie von sich aus verantwortungsvoll auf einer „mittleren Linie" zu wirken.

Eine kondensierte Version der „asiatischen Werte" findet sich im Weißbuch der Singapurer Regierung von 1981, wo der besondere Weg „Asiens“ auf zwei Grundmaximen reduziert wird, nämlich auf das Doppelgebot, das „Ganze dem Einzelnen“ sowie den „Konsens der Kontroverse“ überzuordnen.[124]

Warum hat die Asiatismus-Apologetik überall so viel Aufmerksamkeit gefunden? Eine naheliegende Antwort ist zunächst, daß viele erfolgreiche Asiaten ihre wirtschaftlichen Errungenschaften nicht länger nur als Geschenk des Westens begreifen wollen. Noch attraktiver erscheinen die „asiatischen Werte“ als Waffe gegen den „Menschenrechtsimperialismus und -interventionismus gewisser westlicher Länder“.

Nicht alle Asiaten hatten Freude an den „Asian values“. Kim Dae Jung, der jahrzehntelang verfolgte Dissident und heutige südkoreanische Staatspräsident, sah beispielsweise in Singapur und seiner Werte-Konstellation eine Verhöhnung und Pervertierung jener konfuzianischen Traditionen, denen das Volk als Vertreter des Himmels heilig gewesen sei – und denen daher der Volkswille als einzige Meßlatte gegolten habe.[125]

c) Nationalismus

Nationale Mythen statt Nationen

Der Nationalismus hat in Asien kurze Beine. Die traditionellen Kaiserreiche, Königtümer, Hafenfürstentümer und *Barangays* waren durch Treueide und Tributverhältnisse, durch periodische Rundreisen, durch Entsendung persönlich betrauter Kontrolleure, durch Besetzung von Staatsämtern mit Verwandten oder Vertrauten, durch regelmäßigen Austausch von Geschenken und durch geschickt plazierte Eheschließungen, mit anderen Worten durch personalistische und klientelistische Maßnahmen zusammengehalten worden: Personalverbandsstaaten in diesem Sinne waren die indischen Königreiche des Mittelalters mit ihren Maharaja/Samantha (Großkönigs-/Nachbarschaftskönigs)-Beziehungen, das mittelalterliche Japan der Daimyōs und der Samurais, die philippinischen Sippenverbände und Dorfgemeinschaften (*Barangay*) und sogar das chinesische Kaiserreich, in dem zwar eine durch Staatsprüfungen gesiebte, also „überpersönliche“ Bürokratie den Ton angab, die aber in ein ständiges Tauziehen zwischen Palast- und Staatsämtern eingespannt und in ihrer Sachbezogenheit durch

Rivalitäten zwischen Hof und Mandarinat eingeschränkt zu werden pflegte.

Im Verlauf der Kolonialzeit, d.h. zwischen 1750 und 1950, war die Mehrzahl der süd- und südostasiatischen Personalverbandsstaaten durch zwei neue Herrschaftsformen überlagert worden, nämlich durch „direkte" Herrschaft (z.B. im Plantagenbereich) sowie durch „indirekte Herrschaft", wobei sich die Kolonialmächte im letzteren Fall der autochthonen Eliten (Könige, Sultane) bedienten, um Macht über die einheimische Bevölkerung zu gewinnen.

Zusätzlich hatten die europäischen Herren ihren „Kolonialbesitz" auch territorial erweitert und dem ursprünglichen Personalverbandsstaat immer mehr Gebiete hinzugefügt, die, wie beispielsweise Irian Jaya oder Timor, mit dem javanischen Ausgangspunkt weder kulturell noch politisch je verflochten gewesen waren.

Dies hinderte freilich die nach dem Ende der Kolonialherrschaft neu ausgerufenen Staaten – hier also z.B. die Republik Indonesien – keineswegs, ohne Wenn und Aber den Gesamtbestand von „Niederländisch-Indien" nunmehr als authentisch „nationales Territorium" zu betrachten – obwohl von vornherein klar sein mußte, daß in den Außenregionen niemals ein nationales Wir-Gefühl aufkommen konnte: Timor wurde nach dem Abzug Portugals im Jahre 1974 mit der gleichen Begründung „heim ins Reich" geholt.

Da die nationale Idee angesichts solcher Entwicklungen größte Schwierigkeiten hatte, zum Einigungsbehelf zu werden, waren die Verfechter der nachkolonialen „Nationen"-Idee schnell mit nationalen Mythen zur Hand, mit deren Hilfe sie den jungen Staat zumindest als „Wiedererweckung" rechtfertigen konnten. Dieser Risorgimento-Nationalismus wurde der Bevölkerung Indonesiens beispielsweise unter Berufung auf Srivijaya und Majapahit sowie auf den „Gerechten König" (*Ratu Adil*) schmackhaft gemacht, wobei der neue Staatspräsident Ahmed Sukarno sich auch gleich als Verkörperung des *Ratu Adil* zu präsentieren wußte.

In Kambodscha wartete die Sihanouk-Führung bei der Begründung ihres „Khmer-Sozialismus" mit alten Angkor-Traditionen auf, und in Vietnam wußte sich Ho Chi Minh als Verkörperung des „Himmelsbefehls" zu beglaubigen.

Bei genauerem Hinsehen lassen sich im heutigen Asien nicht weniger als fünf Dimensionen des Nationalismus ermitteln: Stellt man auf die *territoriale Ausdehnung* ab, so geraten Mikro-, Regional- und Gesamtstaats-Nationalismus ins Visier, interessiert man sich dagegen eher für die *soziale* Dynamik, so treten Regime- und Volksnationalismus in den Vordergrund. Im einzelnen:

– Was den *Mikronationalismus* anbelangt, so handelt es sich bei ihm, wie oben erwähnt (siehe Kap. I.3), um einen der Hauptsprengsätze des 21. Jahrhunderts: Immerhin kommen ja weltweit rund 3500 Gruppen als Anwärter auf einen Nationalstaat in Betracht – die meisten davon auf dem Kontinent Asien!

– Bei der *regionalen* Variante des Nationalismus wäre hier zunächst einmal eine länderübergreifende Spielart zu erwähnen, die sich, ähnlich wie der einstige Pangermanismus oder Panslawismus, auch im modernen Asien immer wieder zu Wort gemeldet hat, sei es nun in Form der panmalaiischen Bewegung, wie sie vom früheren indonesischen Staatspräsidenten Sukarno in den 60er Jahren unter der Bezeichnung MAPHILINDO (*Ma*laysia – *Phil*ippinen – *Indo*nesien) ins Leben gerufen wurde, oder sei es die panosmanische – und später panturanische – Bewegung, die vor allem die Turkvölker Zentralasiens zwischen den beiden Weltkriegen erfaßte und 1944 zur Bildung einer kurzlebigen „Ostturkestanischen Republik" führte.

All diese Bewegungen haben sich allerdings, zumindest auf mittlere Sicht, als ebenso lebensunfähig erwiesen wie der ebenfalls im 20. Jahrhundert aufgekommene Panafrikanismus oder Panarabismus. Lediglich *eine* Spielform scheint auf längere Sicht ausbaufähig zu sein, nämlich die panchinesische, die sich in aller Stille und verblüffend unideologisch auf der Grundlage von *guanxiwang*, d.h. von Personalnetzwerken, herausgebildet hat: Als „Großchinesische Wirtschaftsgemeinschaft" (*Da Zhonghua jingji gongtongti*) sowie als „Greater China" ist sie mittlerweile in den Sprachgebrauch eingegangen und umfaßt nicht nur die wohlhabenden Küstenprovinzen der VR China, sondern auch Taiwan, Hongkong und die chinesischen Auslandsgemeinden rund um den Pazifik bis hinauf nach San Francisco und Vancouver.

Es ist nicht zuletzt diese panchinesische Gemeinschaft, die bei vielen asiatischen Nachbarn mittlerweile ein China-Trauma hat aufkommen lassen, obwohl die Dichtigkeit ihres Netzwerks – und vor allem die Konsequenz ihres „Eroberungsdrangs" – in aller Regel mystifiziert wird. Gleichwohl hält die Zukunft hier vermutlich noch viele Überraschungen bereit.

Eine etwas andere Variante des *Regional*-Nationalismus führt nicht zur Bildung *supra*nationaler Zusammenschlüsse, sondern, gerade umgekehrt, zur Herausbildung *sub*nationaler Einheiten mit separatistischer Sprengkraft: Als Beispiel seien hier zwei so brisante Regionen wie Südindien und Südchina angeführt. Beide weisen drei Ähnlichkeiten auf, die gegenüber den jeweiligen Zentren längerfristig durchaus konfliktträchtig werden können:

Da gibt es zunächst eine geoökonomische Parallele: Die Hauptstädte Delhi und Beijing liegen nämlich weit im Norden, die separatismusverdächtigen Regionen aber 1000 bis 2000 km entfernt im Süden – und zwar jeweils ans Meer grenzend. Die vier indischen Südstaaten[126] machen etwa ein Viertel der indischen Subkontinentalfläche aus und beherbergen rund 200 Mio. Menschen.[127] Etwa ein Viertel der Territorialfläche Chinas entfällt ebenso auf die sechs südostchinesischen Provinzen,[128] deren Gesamteinwohnerschaft mit 233 Mio. vergleichsweise höher liegt.[129]

Zweitens haben in den beiden südlichen Landesteilen Seeverbindungen – und damit meerübergreifendes Denken – jahrhundertelang die Szene beherrscht, während die Hauptstadtbürokratien eher in kontinentalen Denkkategorien befangen blieben. Die tamilischen Reiche Chera, Chola und Pandya unterhielten Seeverbindungen, die das gesamte maritime Asien umspannten und erst durch die Vorherrschaft der Engländer zerschnitten wurden. Die chinesische Seefahrtstradition andererseits dauerte rund 400 Jahre, nämlich vom 11. bis zum 15. Jahrhundert. Das in der Provinz Fujian gelegene Quanzhou galt damals, gleich hinter dem ägyptischen Alexandria, als zweitgrößter Hafen der Welt. Allerdings begann die alte „Überseetradition" seit dem 15. Jahrhundert, als sich das Reich der Mitte erneut auf die mongolische Gefahr zu konzentrieren hatte, schnell zu verblassen – und erst im Zeichen der „Öffnung" Chinas in den 80er Jahren des 20. Jahrhunderts wieder aufzuleben. Eine 1985 unter dem Titel *Heshang* („Früher Tod des Gelben Flusses") ausgestrahlte Fernsehserie, die in der chinesischen Öffentlichkeit heftig diskutiert wurde, brachte das südchinesische Sonderbewußtsein auf den Punkt. Die Hauptthese lautete nämlich, daß es nicht *ein*, sondern zwei Chinas gebe, nämlich ein seit langem in sich erstarrtes – und daher abzulehnendes – „gelbes" und ein – doch bitte neu zu belebendes! – „blaues", weil dem Meer und der übrigen Welt zugewandtes China. Die Stadtverwaltung Guangzhous reagierte begeistert auf dieses Signal und veranstaltete schon kurze Zeit nach Ausstrahlung der Serie „Blaue Wochen". Nach 1989 (Tiananmen-Massaker) wurde die Serie allerdings wieder verboten!

Drittens bestehen zwischen den Südregionen und den nationalen Stammgebieten beider Länder hohe Sprachbarrieren.

Auf dem Subkontinent hat sich seit Ausrufung der Indischen Union im Jahre 1947 ein drawidischer Block solidarisiert, der aus vier südlichen Bundesstaaten besteht, deren Sprachen auf gemeinsame Wurzeln in der vorarischen Induskultur von Mohenjo Daro und Harappa zurückgehen. Den vier Regionen ist gemeinsam, daß sie sich immer wieder vom Vordringen der indoarischen Kultur nach Süden bedrängt sahen, sei es nun, daß sie das Suprematieverlangen des Brahmanentums als politische, oder sei es, daß sie die weitere Ausbreitung von Sanskritelementen als kulturelle Aggression empfanden.

In separatistischer Absicht hatte der Vorkämpfer der drawidischen „Selbstrespektsbewegung", Naicker, eng mit dem Führer der Muslimliga, Ali Jinnah, zusammengearbeitet. Ähnlich wie Jinnah, der seit 1940 die Gründung eines eigenständigen Pakistan forderte, hatte auch Naicker auf einen selbständigen Drawidischen Bund (Dravida Nadu) hingearbeitet. Während sich Ali Jinnah allerdings 1947 durchsetzen konnte, stieß der drawidische Separatismus ins Leere.[130] Trotz dieses Scheiterns gehört „Drawidien" allerdings keineswegs der Vergangenheit an, vor allem nicht seit Beginn der Talfahrt des einzigen noch gesamtindisch ausgerichteten politischen Interessenverbands, der Congress Party.

In Südchina tritt das Separatismusbestreben zwar nicht so ausgeprägt zutage wie in Südindien, doch gibt es eine klar profilierte südchinesische Kultur (mit eigener Malerei, eigener Architektur, eigener Gartenbaukunst und eigener Symbolik) sowie typisch „südliche" Gottheiten, u. a. Mazu, die Patronin der Seefahrer.[131] Vor allem der wirtschaftliche Vorsprung, den die südostchinesischen Provinzen im Zuge des Reformprozesses herausfahren konnten, nicht zuletzt aber auch die „Rückkehr" Hongkongs in die Volksrepublik am 1. Juli 1997, hat das Gewicht des „Chinas der Dialekte" auf der gesamtchinesischen Waagschale so gewaltig zunehmen lassen, daß sich Beijing immer häufiger gezwungen sieht, Maßnahmen gegen ein noch weiteres Abdriften des Südens zu ergreifen, die z. T. personal-, z. T. finanzpolitischer Art sind.

Im Gegensatz zu „Südindien" dürfte die südchinesische Absetzbewegung allerdings eher auf eine wirtschaftliche *Ent*koppelung als auf eine (administrative) *Ab*koppelung hinauslaufen.

– Was schließlich den *Gesamtstaats-Nationalismus* anbelangt, so gibt es in Asien extreme Unterschiede: Auf der einen Seite ist er in einem – kulturell und geschichtlich homogenen – Land wie Japan solide verankert, während er auf der anderen Seite, nämlich z. B. bei der „Islamischen Nation" Pakistan, zu immer neuen Abspaltungen führt – 1971 verabschiedete sich Bengalen aus dem damaligen Gesamtverband, und im 21. Jahrhundert dürften es nacheinander Belutschistan, Paschtunistan und vielleicht auch „Sindhistan" sein, die ihre eigenen Wege gehen (siehe dazu Kap. I.3.b).

Auch bei der „chinesischen Nation" läuft nicht alles nach Plan: Gibt es hier doch – von der oben bereits erwähnten „panchinesischen" Variante abgesehen – ein ganzes Mosaik von Elementen, die zwar ein „Wir-Gefühl" vermitteln, die aber gleichwohl Unbehagen auslösen, nämlich (1) jenen „Patriotismus" (*aiguozhuyi*), den Mao Zedong als Korrelat zum „Internationalismus" angepriesen hat,[132] ferner (2) einen sich immer mehr herauskristallisierenden eigenen Taiwan-Nationalismus,[133] der durch das „Massaker vom 28. Februar 1947" angeregt wurde und zu einem tiefen Riß zwischen Taiwanern und „Festländern" geführt hat, darüber hinaus (3) den Ansatz der „Willensnation", wie er beispielsweise von Singapur gewählt wurde;[134] nicht zuletzt aber auch (4) eine „Großmacht"-Variante, deren Anhängern Ausdrücke wie *kuoda* („Ausbreitung") oder *shengcun kongjian* („Überlebensraum") leicht von der Zunge zu gehen pflegen.[135] Dieser „Groß-Han-Chauvinismus" (*Da hanzu zhuyi*) findet aber in aller Regel nur auf Nebenschauplätzen statt.

Selbst chauvinistische Äußerungen dieser Art erweisen sich allerdings als eher harmlos: Erstens sind sie meist defensiver Natur und zweitens fehlen ihnen jene ins Extrem gesteigerten Formulierungen, die Lust auf Abgründe erkennen lassen und mit organisierter Militanz einhergehen. So finden sich beispielsweise kaum Blut- und Bodenmythen oder Spielarten jener Apartheid, die von einer biologischen Determinierung sozialer Ungleichheit getragen wäre.[136] Auch rechtsextreme Organisationsformen, angefangen vom Führerprinzip bis hin zum Einsatz paramilitärischer Gruppen, finden in den ordnungsversessenen Gesellschaften Asiens selten Beifall, von prinzipieller Gewaltbereitschaft im Namen rechter Positionen ganz zu schweigen: Der „japanische Imperialismus" liegt psychologisch zehntausend Jahre zurück! Dies ist übrigens auch bei linksextremistischen Positionen der Fall, die unter Mao Zedong in China und unter Pol Pot in Kambodscha eine Zeitlang sogar zur offiziellen Politik gehört hatten, die bei der breiten Bevölkerung jedoch stets auf Ablehnung gestoßen waren.

Im traditionellen China hatte es immer nur Bekenntnis- oder Gesinnungs-, nicht aber Abstammungschinesen gegeben: Wirstiftende Funktionen gingen nicht von der Religion, der Hautfarbe, der Dynastie oder der Geographie aus, sondern vom Bekenntnis zu einer bestimmten Form von Zivilisation, wie sie vor allem vom Konfuzianismus definiert worden war. Wer dieses Wertesystem internalisiert hatte und es in seinem Verhalten zum Ausdruck brachte, gehörte zur Gemeinschaft der Zivilisierten – und damit zu einer „Nation", die ähnlich verstanden wurde wie etwa der „Dritte Stand" von Abbé Sieyès. Allerdings war dieses „Wir-Bewußtsein" fast nur auf die Elite beschränkt gewesen und hatte sich nie den breiten Massen mitgeteilt. Die Bauern wurden sich ihres „chinesischen Wir" erst während des Zweiten Weltkriegs bewußt, als „die anderen", nämlich japanische Truppen, das Land mit Feuer und Schwert überzogen: Dies war die Geburtsstunde jenes „Bauernnationalismus", den Mao Zedong als die authentischste Form des Patriotismus definierte.

– Welche Bewandnis hat es schließlich mit der Unterscheidung zwischen Regime- und Volksnationalismus?

Der *Regime-Nationalismus* war ursprünglich Hand in Hand mit den nachkolonialen Befreiungsbewegungen dahergekommen, wobei die neuen Eliten den einstigen Kolonialherren nicht nur politische Unterdrückung, wirtschaftliche Ausbeutung und kulturelle Entmündigung ankreiden konnten, sondern ihnen zähneknirschend auch zwei positive Beiträge zuerkennen mußten, nämlich die Schaffung lebensfähiger Großterritorien sowie die Freisetzung jener Modernisierungskräfte, die zur Rationalisierung des Lebensstils, zur Alphabetisierung, Industrialisierung und nicht zuletzt zu einer Verbesserung des Gesundheitswesens führten. Länder wie Kambodscha verdankten den Kolonialherren darüber hinaus sogar das Überleben als Nation, da ohne den französischen „Protektionismus" Kambodscha bereits im 19. Jahrhundert von den beiden Nachbarn Vietnam und Siam „aufgefressen" worden wäre.

Dieser ursprünglich emanzipative verwandelte sich in den Händen der neuen Elite vielfach in einen manipulativen „Nationalismus", der sich um die „Würde des Staats" besorgt zeigte. Kein Wunder, wenn hier schon bald *volksnationalistische* Unterströmungen auftraten, die um so vitaler wurden, je mehr der Regime-Nationalismus zu marmorner Kühle erstarrte – und damit an Anziehungskraft verlor. Gemeint sind hier all jene „von unten her" formulierten „patriotischen" Bekundungen, die nicht hoch über die Köpfe der Bevölkerung hinweggingen, sondern auf ihrer Wellenlänge lagen und daher auf der Stelle Anklang fanden.

Eine der bekanntesten Äußerungen in dieser Richtung war das 1989 von Ishihara Shintaro herausgegebene *No to ieru Nihon* (wörtl.: „Das ‚nein-sagen-könnende' Japan"), in dem der Standpunkt vertreten wurde, daß Japan die USA zwar industriell, technisch und vor allem von der Kapitalausstattung her längst in den Schatten gestellt habe, daß die Tokyoter Regierung aber gleichwohl vor den Amerikanern immer noch katzbuckele. Die Japaner müßten endlich begreifen, daß ihre Nation auf dem Gipfel angekommen sei und im 21. Jahrhundert zusammen mit den USA eine Duopolführung ausüben könne.[137]

Das Buch fand so reißenden Absatz, daß Mitte der 90er Jahre auch der malaysische Ministerpräsident Mahathir Mohamad auf den bereits mächtig unter Dampf stehenden Zug aufsprang und gemeinsam mit Ishihara seine *Voice of Asia* erscheinen ließ, ein schmales Bändchen, in dem die Prognose gewagt wurde, daß sich die USA – und selbstverständlich auch Europa – längst im Niedergang befänden, und zwar sowohl moralisch (Disziplinmangel sowie Überbetonung von Individualismus und Demokratie) als auch materiell.[138]

Ein Jahr danach brachten fünf bis dahin unbekannte junge chinesische Autoren ein weiteres „Neinsager"-Pamphlet heraus, das sich ebenfalls hauptsächlich gegen die USA richtete und von der breiten Leserschaft mit soviel Beifall aufgenommen wurde, daß es sich auf der Stelle zum Bestseller entwickelte. In dem 400 Seiten starken Buch kritisierten die Autoren u.a. das amerikanisch-japanische Militärbündnis, wandten sich gegen den Mythos von der „chinesischen Gefahr" sowie gegen amerikanische Versuche, eine Politik des Containment gegen China zu betreiben. Auch der amerikanische Versuch, die VR China zum neuen „Reich des Bösen" zu stempeln, sowie die amerikanische Frechheit, sich in den Konflikt mit Taiwan einzumischen und im März 1996 sogar Flugzeugträger in der Taiwanstraße aufkreuzen zu lassen, sei unannehmbar. Sowohl das *Zhongguo keyi shuo bu* („China kann Nein sagen") als auch der weitere Bestseller *Yu Meiguo jueli* („Wettrennen mit den USA") argumentierten „aus dem Bauch heraus" und kamen damit Erwartungen entgegen, denen die offizielle Patriotismuspropaganda nicht gerecht geworden war. Als die „neinsagenkönnenden Volksnationalisten" auch noch forderten, daß China mit der japanischen Arroganz kurzen Prozeß machen und die umstrittenen Diaoyutai/Senkaku-Inseln notfalls mit Gewalt zurückholen solle, gerieten sie auf Gegenkurs zur politischen Führung, die aus bitterer historischer Erfahrung wußte, daß antijapanische Demonstrationen, einmal angekurbelt, schnell aus dem Ruder zu laufen pflegen – man erinnere sich an die „4.-Mai-Bewegung" von 1919 oder aber an die antijapanischen Demonstrationen vom Herbst 1986, in deren Verlauf der Schuß immer wieder nach hinten losgegangen, d.h. der Protest gegen Japan sogleich in einen Protest gegen Mißstände im eigenen Land umgeschlagen war.

Gerade bei der Diaoyutai-Nagelprobe war besonders deutlich geworden, wie schnell Regime- und Volksnationalismus miteinander in Konflikt geraten können!

Fazit: Wie die obigen Beschreibungen gezeigt haben sollten, sind Nationalismus und Asiatismus wurzellose Gebilde, die auf der Wasseroberfläche herumschwimmen und bald in diese, bald wieder in jene Richtung getrieben werden. Allzu häufig wird „Nationalismus" genannt, was genaugenommen nicht sehr viel mehr ist als ein Verlangen nach „Renormalisierung".

Um so solider muß demgegenüber der Halt erscheinen, der vom Nativismus ausgeht und der als solcher Anlaß zu einer prinzipiellen Fragestellung gibt, die dem nachfolgenden Abschnitt als Überschrift dient:

2. Verwestlichung oder Re-Asiatisierung?

Wohin führt der Weg? Wirkt der Alltag, der in weiten Bereichen Asiens auf den ersten Blick so überaus „verwestlicht" erscheint, als Rüttelsieb, durch das alles „Asiatische" ausgeschieden wird? Oder trifft es umgekehrt zu, daß der Kontinent, wie Lee Kuan Yew behauptet, auch nach der Asienkrise um keinen Deut „westlicher" geworden sei? Er, Lee, könne nicht die geringsten Anzeichen dafür erblicken, daß „ein Land wie Japan – selbst wenn man hundert Jahre in die Zukunft blickt – genauso werden könne wie Amerika oder Europa". Die Japaner blieben Japaner und hätten „ihren eigenen Weg zu gehen". Zwar müsse das Land der aufgehenden Sonne sich stärker öffnen und sich den Spielregeln des internationalen Markts anpassen. Das bedeute aber nicht, „daß wir regiert werden müssen wie Amerika oder England. Asiatische Werte verlangen nach einer anderen Art des Regierens, nach einer anderen Art des Regierungshandelns."[139]

a) Wohnen als Prüfstein

Wenn es überhaupt materielle Grundbefindlichkeiten gibt, die nicht nur den Habitus, sondern auch das Lebensgefühl und die Denkweise eines Menschen elementar zu beeinflussen vermögen, so sollte dazu – möchte man meinen – eine bestimmte Art des Wohnens gehören, da das Zuhause seine Bewohner wie eine zweite Haut umhüllt.

Das Wohnen soll hier also zum Prüfstein erhoben und auf die (durchaus prognostisch gemeinte) Frage gebracht werden, ob ein „westliches" Habitat „Verwestlichung" erzwingt oder ob am Ende nicht gar das Gegenteil dabei herauskommt. Das empirische Datenmaterial weist sowohl in die eine als auch in die andere Richtung, deutet letztlich also auf ein Patt hin.

„Apato" und Verwestlichung

Die *Verwestlichungsoption* sei anhand diverser Änderungen der Wohnformen im städtischen Japan konkretisiert:

Im klassischen japanischen Wohnhaus war der Anti-Individualismus bereits architektonisch mitgebaut: Das „Stützsystem" ließ keine „eigenen vier Wände" zu, sondern beruhte auf der Prämisse, daß alles Wohnen *gemeinsam* zu geschehen, daß also nicht das Ich, sondern das Wir im Vordergrund zu stehen habe. Bezeichnenderweise tauchte das Wort „Haus" unter zwei Begriffen auf, nämlich *ie* und *uchi.* Beide Termini wiederum wurden mit dem gleichen Zeichen verschriftet, nämlich dem Begriff für „Familie", wobei *ie* eher auf die Gemeinschaft (z.B. das „Haus" der Habsburger), *uchi* dagegen auf den architektonischen Bestand hinwies. Zur Familie gehörte also, wer unter dem gleichen Dach lebte; kein Wunder, wenn die Beziehung zwischen Hausfrau und der im gleichen Haus lebenden Schwiegertochter weitaus intensiver war als die Beziehung zwischen Hausfrau und ihrer leiblichen, jedoch an ein anderes Haus verheirateten Tochter.

Da die Dörfer im gebirgigen Japan oft weit voneinander entfernt lagen, die Dörfler selbst dafür aber um so dichter beisammenlebten, bildete sich um die Dreiheit des *ie*, der eigenen Nachbarschaft und des eigenen Dorfes herum ein dichtes Solidaritätsgeflecht – und mit ihm ein Verbundenheitsdenken heraus, das sich im „*Kaisha*ismus", d.h. der Loyalität gegenüber der eigenen Firma (*kaisha*) bis ins 20. Jahrhundert hinein erhalten hat.

Das im Inneren so offene *ie* erzwang, sei es nun im bäuerlichen oder im städtischen Haus, ein „Wir"-Denken, das Ich-Bestrebungen keinen Raum ließ.

Mitten in diese ent-individualisierte Welt brachen nun im Zuge der Meiji-Reform, vor allem aber im 20. Jahrhundert, westliche Wohnformen ein, die der traditionellen Wohnauffassung konträr entgegenstanden und ein Lebensgefühl ermöglichten, das zunächst nur mit einem ausländischen Wort, nämlich dem englischen „privacy" wiedergegeben werden konnte. Vor allem zwei Bauformen waren es, die der neuen Wohnidee zum Durchbruch verhalfen, nämlich das *apato* (von „Appartement") und das Privathaus, das sich allerdings nur besonders wohlhabende Schichten leisten konnten.

Zur Nahtstelle zwischen Alt und Neu entwickelte sich das Apato vor allem deshalb, weil es von einem *gesonderten* Gang her betreten werden konnte. Kernelemente des traditionellen Bauernhauses blieben zwar erhalten, wie die Verwendung von Holz und die Normung nach Tatami-Größen; neu aber war die Lage des Außenflurs, die es ermöglichte, erst unmittelbar vor der eigenen Wohnungstür die Schuhe auszuziehen, also nicht mehr über einen allen Hausbewohnern gemeinsamen Flur ins Innere eintreten zu müssen.

Populär wurde das Apato vor allem aus vier Gründen, weil es erstens (die so lange entbehrte) Privatheit zuließ, weil es zweitens den Wohnungswechsel erleichterte, drittens Zufallskontakte in Hülle und Fülle ermöglichte und viertens zur billigsten Wohnform auf dem privaten Wohnungsmarkt für junge Familien und vor allem für Alleinstehende wurde.

Bereits in den 60er Jahren war rund ein Drittel der Einwohnerschaft Tokyos in Apatos umgezogen.[140]

Das Apato ermöglichte einen schnell um sich greifenden Individualisierungsprozeß, der zur Aufsplitterung der Großfamilie, zur Trennung der Generationen und zur Verflüchtigung der *ie/uchi*-Traditionen führte.

Chandigarh und Re-Asiatisierung

War hier eine Gesetzmäßigkeit in Gang gekommen, die sich nicht mehr aufhalten ließ und der ganze Überlieferungen zum Opfer fallen würden, so daß am Ende von den Eigenheiten nichts mehr übrigbliebe? Oder sollte es nicht gerade umgekehrt möglich sein, westliche Wohn- und Bauformen zu „re-asiatisieren"? Daß auch solche Umkehrungen keineswegs ausgeschlossen sind, sei anhand einer der schlimmsten Fehlplanungen des Westens auf asiatischem Territorium, nämlich der Modellstadt Chandigarh im nachkolonialen Indien, illustriert: Chandigarh war in den frühen 50er Jahren als neue Hauptstadt des indischen Bundesstaats Punjab hochgezogen worden, nachdem die vormalige Hauptstadt der Gesamtregion, nämlich Lahore, im Gefolge der indisch-pakistanischen Teilung an Pakistan gefallen war. Hier, beim Aufbau einer neuen Regionalhauptstadt, schien sich also die einzigartige Gelegenheit zu bieten, mit modernistischen Mitteln eine Stadt – und mit ihr eine Modalität „neuen Wohnens" – aus dem Boden zu stampfen, die den Prinzipien jener modernen Architektur entsprach, wie sie vor allem vom Dessauer *Bauhaus* erdacht worden war.

Beauftragt mit dem Projekt wurde der dem „neuen Bauen" besonders verpflichtete französische Architekt Le Corbusier, der sich 1952 ans Werk machte.

Schon wenige Jahre nach Übergabe der ersten Bauten (1975 ff.) sollte es sich freilich herausstellen, daß Le Corbusier fast alle Regeln verletzt hatte, die in einer jahrtausendealten Kultur wie der indischen nun einmal zum ABC gehören:

- „Unindisch" war bereits die *Stadtplanung*, die „luftig" ausfiel und daher große Freiflächen zwischen den Villenstreifen vorsah. Demgegenüber hatten die Inder immer in engen Straßen, den sog. „Mulhallas", gelebt, die gerade einmal zwei oder drei Meter breit, trotzdem aber von manchmal vier- oder fünfgeschossigen Häusern gesäumt waren. Auf der Mulhalla pflegten die Frauen vor den Häusern zu sitzen und sich während der Alltagsarbeit zu unterhalten.
  Die Abmessungen zwischen den Häuserzeilen im modernen Chandigarh beliefen sich demgegenüber manchmal auf bis zu 250 Meter. Plätze oder Grünanlagen dieser Größenordnung machen zwar in Italien Sinn (man denke an die Piazza!), nicht aber in Indien, wo zumindest die Mitte der Piazza als Niemandsland empfunden wird, gerade von Frauen: Während nämlich in der westlichen Welt die Mutter ganz selbstverständlich mit ihrem Kind zum Spielen in den Park geht, würde die Inderin schnell verdächtigt, auf Abwege zu geraten, sobald sie sich ohne Begleitung ihres Mannes weiter vom Haus entfernte.
- Die Planer hatten aber nicht nur beim Stadtbild, sondern auch bei den *Nachbarschaftseinheiten* die Rechnung ohne den Wirt gemacht. Rund 25 der insgesamt 30 „Sektoren" von Chandigarh waren nämlich als Wohnbezirke angelegt worden, die dem Gedanken der Nachbarschaftspflege Rechnung tragen sollten. Die Planung war von Menschen ausgegangen, die sich von gleich zu gleich begegnen und die an Mitbestimmung interessiert sind, sei es nun in Schulfragen oder in der Kirchengemeinde.
  Ganz im Gegensatz zu diesem Menschenbild üben in der hinduistischen Gesellschaft die dort vorherrschenden Kasten- und

Jati-Strukturen jedoch keine Vereinigungs-, sondern eine Trennungsfunktion aus. „Komensalität“ (wer darf mit mir am gleichen Tisch essen?) und Heiratstabus bringen hier, um nur zwei Beispiele zu nennen, völlig andere Ordnungsgesichtspunkte ins Spiel. Außerdem gibt es in der modernen indischen Gesellschaft die unterschiedlichsten Privatschulen, deren Besuch vom sozialen Status, von der Religionszugehörigkeit und nicht zuletzt auch von den Einkommensverhältnissen der Eltern abhängt – mit der Folge, daß die örtliche Schule keineswegs Sammelpunkt des Gemeinde- oder Nachbarschaftslebens werden kann.

Auch bei der Planung der Handwerks- und Geschäftseinrichtungen hatten die europäischen Architekten keine glückliche Hand. Ganz im Gegensatz zum autochthonen Basar-Modell, wo die jeweiligen Konkurrenten stets in der gleichen Straße oder zumindest im gleichen Abschnitt dicht an dicht ihre Waren feilzubieten pflegen, folgten die Planer dem Bild westlicher „Einkaufszentren“, wo die einzelnen Gewerbe- und Warengruppen nicht voneinander getrennt, sondern gerade umgekehrt zusammengewürfelt waren.

Die indischen Bewohner korrigierten diese „Kulturwidrigkeit“, indem sie die Einkaufszentren nach und nach wieder in Basare zurückverwandelten und zusätzliche Basare auf den bisher unbenutzt gebliebenen „Piazzen“ anlegten. Damit war, sehr zum Erstaunen Le Corbusiers, ein Schritt zurück zu jenem Milieu getan worden, in dem der Durchschnittsinder sich wohlzufühlen pflegt: Einkaufen ist für ihn ja nicht ein simpler, unpersönlicher Vorgang, sondern ein Akt der Begegnung und der Kommunikation, der von allerlei Gesprächen und nicht zuletzt von lustvollem Feilschen begleitet ist. Feilschen aber erscheint nur dort sinnvoll, wo die Konkurrenz Karren an Karren oder Zelt an Zelt steht.

– Was, drittens, den eigentlichen *Wohnungsbau* anbelangt, so widersprach auch er den meisten indischen Erwartungen. Zwar gab es allerlei Annehmlichkeiten, die gerne akzeptiert wurden, angefangen vom verdeckten Abwassersystem bis hin zur Toilette mit Wasserspülung. Ansonsten traten aber auch hier sogleich wieder soziokulturelle Defizite zutage: Bei der Anordnung der Fenster beispielsweise war nicht auf das familiäre Intimitätsbe-

dürfnis Rücksicht genommen worden. Daß die nach außen verlegten Fensteröffnungen zu besseren Kontakten mit der Nachbarschaft führen sollten, entsprach zwar den Vorstellungen – und dem Menschenbild – Le Corbusiers, nicht aber den Wünschen der indischen Durchschnittsfamilie, die deshalb auch hier schnell Gegenmaßnahmen ergriff und die oft zimmerhohen Außenfenster entweder farbig verglaste oder sie überhaupt mit Mobiliar zustellte.
Ähnliche Nachkorrekturen wurden auch bei der Zimmeraufteilung vorgenommen: Während sich ein Europäer möglichst viele Räume wünscht, in denen er allein und „ungestört" sein kann, möchte die indische Familie möglichst eng beisammenleben. Von drei Schlafzimmern wurde deshalb beispielsweise eines von den Eltern und eines von den oft bis zu vier Kindern in Anspruch genommen, während das dritte unbenutzt blieb.
Da der europäische Architekt außerdem über die religiösen Bedürfnisse hinweggesehen hatte, griffen viele Familien zur Selbsthilfe, indem sie die eingebauten Kleiderschränke kurzerhand in Familienaltäre umfunktionierten und die Kleider außerhalb der Schränke an eingeschlagenen Mauerhaken aufhängten oder sie einfach an den Wänden hochstapelten.[141]

b) Neue Kommunikationsformen

Zu einem Patt in der oben aufgeworfenen Grundsatzfrage dürften auch die modernen Kommunikationsmittel, angefangen vom Internet bis hin zum Mobiltelefon, führen.

Was zunächst das Internet anbelangt, so scheint es nirgends auf der Welt etwas Dezentralisierteres zu geben als dieses moderne Kommunikationsinstrument: Der Teilnehmer steht hier gleichsam im Mittelpunkt der Welt, lenkt alle Informationen auf sich und läßt auch in der Gegenrichtung alle Kanäle für sich arbeiten. Damit scheinen dem Individualismus Tür und Tor geöffnet.

Und doch können durch das Internet auch Tendenzen verstärkt werden, die in der asiatischen Tradition angelegt sind, nämlich die Verdichtung und Erweiterung von Beziehungen und Vernetzungen. Man vergesse nicht, daß auch das gute alte Telefon der ostasiatischen *Guanxi*-Kultur nichts hat anhaben können, sondern daß es sie in ihren sozialen Entelechien sogar noch bestärkt hat.

Durch die neuen Kommunikationsmedien werden aber nicht nur die ohnehin schon gut miteinander verknüpften Gesellschaften noch mehr verfestigt; vielmehr erhalten auch „locker strukturierte" Gesellschaften eine Chance zu mehr Wechselseitigkeit und zu besserer Vernetzung.

Fazit: „Apato", „Chandigarh", Internet und Telefon zeigen auf höchst unterschiedliche Weise, wie die „Begegnung mit dem Westen" sowohl zur Verwestlichung als auch zur Re-Asiatisierung führen kann. Nirgends scheint es hier Einbahnstraßen zu geben – auch in Zukunft nicht!

3. Licht aus dem Westen – oder doch aus dem Osten?

Selbst am Ende des 20. Jahrhunderts scheint es kaum westliche „Entwicklungs"-Theorien zu geben, die nicht als Anleitung, ja als Erlösungslehre verstanden werden möchten. Unausgesprochen liegt all diesen „Theorien" der Wunsch zugrunde, den (subkutan als überaus rückständig betrachteten) Völkern der Dritten Welt, also auch den Asiaten, die Hand zu reichen und sie nach oben zum Licht zu führen, sei es nun, daß sie, wie die Protagonisten der „Modernisierungstheorie", ihre Klienten aus einer „immobilen" traditionsverhafteten Lebensweise herausführen und sie direkt in den Amerikanismus hineingeleiten, oder daß sie, wie viele Jahrzehnte lang die Marxisten, die Angehörigen der Arbeiter- und Bauernklasse hin zum Kommunismus, d.h. zum Himmel auf Erden geleiten möchten.

Sich vorzustellen, daß ein Kontinent wie Asien sich eigentlich auch selbst genügen könnte, nachdem er viele Jahrhunderte ohne Modernisierungs- und Klassenkampfbelehrungen zurechtgekommen war, käme wohl keinem dieser westlichen Visionäre in den Sinn. Diese gehen übrigens auch davon aus, daß das Neue nur auf Kosten des Alten gedeihen könne, also nur dann wirklich zum Leben erwache, wenn das Frühere abgestorben sei: Dies ist der Kerngehalt eines der drei von Engels formulierten dialektischen Gesetze (Einheit der Gegensätze, Umwandlung von Quantität in Qualität sowie „Negation der Negation").

Und doch ist nach (übrigens pan-) asiatischen Vorstellungen ein *Nebeneinander* des Alten und des Neuen nicht nur wünschbar, sondern gilt sogar als Normalfall: Asiatisches Urgestein, westliche Sedimente: Dies ist die Reihenfolge – und nicht umgekehrt!

Urgestein und Sedimente müssen keineswegs miteinander verschmelzen, sondern können Schicht für Schicht übereinander abgelagert – eben: „verschichtet" – werden, so daß am Ende nicht das Entweder-Oder, sondern das Sowohl-Als-auch triumphiert. Dies mag auf einen westlichen Beobachter nicht gerade „logisch" wirken, läßt sich jedoch empirisch überall in Asien feststellen:[142]

Besonders eindrucksvoll findet sich die Verschichtungstradition im Hinduismus ausgeprägt – man denke etwa an den Statuenkult des hinduistischen Gottes Shiva, in dem sich die vielfältigsten Traditionen und Wesenszüge widerspiegeln: Als (männlicher) Mahakala verkörpert er das Zerstörerische, als (weibliche) Kali das Blutdürstige, als Durga das Furchterregende, als Shankara den Wohltäter der Menschheit, als Ganesha (d. h. als elefantenköpfiger Sohn des Shiva) den Wohlstand, als Skanda das Kriegsglück, als Linga Zeugung und Fruchtbarkeit, als Mahayogi den Asketismus und die durch Askese angehäuften übernatürlichen Kräfte und als Mahaguru den Großen Lehrer. In der Gestalt des Bullen Nandi, der dem Shiva als Reittier dient, mischen sich dem Hinduismus auch noch Elemente des altersgrauen, offensichtlich über weite Teile Eurasiens verbreiteten Stierkults bei.

Bezeichnenderweise hat hier kein Aspekt den anderen verdrängt. Vielmehr finden sich sämtliche Traditionen Schicht für Schicht säuberlich über- und nebeneinander abgelagert und lassen sich als solche bis in ihre Anfänge zurückverfolgen. Hier wurde nicht das eine durch das andere „kreativ zerstört", sondern ganz im Gegenteil „kreativ bestätigt".

Zu ähnlichen Verschichtungen kommt es im sozialen Bereich – man denke an die indischen, chinesischen oder malaiischen „Communities" in Städten wie Bombay, Singapur, Bangkok und Phnom Penh.

Sogar in der modernen Außenpolitik asiatischer Staaten finden sich Spurenelemente von Verschichtung: Zwar haben sich die Asiaten längst den globalen völkerrechtlichen Standards angepaßt und westliche Institutionen sowie Rechtsanschauungen übernommen – bis hin zu diversen Spielformen des Nationalismus.

Scheinbar unberührt davon haben aber auch zahlreiche traditionelle Sichtweisen ihre Verbindlichkeit behalten – angefangen von der „Völkerfamilien"-Optik über das Hierarchie-Postulat bis hin zur Vorbildfunktion des Reichs der Mitte, die heutzutage allerdings nur noch höchst dezent ausgeübt zu werden pflegt.

Vielleicht feiern eines Tages sogar die westlichen Individualismusansätze in Verschichtung mit dem asiatischen „Beziehungs"-Konzept fröhlich Auferstehung.

Auch europäische Vorstellungen von Zeit, Fortschritt und Zukunft werden bei der Berührung mit Asien schnell relativiert – und verschichtet. Wenn Europäer davon ausgehen, daß asiatische Traditionen lediglich Relikte der Vergangenheit seien, die früher oder später dem „Fortschritt" weichen müßten, so vergessen sie, daß „Fortschritt" und „Zukunft" typisch westliche Begriffe sind, in denen Geschichte als aufsteigende Linie und als ein Fortschreiten zum Höheren und Besseren verstanden wird: Gott hat die Welt aus dem Nichts geschaffen und wird sie am Tag des Letzten Gerichts wieder verschwinden lassen.

Demgegenüber verläuft die Zeit, asiatischer Auffassung zufolge, nicht geradlinig, sondern zyklisch – ähnlich wie der Rhythmus der Jahreszeiten oder wie die weibliche Regel. Das Vergangene ist also ewige Gegenwart – und wird keineswegs in einer wie immer gearteten „Zukunft" aufgehoben.

Vor dem Hintergrund europäischer Philosophie ist ferner die modische, wenn auch ziemlich einfältige These zu beurteilen, daß Globalisierung auf ein „Ende der Geschichte" – und damit letztlich auch der asiatischen Wertesysteme – hinauslaufe.[143]

Wer so argumentiert, hat am Ende die Rechnung ohne den Wirt gemacht: Kurz- oder mittelfristig mag es zwar nach einem Sieg westlicher, ja amerikanischer Werte aussehen: ex occidente lux! Langfristig allerdings könnten sich dann doch wieder asiatische Wertesysteme, vor allem aber der Konfuzianismus, – gebieterischer denn je – zu Wort melden: Man stelle sich eine Zukunftswelt mit 12 oder 15 Mrd. Menschen, eng gewordenen Räumen und knappen Rohstoffen vor: Muß in einer solchen Umgebung die Verherrlichung des Individuums, wie sie sich in der neuzeitlichen westlichen Philosophie – und Konsumpraxis – so souverän durchgesetzt hat, nicht als Luxusschöpfung erscheinen, deren Tage gezählt sind!?

Drei große Auswege scheinen sich in dieser Bedrängnis anzubieten, nämlich entweder die „chemische“ Lösung, wie sie Aldous Huxley in seiner *Schönen neuen Welt* präsentiert hat, oder aber die weitaus „moderner“ anmutende Option der Genmanipulation, die sich den „anspruchslosen“ Erdbewohner der Zukunft zurechtklont. Schiebt man diese beiden inhumanen Lösungsversuche beiseite und sucht statt dessen nach politischen oder sozialpsychologischen Alternativlösungen, so gerät der Suchscheinwerfer früher oder später auf den konfuzianischen Weg: Der klassische Konfuzianismus war ja ein Kind der Not – und erteilte als solches Antworten auf die Frage, wie Verteilungskämpfe unblutig gelöst und wie Formen dichten Zusammenrückens möglichst konfliktfrei gestaltet werden können. Im Zeichen abnehmender Optionen und zunehmender Beengung könnte er sich erneut als Zuflucht und Ratgeber erweisen! Globalisierung würde sich dann – andersherum – von Ost nach West entfalten!

VI. Wohin mit all den Konflikten?

1. Krisensymptome und soziale Vulkane

Zum Epizentrum sozialer Erdbeben dürfte sich im 21. Jahrhundert immer mehr die *Armut* entwickeln, die allerdings nicht mehr in der eindimensionalen Art von früher, sondern, wie in Kap. IV.3 beschrieben, gleich in dreifacher Form zutage tritt, nämlich als Einkommens-, als Befähigungs- und als Bedürfnisarmut. Welchen Maßstab man hier auch immer anlegt: stets ist Asien mitbetroffen und stets auch finden sich vor allem die südasiatischen Länder ganz unten auf der Skala, während Ostasien die Spitze, Südostasien aber eher die Mitte bildet.

- Von den rund 1 Mrd. Einkommensarmen des Kontinents beispielsweise leben 515 Mio. in Süd- und 446 Mio. in Ost- sowie in Südostasien.[144]
- Ähnlich verteilt ist die Befähigungsarmut: Von den 78 „Entwicklungsländern" nach HPI-Kriterien bekleiden die dort erfaßten 16 asiatischen Staaten sehr unterschiedliche Ränge, die von Platz 4 (Singapur) bis 73 (Kambodscha) reichen. China nimmt Rang 18, Indonesien Rang 23, Vietnam Rang 33, Indien Rang 47, Pakistan Rang 64 und Bangladesch Rang 67 ein.[145]
- Auch beim Anteil der Armen an der Gesamtbevölkerung liegen die Länder Ost- und Südostasiens zumeist zwischen 10 % und 30 %, Südasien dagegen zwischen 30 % und 50 %. Auffällig auch, daß in Ost- und Südostasien die Befähigungsarmut („HPI") weitaus weniger kraß ausfällt als die Einkommensarmut, während es sich in Pakistan oder Bangladesch gerade umgekehrt verhält. Nur Indien zeigt hier ein eher „ostasiatisches" Profil, weil es im Gesundheits- und Erziehungsbereich beträchtliche Anstrengungen unternommen hat.

Rechnet man die Koeffizienten, wie sie sich aus dem Zahlenwerk der 90er Jahre ergeben, auf das Jahr 2050 hoch, so nimmt sich das asiatische Panorama noch gezackter und uneinheitlicher aus, als dies bereits am Ende des 20. Jahrhunderts der Fall ist:

260–390 Mio. „Arme“ dürften dann nämlich in Ost- und Südostasien, ein doppelt so großes Heer von 540–950 Mio. aber in Südasien leben.

Dramatische Formen hat in Asien längst auch das Problem der *Arbeitslosigkeit* angenommen, obwohl es bei den Meßwerten, anders als beispielsweise in den Industrieländern, nur verwaschene Profile gibt; meist tauchen in den Statistiken lediglich drei Indikatoren auf, nämlich die Zahl der vorhandenen Arbeitskräfte, der Anteil der Frauen an der werktätigen Bevölkerung und die Aufteilung der Arbeit auf die klassischen drei Beschäftigungssektoren.[146] Aber auch ohne verläßliche Angaben ist es längst kein Geheimnis mehr, daß in den bevölkerungsreichsten Staaten Asiens, nämlich in Indien, China und Indonesien, Millionen sogenannter „überschüssiger Arbeitskräfte“ (*xianyu renyuan*) und „auf Arbeit Wartender“ (*daiyezhe*) zum Alltag gehören; auf den chinesischen Dörfern ist ihre Zahl Ende der 90er Jahre beispielsweise bereits auf 200 Mio. hochgeschossen.

Wer vom überkommenen Wunschbild der Vollbeschäftigung ausgeht und seinen Zukunftsberechnungen obendrein den „Mittelwert“ von 7,7 Mrd. Asiaten im Jahre 2050 zugrunde legt, kommt auf Arbeitslosenzahlen, die bis zur Jahrhundertmitte auf erschreckende 2 Mrd. angestiegen sein dürften.

Auf den Nägeln brennt ferner die Frage der *Unterbringung*, die vor allem im Gefolge eines rasenden Urbanisierungstempos gigantische Ausmaße annimmt: Noch 1970 hatte es auf dem asiatischen Kontinent lediglich neun Konglomerationen mit über 5 Mio. Menschen gegeben, nämlich Tokyo, Kalkutta, Bombay, Shanghai, Chongqing, Beijing, Manila, Bangkok und Jakarta; 20 Jahre später hatte sich diese Zahl bereits mehr als verdreifacht, ohne daß ein Ende dieses Wachstumsprozesses abzusehen gewesen wäre. Vergleiche zwischen 1975 und 1994 lassen eine besonders steile Zunahme der Verstädterung erkennen: So lebten beispielsweise in Korea 1975 lediglich 48 % der Bevölkerung in Städten, 1994 aber waren es bereits 74 %; für Bangladesch lautete dieses Verhältnis 9 % : 17 %, für Indien 21 % : 26 %, für China 17 % : 28 %, für Indonesien 19 % : 32 %, für Malaysia 31 % : 44 %, für die Philippinen 31 % : 44 % und für Thailand 15 % : 35 %. In China ist der Sprung um 11 % deshalb so bemerkenswert, weil noch im Zeitalter Mao Zedongs, d. h. bis 1976, kein Bauer seinem

Dorf hatte den Rücken zuwenden dürfen, bis dann, mit Beginn der Reformen, auch hier die Dämme brachen.

Zu den 20 am schnellsten wuchernden Megastädten der Welt gehörten im Zeitraum 1990 bis 1995 nicht weniger als 12 asiatische Metropolen, unter ihnen bezeichnenderweise erneut einige südasiatische Spitzenreiter, nämlich Dhaka (+ 5,64 %), Karachi (+ 4,2 %), Bombay (+ 4,2 %) und Delhi (+ 3,8 %). Mit zwei Vertretern (auf den Plätzen 3 und 8) folgen südostasiatische Metropolen, nämlich Jakarta (+ 4,3 %) und Metro-Manila (+ 3 %), während Ostasien mit seinen fünf hier in Betracht kommenden Städten weit hinterherhinkte, nämlich mit Tianjin (+ 2,9 %), Beijing (+ 2,6 %) und Shanghai (+2,3 %); auf den weiteren Plätzen folgten Seoul (+ 1,9 %) und Tokyo (+ 1,4 %). Einige Metropolen, die ein womöglich noch höheres Tempo vorlegen, liegen statistisch im Dunkeln, so z.B. das javanische Surabaya oder das südvietnamesische Saigon/Ho-Chi-Minh-Stadt.

Bis zum Jahr 2020 treffen auf jeden Europäer, der in eine Stadt umzieht, zur gleichen Zeit 23 Asiaten, die dasselbe Ziel verfolgen. Nach Feststellung der Habitat-II-Konferenz (Istanbul 1996) verdoppelt sich die Zahl der Stadtbewohner bis 2025 auf 5 Mrd. Ausgerechnet in den ärmeren Ländern lebten dann 80 % der Bevölkerung in Städten, u.a. auch auf dem asiatischen Kontinent.

Drei Ursachen bestimmen dieses Schnellzugtempo, nämlich Bevölkerungsexplosion, Landflucht – und Eingemeindung: So wurde beispielsweise das „fernwestliche“ Chongqing 1996 mittels eines einzigen Federstrichs zur bevölkerungsreichsten Stadt der Welt mit insgesamt 30 Mio. Einwohnern befördert.

In der Regel ist die Metropolisierung von besorgniserregenden Konsequenzen begleitet. Im Zeichen fehlender Infrastruktur, von Bauwut und Verelendung verwandeln sich die neuen Superstädte allzu schnell in Miseropolen – und zu Brennpunkten sozialer, wenn nicht fundamentalistischer Proteste.

2. Strategien der Konfliktbewältigung

a) Lösungsansätze für Engpässe materieller Art

In den internationalen Organisationen gibt es zahlreiche Optimisten, die an einen Sieg der Effizienz und der Vernunft glauben.

So geht z.B. UNDP davon aus, daß Armut längst nicht mehr unvermeidlich sei und mit einem Aufwand von gerade einmal 1 % des globalen Einkommens erfolgreich bekämpft werden könnte. Ein Großteil der benötigten Mittel ließe sich bereits durch Einsparungen bei den Militärausgaben aufbringen. „Armut" sollte im 21. Jahrhundert ebenso wie Sklaverei, Kolonialismus und atomare Vernichtung der Geschichte angehören.[147]

Gerade weil der UNDP-Aufruf sich an die Vernunft und an das Gute im Menschen wendet, dürfte er, nach allen bisherigen Erfahrungen, auch im 21. Jahrhundert ohne Echo bleiben. Man sollte schon froh sein, wenn sich die Polarisierung nach der Jahrtausendwende nicht ähnlich radikal fortsetzt, wie es in den 15 Jahren zwischen 1980 und 1995 der Fall war, als 15 Länder der Welt gigantische Wachstumssprünge vollzogen, während zur gleichen Zeit über hundert andere nicht vom Fleck kamen oder sogar zurückfielen.[148]

Immerhin dürfte sich wenigstens ein Teil der anstehenden Konflikte entschärfen lassen, vor allem das Ernährungs- und das Unterbringungsdilemma:

– Was zunächst die Nahrungsmittelproduktion anbelangt, so scheint Asien zumindest bis 2050 auf der sicheren Seite zu sein: Bereits die Intensivierungen zwischen 1970 und 1995 haben gezeigt, daß die Nahrungsmittelerzeugung dem Bevölkerungswachstum dort immer einen oder mehrere Schritte voraus sein kann. Ernährungssicherheit hängt weniger von Produktions- als vielmehr von Verteilungskapazitäten ab. Vergleicht man die Pro-Kopf-Erzeugung von Nahrungsmitteln in Asien und Afrika im historischen Längsschnitt, so ging die Produktion im Zeitraum 1983–95 verglichen mit dem Zeitraum 1976–81 in Japan beispielsweise um 12,4 % und in Südkorea um 1,7 % zurück, ohne daß es in diesen Ländern deshalb zu Ernährungsengpässen gekommen wäre, da sie sich aufgrund ihrer volkswirtschaftlichen

Gesamtleistung Nahrungsmittel aus anderen Ländern beschaffen konnten. Paradoxerweise kam es demgegenüber in Ländern mit gleichbleibender oder gar gestiegener Landwirtschaftsproduktion in den gleichen Zeiträumen zu Engpässen, ja zu Hungersnöten, z.B. in Angola, Sudan oder Burkina Faso. Ernährungssicherung hängt also, wie diese Vergleiche zeigen, von Faktoren wie Kaufkraft oder aber „sozialer Gerechtigkeit", auf jeden Fall aber von ausreichenden Zugangsmöglichkeiten ab.[149] Fazit: „Es gibt genügend Nahrungsmittel – aber nicht alle haben Zugang dazu!" Soziale Strategien haben bei *dieser* Erkenntnis einzusetzen.

– Und die Unterbringungsfrage? Zumindest drei Wege könnten zu einer teilweisen Überwindung der Wohnungsnot sowie der Urbanisierungsprobleme führen, nämlich Dezentralisierung, Regulierung und „Begegnung".

In puncto *Dezentralisierung* hat Asien bereits eine Reihe zukunftsträchtiger Varianten entwickelt:

Da ist einmal (a) die Schaffung *mehrerer* einigermaßen gleichgewichtiger Metropolen. Diesen Weg hat Südkorea beschritten, wo neben der 10-Mio.-Stadt Seoul noch fünf weitere Millionenstädte sowohl an der Infrastruktur als auch an der Produktion und Distribution teilhaben, nämlich die südliche Hafenstadt Pusan (4 Mio.), ferner Taegu (2,25 Mio.), Inch'on (2 Mio.), Kwangju (1,2 Mio.) und Taejon (1 Mio.). Im Gegensatz dazu sind in anderen Ländern die Hauptstädte dem Rest des Landes längst auf und davon geeilt. So liegt beispielsweise der Unterschied zwischen der Nr. 1 und der Nr. 2 in Thailand, nämlich zwischen Bangkok (6 Mio.) und Nonthaburi, beim 26fachen der Bevölkerung, die Differenz zwischen Metro-Manila (8 Mio.) und Davao auf den Philippinen aber beim Neunfachen – vom qualitativen Abstand ganz zu schweigen!

Ein weiteres Hilfsmittel gegen Monostrukturen ist (b) die *Entlastungsstadt*. So soll beispielsweise bis zum Jahre 2015 die indonesische Hauptstadt Jakarta durch sieben Satellitenstädte vor dem infrastrukturellen Erstickungstod bewahrt werden.

Kuala Lumpur erhält als Satellitenstadt den neuen Regierungssitz Putrajaya, die erste „Ökostadt" Asiens mit künstlichen Seen und üppigem Grün.

In eine abermals andere Richtung gehen (c) die chinesischen Planungen, die dem *Kleinstadt*-Modell des Soziologen Fei Xiaotong Tribut zollen, der aufgrund von Feldforschungen in seiner Heimat Südjiangsu vorgeschlagen hatte, daß innerhalb des Dörferfiligrans an bestimmten Verdichtungsstellen „Kleinstädte" (*chen*) gefördert werden, die sich vor allem dadurch auszeichnen, daß mehr als 10 % ihrer Bevölkerung in nicht-landwirtschaftlichen Berufen tätig sind.[150] Das Kleinstadtkonzept bezweckt weder die Umsiedlung der Städter aufs Land, wie sie noch in maoistischer Zeit üblich gewesen war, noch begünstigt es die Landflucht; vielmehr empfiehlt es, „den Acker, nicht jedoch das Dorf zu verlassen". In den neuen Kleinstädten sollen daher Landwirtschaft, Dienstleistungen und Kleinindustrie nebeneinander entwickelt werden. Höhere Einkommen und „mehr Lebensqualität auf den Dörfern" – dies könnte ein zukunftsträchtiger Weg sein, um die Landflucht im 21. Jahrhundert einzuschränken.

Dilemma Stadtplanung

Ein zweiter Pfad für die Sanierung der asiatischen Durchschnittsstadt wäre striktes planerisches Vorgehen, wie es etwa in Singapur betrieben wird, wie es allerdings angesichts abnehmender Verwaltungseffizienz und zunehmender „Unregierbarkeit der Städte" immer schwieriger wird. Kein Wunder also, daß sich längst ein alternativer Weg der Stadtentwicklung eingespielt hat, nämlich der des Laisser-faire, wie er beispielsweise in Bangkok, Manila, Jakarta und streckenweise sogar in Shanghai beschritten wird.

Allerdings führt der „Manila-Weg", wie es sprichwörtlich heißt, zu „crime, grime and chaos",[151] also zu „Verbrechen, Schmutz und Chaos", Hand in Hand damit aber auch zu einer noch stärkeren Polarisierung der Menschen innerhalb der Stadtgesellschaft: Der Durchschnittsbewohner Manilas haust in oft notdürftig zusammengezimmerten Hütten, die von einem nie endenwollenden Verkehrsstrom umflutet werden, und hat mit oft primitivsten sanitären Verhältnissen zurechtzukommen, während sich die Oberschicht in sogenannte „defensive cities" zurückziehen kann, die „Dasmarinas", „Bel Air" oder „San Lorenzo" heißen und – ähnlich wie das frühere spanische Intramuros – von Mauern umgeben und von Privatpolizei bewacht sind. Wieder zu Hause in seiner „defensive city" scheint der wohlhabende Bewohner Manilas einen anderen Planeten zu betreten – mit gepflegten Alleen, sattgrünem Rasen und etwas schläfrig wirkenden Einwohnern, die sich nach der Tagesarbeit geduscht haben, nun ihren Tee nehmen und den Nachbarn ironisch mit „Welcome to Johannesburg“ begrüßen.

Ähnliche Inseln, in deren Sicherheitskokon sich die Oberschicht „eingekauft“ hat, befinden sich mittlerweile über ganz Asien verstreut, angefangen von Karachi und Kalkutta über Jakarta und Manila bis hin zu vielen chinesischen Großstädten, in deren Zentren sich fast immer noch Reste einer „verbotenen Stadt“ befinden – umgeben von Mauern und zugelassen nur für bestimmte Funktionärsschichten, für ausländische Gäste und mittlerweile auch wieder für den neuen Geldadel.

Wo es, wie in Manila, nur noch wenig Stadtplanung gibt, entwickeln sich asiatische Metropolen schnell zu unregierbaren Monstren, ja, wie das indonesische Jakarta, teilweise zu Kloaken: Jakarta ist durchzogen von 15 Flüssen und Bächen, die alle mit einer undefinierbaren braunen und faulig riechenden Flüssigkeit gefüllt sind. Jakarta, einst eine schmucke Satellitensiedlung am Rande des von den niederländischen Kolonialherren erbauten Batavia, war noch Mitte der 80er Jahre eine Ansiedlung mit gerade einmal 600 000 zugelassenen Autos – Mitte der 90er Jahre sind es dagegen rund 3 Mio. Während die Zahl der Pkws jährlich um 14 % wächst, nimmt die der neuen Straßenkilometer lediglich um 4 % zu. Läßt die neue Skyline – von der Schokoladenseite gesehen – an Hongkong oder Singapur denken, so werden hinter den Fassaden sogleich die Defizite sicht- und riechbar: Der Müllabfuhr fehlen weit über 10 000 Müllmänner, die Hotels sind auffälligerweise alle an Flüssen und Bächen entlang aufgereiht, und sauberes Wasser, das in 20-Liter-Ballons lastwagenweise aus den Bergen herangeschafft wird, kostet schon fast soviel wie Benzin.

In vielen Städten verfault nicht nur das Wasser, sondern schießen auch immer mehr Shantytowns und Favelas aus dem Boden, besonders häufig aus den die Stadt flankierenden Berghängen – man denke beispielsweise an den Tondo-Bezirk in Manila, dessen Bewohner es allerdings verstanden haben, aus der Not eine Tugend zu machen und Ersatzlösungen zu finden, die durchwegs aus Eigenleistungen sowie aus Beiträgen von Nichtregierungsorganisationen bestehen, weil die staatliche Bürokratie längst die Segel gestrichen hat.

Vor dem düsteren Hintergrund des „Manila-Wegs“ erscheint die andere Alternative, nämlich die des Stadtstaats Singapur, um so strahlender. Hier wird kaum improvisiert, vielmehr hat hier überall die Bürokratie ihre Hand mit im Spiel: Im Weichbild der Stadt stehen die Wolkenkratzer stramm wie Soldaten, und überall herrscht strikte Sauberkeit – und zwar nicht nur im Sinne von Ordnung und Reinlichkeit, sondern auch von Korruptionsfreiheit.

Selbst beim Bevölkerungszuwachs scheint alles wohl geregelt vor sich zu gehen. Der Minusrekord von gerade einmal 0,9 % p.a. Bevölkerungszuwachs ist vor allem zwei Umständen zu verdanken, nämlich strikter behördlicher Zuwanderungsüberwachung und der schlichten Tatsache, daß Singapur kein bäuerliches Hinterland besitzt.

Souverän wie seinen Städtebau und seine Immigrationspolitik hat Singapur auch die Kriminalität, und nicht zuletzt auch den Straßenverkehr, in den Griff bekommen können: Um die Zuwachsraten des Autoverkehrs auf maximal 3 % pro Jahr zu beschränken, hat die Regierung ein Quotensystem eingeführt, in dessen Gefolge Zulassungen in allmonatlichen Auktionen versteigert werden.

Auch die Umwelt Singapurs gehört mittlerweile zu den Vorzeigeobjekten des Stadtstaats: So schlängelt sich beispielsweise der Singapore River, der noch vor 30 Jahren eine Brutstätte für Malariamücken gewesen war und als eine Art „Entsorger für alles und jedes“ hatte herhalten müssen, in anmutigen Windungen durch eine renaturierte Landschaft – mit klarem Wasser und gesäumt von gemütlichen Restaurants.

All diese Vorteile haben allerdings, wie jedermann weiß, auch ihren Preis, der nicht nur pekuniär zu erbringen ist, sondern der sich auch in Form von peinlicher Überwachung, von Pressezensur und einer gewissen Langeweile des Lebenszuschnitts äußert.

Kommunikation und Kommunitarismus

Ein dritter Lösungsweg wäre die Hinwendung zum „Dorf in der Stadt“, d.h. zu mehr Überschaubarkeit, Kommunikation und Begegnung.

Als das Hongkonger Nachrichtenmagazin *Asia Week* 1996 seine Leser nach den „lebenswertesten" Städten Asiens fragte, fiel die Wahl bezeichnenderweise auf Ansiedlungen, in denen das „Dorf" und die „Nachbarschaft" noch lebendig geblieben waren, nämlich an erster Stelle – ausgerechnet! – auf Tokyo, gefolgt von Singapur, Bandar Seri Begawan, der Hauptstadt von Brunei, Osaka und Sendai. Obwohl all diese Millionenstädte auf den ersten Blick wie Moloche wirken mögen, erweisen sie sich nach längerem Aufenthalt als Zellengebilde mit unzähligen Dörfern, deren gemütliche Straßen vor Sauberkeit glänzen, wo die meisten Nachbarn sich kennen und in denen Kriminalität ein Fremdwort ist. Begriffe wie „Beschaulichkeit", „Entspanntheit", „Jahresfeste", „Altstadttreiben", „Tempel" und „Staatsdienst" werden mit diesen beliebten Metropolen verbunden – also Vorstellungen, die weitab von jedweden Klischees liegen, die sich mit Metropolen normalerweise verbinden.

Japanische Architekten, die ihren Kollegen aus anderen asiatischen Ländern stets um eine Nasenlänge voraus zu sein pflegen, setzen mittlerweile auf gigantische Wohntürme, u.a. auf Gebäude für rund 100000 Bewohner, die bis zu 1000 m hoch sein und eine Nutzfläche von bis zu 10 qkm aufweisen sollen. Zwischen Büro und Wohnung, zwischen Kino und Einkaufsraum sollen überall möglichst kurze Wege verlaufen, so daß Streß und Smog vermindert werden. Die Architekten erwarten sich von dieser „Stadt im Wohnturm" ein neues Lebensgefühl, in dem paradoxerweise die Lebensgewohnheiten einer vermeintlich längst vergangenen Zeit wieder Auferstehung feiern könnten. Soll man hier doch nie wieder isoliert sein, sondern stets auf Tuchfühlung zueinander bleiben. Lediglich technologisch und ökologisch gehört das alte Dorf wirklich der Vergangenheit an!

Während Tokyo himmelwärts strebt, sucht Singapur sein Heil sowohl in „luftigen" Wohntürmen als auch im Untergrund – und plant ganz in diesem Sinn ein nahtloses Tunnelsystem für Autos und Bahnen, das die Ministerien, Büros, Einkaufszentren, Schulen und Wohnburgen der Stadt miteinander kurzschließt. Im Zentrum architektonischer Planungen steht auch hier die „Begegnung".[152]

Wo aber Überschaubarkeit gegeben ist, kann Begegnung – und jene permanente „Beziehungs"-Pflege – stattfinden, die vor allem im metakonfuzianischen Asien zum Lebenselixier gehört. Wo

„Beziehungen“ wachsen, entstehen wiederum Ähnlichkeiten zu jener Welt der „kommunitaristischen Bewegung“, wie sie unter dem Einfluß Amitai Etzionis in einer Reihe amerikanischer Städte bereits hat Fuß fassen können. Der „Kommunitarismus“ wendet sich gegen „zerstörerischen Individualismus“ und gegen die Dominanz der Kosten-Nutzen-Logik in den menschlichen Beziehungen: Sie seien zu ersetzen durch die Wiederbelebung moralischer Werte, durch Revitalisierung kleiner sozialer Einheiten und durch freiwilligen Dienst an der Gemeinschaft. Allerdings dürfe diese Gemeinschaftlichkeit unter keinen Umständen erzwungen, sondern müsse durch einen permanenten und „offenen moralischen Dialog“ (Schlüsselbegriff der Kommunitaristen!) herbeigeführt werden.

Grundlegend für das Gelingen kommunitaristischer Ansätze – und des damit verbundenen gemeinschaftsbezogenen Wertebewußtseins – sei Erziehung und nochmals Erziehung, die in der Familie zu beginnen und auch unter Erwachsenen anzudauern habe, wobei – wieder einmal! – der „offene moralische Dialog“, die wechselseitige Ermahnung, das soziale Ritual und bisweilen auch der erhobene moralische Zeigefinger das Gemeinschaftsgefühl stärken sollten.

In einer kommunitaristischen Gesellschaft müßten auch viele soziale Dienste wieder von den Bürgern selbst übernommen werden: Allerdings nicht nur deshalb, weil solche freiwilligen Dienste (angefangen von der Feuerwehr über ärztliche Nothilfe bis hin zur Drogenbekämpfung) billiger, sondern weil solche Gemeinschaftsleistungen als *Wert an sich* zu begreifen seien.

Mit Argumenten dieser Art rennen die Kommunitaristen vor allem in metakonfuzianischen Gesellschaften offene Türen ein!

b) Therapien gegen kulturelle Entfremdung

Auch gegen die kulturelle Entfremdung stehen Heilmittel bereit, von denen eines aus der Tradition kommt, das andere aber jenen neuen Kommunikations- und Übersetzungstechnologien abzugewinnen wäre, die spätestens im 21. Jahrhundert zu erwarten sind.

Der Balsam, den die Tradition bereitstellt, heißt „Verschichtung“ und besteht in der Fähigkeit, selbst krasse Gegensätze miteinander zu versöhnen, vor allem die Tradition mit modernen Erscheinungen in Einklang zu bringen – mit der Folge, daß das Alte nicht „kreativ zerstört", sondern vielmehr mit dem Neuen „verschichtet" wird. Die Einzelheiten wurden oben (siehe Kap. V.3) bereits beschrieben. Auch im Alltagsleben sind solche Verschichtungsprozesse möglich – und könnten damit zu einer kaum hoch genug einzuschätzenden kulturellen „Überlebenshilfe" werden!

Läßt sich das Neue also mit Hilfe alter Methoden durchaus in den Griff bekommen, so scheint der umgekehrte Vorgang, nämlich die Beseitigung alter Hypotheken mit neuen Mitteln, paradoxerweise weitaus schwieriger zu sein. Dies gilt nicht zuletzt für Hindernisse sprachlicher Art, wie sie im Zuge der Herausbildung moderner Nationen vor allem in Großflächenstaaten entstanden sind, wobei das *Sprachendilemma* keineswegs nur linguistischer, sondern mehr noch identifikatorischer Natur ist. Wie wäre es sonst zu erklären, daß ein Südinder lieber Englisch als Hindi spricht?

Sprachkonflikte gibt es heutzutage selbst in Großregionen vom Gewicht Südindiens und Südchinas, die, nach Einwohnerschaft und wirtschaftlicher Potenz, ohne Schwierigkeit eigene Nationalstaaten abgeben könnten und auf deren Territorien „Dialekte" gesprochen werden, die für Vertreter der „Hochsprache" unverständlich sind.

Im Gegensatz zu Indien, wo das Hindustani von den (südlichen) Vertretern drawidischer Sprachen abgelehnt wurde, hat sich in China und in Indonesien, also der Nr. 1 und der Nr. 4 unter den bevölkerungsreichsten Nationen dieser Erde, eine Nationalsprache etablieren können – in China auf der Basis der *Jinghua*, d.h. der Hauptstadtsprache, und in Indonesien auf der Grundlage eines malaiischen Basardialekts, der vom hochentwickelten Javanisch oder Sundanesisch nicht weniger weit entfernt ist als die neue chinesische Hochsprache vom Cantonesischen oder von der in Fujian und Taiwan gesprochenen Minnanhua.

Trotz dieser Vereinheitlichung aber sind die südchinesischen Lokalsprachen überaus lebendig geblieben und haben an Attraktivität sogar noch hinzugewonnen, seit Hongkong 1997 „heim ins Reich" kehrte. Vor allem die Jugendsprache lebt von vielen „schicken" Vokabeln aus dem Hongkonger Sprachreservoir. Die *putonghua*, d.h. die Hochsprache, wird im Süden demgegenüber häufig als *ganbuhua*, d.h. als Funktionärssprache, begriffen – und als solche abgelehnt.

Was die Verständigung der Asiaten untereinander anbelangt, so hat sich hier mittlerweile das Englische so stark durchgesetzt, daß autochthone asiatische Sprachen, wie z.B. das Chinesische oder Japanische, wohl auch im 21. Jahrhundert keine Chance haben dürften, den Sprachimport wieder zu verdrängen, zumal mit der Rezeption des Chinesischen oder des Japanischen subtil auch ein Stück chinesischer oder japanischer Vorherrschaft etabliert würde.

Außerdem sind viele Asiaten mittlerweile zu der Erkenntnis gelangt, daß der Umgang mit der Fremdsprache Englisch keineswegs zu einem Verlust an muttersprachlicher Substanz, sondern ganz im Gegenteil zu einer Sensibilisierung für das eigene Idiom führt. Gewisse Sprachgruppen haben am Ende sogar ihr eigenes Englisch hervorgebracht, angefangen vom „Japlish" über das „Chinglish" bis hin zum „Singlish" – von den indischen Subvarianten des Englischen erst gar nicht zu reden.

All die nationalen und internationalen Sprachkomplikationen könnten darüber hinaus auch durch neue Übersetzungstechnologien entschärft werden, die in Asien einem weitaus stärkeren Bedürfnis entgegenkämen, als dies in jedem anderen Erdteil der Fall ist: Stecken nämlich in Lateinamerika und in Afrika jeweils gerade einmal zwei bis drei Idiome den amtssprachlichen Horizont ab, so erweist sich Asien als ein wahres Babel mit Dutzenden von amtssprachlich anerkannten Hochsprachen, angefangen von Tonidiomen (Chinesisch, Vietnamesisch, Birmanisch, Thai) über agglutinierende (Japanisch, Koreanisch, Mongolisch) und inkorporierende bis hin zu flektierenden und anderen Sprachen, die sich jeder dieser Einteilungen entziehen, sei es nun Bahasa Malaysia, Bahasa Indonesia, Tagalog und Khmer oder sei es das Mosaik der Dravida-Idiome.

Allein schon die mechanische Aufzählung all dieser Sprachen zeigt, wie differenziert und ursprünglich „inkommunikabel" der Kontinent Asien zumindest linguistisch ist und wie gerade hier moderne Übersetzungsgeräte große Lücken füllen könnten!

c) Balsam in der sozialen Klinik: Hinnahmebereitschaft und Leidensfähigkeit

Beim Kampf gegen die Widrigkeiten des Lebens haben die seit unvordenklicher Zeit von Schicksalsschlägen, Überschwemmungen, Trockenheit und Überfällen heimgesuchten Asiaten eine bewundernswerte Bereitschaft entwickelt, Unvermeidliches ohne Larmoyanz hinzunehmen und sich zu arrangieren.

Während Europäer dazu neigen, äußere Hindernisse, wo immer sie auftreten, so energisch wie möglich zu beseitigen und sich die Dinge „untertan zu machen", verhalten sich die meisten Asiaten gerade umgekehrt, indem sie nämlich versuchen, zuerst einmal *sich selbst* zu ändern und auf *diese* Weise den Herausforderungen gerecht zu werden. Diese Anpassung wird besonders deutlich – und übrigens auch problematisch – bei der Begegnung mit einer sich ständig verschlechternden Umwelt: Statt hier an die Quellen heranzugehen und die Ursachen für Luft- oder Wasserverschmutzung zu bekämpfen, ist der einzelne geneigt, sich eher den widrigen Umständen anzupassen, also staubige Luft oder verschmutztes Wasser in Kauf zu nehmen.

Die Bereitschaft, eher an sich selbst als an den Dingen zu arbeiten, wird in den einzelnen Subkulturen verschieden begründet:

- Der Konfuzianismus verlangt, das Ich zu „bezwingen", Belastungen also eher auszuhalten als sie abzuschaffen, sich stets gesellschaftlichen „Beziehungs"-Zwängen anzupassen und – auf moderne Herausforderungen übertragen – „Streßtoleranz" gegenüber schwierigen ökologischen Bedingungen zu üben. Hauptfrage ist immer, wie das Ich sich dem Ganzen anpaßt, wie man notfalls also – konfuzianisch ausgedrückt – „sich selbst verändern" (*xiu ji shen*) oder, in der maoistischen Terminologie, wie man seinen „Körper umdrehen" (*fan shen*) kann.

  Ein in der chinesischen Alltagssprache pausenlos wiederkehrender Ausdruck heißt *mei banfa*: „Da kann man nichts machen!" Jedes Kind in China kennt die Geschichte vom alten Mann, dem das Pferd entlaufen ist. All seine Freunde bedauern ihn, doch er sagt: „Mei banfa. Man weiß nie, wozu es gut ist." Und siehe da, ein paar Tage später kommt das Pferd zurück, und zwar mit einer ganzen Herde wilder Pferde im Schlepptau. Alle gratulieren dem Alten zu seinem Glück, doch dieser sagt

nur: „Man weiß nie, wozu es gut ist." Ein paar Tage später fällt sein einziger Sohn beim Zureiten vom Pferd und wird zum Krüppel. Alle sprechen ihr Mitgefühl aus, doch der alte Mann meint: „Mei banfa. Man weiß nie, wozu es gut ist." Nicht lange danach ziehen Regierungstruppen durch das Dorf und rekrutieren alle gesunden junge Männer für den Grenzdienst. Natürlich bleibt der Sohn des alten Mannes wegen seiner Verletzung verschont: Ist es am Ende nicht besser, sich den Dingen anzupassen, als sie ändern zu wollen!? – Im Hinduismus gibt es kein höheres Gebot als die Pflicht, alles hinzunehmen, was dem einzelnen durch die Vergeltungskausalität aus früheren Existenzen, durch Karma also, auferlegt worden ist. „Akzeptieren, akzeptieren!" – dies ist die religiös unterbaute Hauptverpflichtung eines Kastenangehörigen, die er ohne Wenn und Aber zu befolgen und auf deren Linie er permanent „an sich zu arbeiten" hat.
- Auch im Buddhismus sind karmische Begründungen üblich. Hinzu kommt die Grundaussage Buddhas, daß „alles Leben Leiden ist", daß Ursache dieses Leidens die Lebensgier sowie der falsche Glaube an die Substanzhaftigkeit der Welt seien und daß deshalb alles darauf hinauslaufe, diese Ursachen auszuschalten. Sich gegen Leid aufzulehnen, hieße also nicht die Ursachen, sondern die Folgen zu bekämpfen – und wäre doppelt sinnlos, weil eine solche Auflehnung das Übel nicht etwa lindert, sondern es im Gegenteil noch verschärft, also für eine weitere Belastung des Karma-Kontos sorgt.
- Im Islam schließlich ist es der „Wille Gottes", der alles bewirkt: Kismet! Eine der gebräuchlichsten Redensarten Malaysias ist „Bismillah" – der „Wille Gottes"! Im islamischen Java gilt es als Zeichen moralischer Reife, „sabar" (geduldig), „rima" (hinnehmend) und „iklas" (bereitwillig) zu sein, d.h. die Kraft zur stillen Hinnahme des Unvermeidlichen zu besitzen.[153] Sogar auf den katholischen Philippinen heißt es (in quasimuslimischer Tonlage): „Bahala na" – „Gott wird es schon richten"!

Fatalismus und Konformismus, Autoritätsgläubigkeit und Hinnahmebereitschaft – all dies sind Eigenschaften, die zum festen Erbe Asiens gehören und dafür sorgen, daß Protestpotential abgebaut und eine Haltung gefördert wird, die es dem einzelnen ratsam erscheinen läßt, die Übel dieser Welt und die vielen Ungerechtigkeiten möglichst „hinunterzuschlucken" – *chi xia*, wie es im Chinesischen heißt.

3. Konfliktausbrüche: Wenn das Schicksal seinen Lauf nimmt

Für westliche Journalisten, die der Überzeugung folgen, daß „bad news" gute Nachrichten sind, ist Asien kein Eldorado, sondern eher eine Zumutung, da die Menschen sich dort viel zu selten auf die Hinterbeine stellen und offensichtlich allzu schnell bereit sind, alles „hinunterzuschlucken". Selbst die sonst so dynamischen Japaner begnügen sich meist mit einem *yappara* („Also doch!") und lassen, wie z.B. bei den Finanzkrisen von 1991 und 1997, schicksalsergeben den Kopf hängen.

Neu und besonders überraschend ist dieses Verhalten allerdings keineswegs: Zeigt doch ein Blick zurück in die Geschichte, daß die asiatischen Bauerngesellschaften im Laufe der Jahrhunderte drei Reaktionsmuster entwickelt haben, um mit Not und Elend zurechtzukommen – in Stichworten: Vegetieren – Emigrieren – Revoltieren. Vieles spricht dafür, daß diese alten Wege auch die neuen sein könnten.

a) „Vegetieren": Die Flucht nach innen – und in die Religion

„Vegetieren" war das – für den westlichen Beobachter so überaus unspektakulär wirkende – Standardverhalten, mit dem asiatische Bauerngesellschaften jahrhundertelang auf Existenzkrisen und Schikanen zu reagieren pflegten, weil die Welt als ohnehin „leidvoll" definiert wurde (Theravada-Buddhismus), weil entsagungsvolles Hinnehmen Besserung in der nächsten Existenz versprach (Hinduismus), oder weil dem Frommen Belohnungen im Jenseits verheißen wurden (Mahayana-Buddhismus, Islam).

Im Zeichen wirtschaftlicher Sackgassen und ungelöster sozialer Nöte könnte die Religion als Sinnstifterin erneut an Attraktivität gewinnen, vor allem in den karma- und kismetgläubigen Kulturen, für die Schicksal ein Ereignis ist, das es zu tragen gilt, weil es entweder vom Gläubigen selbst verursacht oder von einem höheren Wesen zur Prüfung des Gläubigen verhängt wurde. Vielleicht am stärksten ist diese Hinnahmebereitschaft im Hinduismus ausgeprägt. Die indische Soziologin Kosum Nair, die 1958/59 Feldforschungen im Norden ihrer Heimat durchführte, konnte ihre eigenen Landsleute nicht mehr verstehen, als sie hatte erfahren müssen, daß Pachtbauern und Landarbeiter, die von der örtlichen Grundbesitzerschaft aufs schamloseste ausgebeutet wurden, mit ihrem Los durchaus nicht unzufrieden waren. Den Grundbesitzern Land wegzunehmen und es unter die Armen aufzuteilen, schien ihnen völlig unvorstellbar.[154] Im gleichen Sinne erregte sich ein britischer Autor[155] über die Gleichgültigkeit, mit der Slumbewohner indischer Großstädte ihre Wohnbedingungen akzeptierten – und das, obwohl sie manchmal „in einem knietiefen Morast von Kot und Kehricht leben, über dem eine einzige dunkle Wolke von Fliegen schwebt. Nichts ist so erniedrigend wie diese Indifferenz, diese zum Himmel schreiende ruhige Mattigkeit von Körper und Geist ... Haß ist menschlich, Indifferenz aber ist im Grunde das Ende der Menschlichkeit." So empfindet, wohlgemerkt, ein westlicher Beobachter – und eine an europäischen Hochschulen ausgebildete Inderin. Aus der Perspektive asiatischer Religionen und Traditionen wirkt dieses „Vegetieren" aber durchaus stimmig und logisch!

Mit der Armut nimmt auch die Bedeutung der Religion wieder zu – und umgekehrt: Für die eine Variante liefert Kambodscha, für die andere bezeichnenderweise Thailand reiches Anschauungsmaterial:

– Einerseits also Kambodscha: Hier waren es vor allem die *Bhikku* (Mönche) des Sangha (d.h. des theravada-buddhistischen Mönchtums), die nach den Schreckensjahren der Khmer-Rouge-Herrschaft das Grundgerüst der buddhistischen Tradition wieder einigermaßen haben aufrichten können, und zwar weniger durch Frömmigkeit als vielmehr durch praktisches soziales Wirken. Die *Bhikku*, die auch im (thailändischen) Flüchtlingslager von Aranya Prathet beim schönen alten Brauch geblieben waren, Seite an Seite mit der Bevölkerung zu leben und mit ihr Abstieg und Leid zu teilen, hatten dort, unter Führung des Mönches Heng Monychenda, die Bewegung „Buddhism for Development" gegründet, deren zentrales Anliegen es war, den bäuerlichen Produzenten Mut zu machen und sie vor allem von den Daumenschrauben der Geldverleiher zu befreien. Heng Monychenda gründete zu diesem

Zweck in Aranya Prathet die ersten Reis- und Zugtierbanken und wurde dadurch zum Schrittmacher einer authentischen Dorferneuerung, die nach der Wiederbegründung des Königreichs Kambodscha im Jahre 1993 sogleich zu greifen begann und übrigens auch von ausländischen NROen, u.a. der Konrad-Adenauer-Stiftung, unterstützt wurde. Mit diesem sozialen Engagement wies Heng Monychenda konstruktive Wege, wie sie vom birmanischen und vom laotischen Sangha schon seit Jahrhunderten aufgezeigt und u.a. im Zusammenhang mit der Vereinbarkeit von „Buddhismus und Sozialismus" diskutiert worden waren: Buddha habe die Menschen gelehrt, Meister ihrer selbst zu sein, Gefühle des Neids und der Eifersucht zu unterdrücken, kein anderes Wesen zu töten, nicht zu stehlen und keinen Ehebruch zu begehen, nicht zu lügen, keinen Alkohol zu trinken und ein Leben in Stille und Ausgeglichenheit zu führen. All diese Lehren paßten doch mit den Richtlinien der laotischen KP fast bruchlos zusammen, weshalb es einem Bhikku durchaus anstehe, dem „sozialistischen Pfad" zu folgen und – gemeinsam mit der KP – auf die Errichtung einer Gesellschaft hinzuwirken, in der die Ausbeutung des Menschen durch den Menschen aufgehoben sei. Diese Hinweise paßten übrigens auch in die politische Landschaft Kambodschas, die von Hun Sen und seiner KVP bestimmt war.

– Während der Buddhismus in Kambodscha zu einer Art Rettungsanker wurde, begann er im benachbarten Thailand, das Ende der 80er Jahre eine in seiner Geschichte einzigartige wirtschaftliche Blüte erlebte, schnell zu verflachen. Vor allem die Asphaltpresse hatte sich damals für das Innenleben des Sangha zu interessieren begonnen und es sich nicht nehmen lassen, Bhikkus zu karikieren, die in aller Öffentlichkeit rauchten, mit Kameras behängt durch die Gegend liefen, im Tempel Geld zählten oder gar in den Verdacht sexueller Beziehungen geraten waren: In der Bevölkerung gilt es ja nach wie vor als ausgemacht, daß ein Mönch, der das Askesegebot durchbricht, kein Mönch mehr ist, auch wenn er weiterhin seine safrangelbe Kutte trägt.

Und die metakonfuzianische Welt? Dort ist die äußere Armut in den vergangenen Jahrzehnten zwar dramatisch zurückgegangen, im Gegenzug die innere Entfremdung aber kräftig gewachsen (Paradigma: „In Japans Mitte liegt die Leere"!) – und mit ihr die Suche nach neuen Sinngebungen. Kein Wunder, daß mittlerweile auch die Religion wieder im Kommen ist – oder genauer: das Sektenwesen.

Dies wurde besonders deutlich, als die japanischen Behörden nach dem Giftgasanschlag der Aum-Sekte im Jahre 1995 statistische Daten freigaben, die nicht nur die Außenwelt, sondern auch die japanische Bevölkerung selbst in Erstaunen versetzten, ja bestürzten. Während nämlich kaum noch 20 % der Japaner regelmäßig shintoistische Schreine oder buddhistische Tempel aufsuchten, waren in den vorausgegangenen Jahren nicht weniger als 180000 Sekten wie Pilze aus dem Boden geschossen. Gründe für diese explosionsartige Entwicklung waren offensichtlich die Anpassungszwänge und die Gefühlskälte der Leistungsgesellschaft, aus der vor allem junge Japaner immer häufiger zu entkommen versuchten – und zwar durch „innere Emigration".

Was Südkorea anbelangt, so hat insbesondere die evangelische Mission nirgends in Asien durchschlagendere Erfolge erzielen können als dort – und selbst in der nüchternen Welt Chinas hat das Klassenkampftrauma der maoistischen und die „Seelenlosigkeit" der reformerischen Zeit eine neue Sehnsucht nach religiöser Verankerung aufkommen lassen.

So sehr die verschiedenen Religionen Asiens, allen globalistischen Einwirkungen zum Trotz, auch heute noch voneinander abweichen mögen, sei es nun, daß sie verschiedenen Dogmen und Liturgien folgen, oder sei es, daß sie vom Bhikku, vom Imam, vom katholisch-philippinischen Priester, vom Guru oder vom Sektenführer repräsentiert werden, so gleichen sie sich am Ende doch alle wieder darin, daß sie im Zeichen neuer Herausforderungen, Bedrängnisse und Krisen zur festen Burg geworden sind, wo der Entwurzelte Nestwärme und neue „Rückbindungen" im Sinne der ursprünglichen Bedeutung von *religio* erfahren kann. Zumindest in Asien wird die Religion längst nirgends mehr als Opium fürs Volk betrachtet, sondern ganz im Gegenteil als Rettungsanker empfunden.

b) „Emigrieren"

Emigration kann, wie oben erwähnt, nach innen erfolgen, ereignet sich im Zeichen neuer Transportmöglichkeiten jedoch zunehmend auch nach außen, also „über die Landkarte hinweg". Bis weit ins

19. Jahrhundert hinein hatten sich die asiatischen Migrationen auf den eigenen Kontinent beschränkt: Obwohl der Begriff „Völkerwanderung" von der europäischen Geschichtsschreibung geprägt und vor allem auf die (meist germanischen) Völkerverschiebungen zwischen 250 und 500 n. Chr. gemünzt ist, ließe er sich auf die Geschichte Asiens mit weitaus mehr Berechtigung anwenden: Hier gab es ja nicht nur die aufsehenerregenden Wanderungen der großen Nomadenvölker Zentralasiens, nämlich der *Xiongnu*, der Mongolen, der Türken und der Mandschuren, die mit ihren „Völkerstürmen" Geschichte geschrieben und z. T. Weltreiche begründet haben, sondern auch zahlreiche langsam und unspektakulär verlaufende Verschiebungen wie die thailändische, die vietnamesische oder die birmanische Besiedlung Südostasiens; man denke ferner an die Brandrodungskulturen, die von Halbnomaden in der südostasiatischen Bergwelt bis auf den heutigen Tag weiterbetrieben werden, an die „seeschweifende" Lebensweise vieler malaiischer Völker, die im Laufe der Jahrhunderte den gesamten südlichen Inselgürtel von Madagaskar bis zur Osterinsel besiedelt haben, nicht zuletzt aber auch an die millionenfachen Ströme der Auslandsinder, -chinesen und -vietnamesen in Gunstgebiete des asiatisch-pazifischen Raums. Sogar die beiden größten Völker Asiens, Inder und Chinesen, haben erst durch Migrationsbewegungen zu *dem* werden können, was sie heute sind: Indien durch die zwei großen arischen Wanderungen, in deren Gefolge (Zusammenprall von hell- und dunkelhäutigen Völkern!) u. a. die Kastengesellschaft entstanden ist, China aber durch die Ausbreitung der Huanghe-Kultur in die Reisanbaugebiete des Südens, vor allem in die Yangzi-Region.

In den Jahren des großen politischen Umbruchs, der vor allem nach dem Zweiten Weltkrieg stattfand, waren Wanderungsbewegungen noch meist *politisch* motiviert gewesen – man denke an die Entstehung Pakistans; mit dem Heraufkommen des 21. Jahrhunderts sind es jedoch zunehmend ökologische und wirtschaftliche Motive, die ganze Bevölkerungen in Bewegung geraten lassen: Wo die Wälder abgeholzt, die Böden ausgelaugt und die Küstengewässer überfischt sind, aber auch dort, wo die Einkommensgefälle steiler werden, machen sich immer mehr Ökozid- und Armutsflüchtlinge auf den Weg – hin zu „lohnenderen" Standorten, die innerhalb, häufig aber auch außerhalb Asiens liegen, je nach Informationslage und Finanzierungsmöglichkeit.

In Indien selbst gehören diese Migranten seit Jahrzehnten zum Alltagsbild, in China haben sich die *mangliu* („blind Herumwandernden") erst nach dem Ende der Mao-Zeit in Bewegung setzen können und bilden seitdem ein kaum noch überschaubares Heer von geschätzten 80 bis 100 Mio. Menschen.

Nach Berechnungen des Migrationsbüros beim Internationalen Arbeitsamt (ILO in Genf) sind im Zeitraum zwischen 1990 und 2030 Verlagerungsströme von weltweit rund 3 Mio. Menschen pro Jahr zu erwarten, die den weltweiten Zugvogelrichtungen von Ost nach West und von Süd nach Nord folgen, sich also hauptsächlich weg von den armen und hin zu den wohlhabenderen Regionen bewegen. Eine Million dürfte hierbei jeweils in den klassischen Einwanderungsländern Amerika, Kanada und Australien, eine weitere Million in Westeuropa, der Rest aber in Asien oder Afrika versickern. Gemessen an einer Weltbevölkerung von fast 6 Mrd. Menschen braucht diese seit Jahrzehnten verhältnismäßig stabil gebliebene Migrationsquote also noch keineswegs als dramatisch zu gelten. Daß sich die Lage hier nicht verschlimmert hat, ist nicht zuletzt der restriktiven Auswanderungspolitik der beiden bevölkerungsreichsten Länder dieser Welt zu verdanken, nämlich Chinas und Indiens – ein Beitrag, der international bisher auch nicht annähernd gewürdigt worden ist!

„Hauptabgabegebiete" dürften im Zeitraum 1990 bis 2030 vor allem fünf Gebiete sein, nämlich Afrika, Lateinamerika, Südasien (800000), Südostasien (1,1 Mio.) und China (500000).[156] Weit mehr als die Hälfte der rund jährlich 3 Mio. „Auswanderer", mit denen bis 2030, möglicherweise aber auch noch bis 2050 zu rechnen ist, kommt aller Voraussicht nach aus Asien und zieht vor allem in Richtung Nordamerika und Ozeanien. Eine zweite Stoßrichtung dürfte sich auf den Norden richten, und zwar mit zunehmender Intensität auf die asiatischen Teile Rußlands: Die von den russischen Nationalisten geschürten Asienängste sind insofern nicht ganz aus der Luft gegriffen!

Starker Nachwanderungssog entsteht überall dort, wo die *Huaren* (Auslandschinesen) sich niedergelassen haben, deren Zahl Mitte der 90er Jahre weltweit bei rund 36 Mio. liegen dürfte.[157]

Amtliche Prognosen der USA prophezeien schon heute, daß

auf dem Gebiet der Vereinigten Staaten im Zeitraum zwischen 2050 und 2060 die Vorherrschaft des weißen Mannes, der dort heutzutage noch rund drei Viertel der Bevölkerung stellt, zuende geht. Neben Lateinamerikanern und Schwarzen dürften dann die Asiaten bereits 5 % der Bevölkerung stellen, und zwar nicht zuletzt jene Emigranten, aus denen sich die Elite der Manager, Forscher und Techniker rekrutiert: Die konfuzianische Lernkultur macht es möglich!

c) „Revoltieren": Zwischen „linkem" Klassenkampf und „rechtem" Fundamentalismus

Ganz im Gegensatz zur westlichen Standardvorstellung, daß Aufstände und Revolutionen die gleichsam natürliche Antwort auf Armut und soziale Ungerechtigkeit seien, daß also beispielsweise dem Dissidententum eine Schlüsselrolle zukomme, zeigt die asiatische Realität, daß offene Auflehnung als letzter, aber auch wirklich allerletzter Ausweg gilt und daß Revolten dort im Laufe der Jahrhunderte überdies höchst eigenwillige Formen angenommen haben, die im indisierten Asien im Zeichen chiliastischer Heilserwartungen, im sinisierten Asien aber als säkulare Protestbewegung auftreten.

Theoretisch lassen sich die beiden Spielformen leicht auseinanderhalten: Chiliastische Hoffnungen sind per se religiös-schwärmerisch und gehen von Endzeiterwartungen bereits im Diesseits aus: Der „Himmel auf Erden" kann, je nach Religion, mit gewaltiger Karmavermehrung, mit der Herabkunft eines Messias (z.B. eines „gerechten Königs") oder mit einer anderen Heilstat verbunden sein. *Säkulare* Erwartungen sind demgegenüber weitaus nüchterner, richten sich also z.B. auf materielle Verbesserungen („Milch und Honig") oder verbinden sich mit der Hoffnung auf „Reichtum, Glück und langes Leben".

In der Praxis freilich haben sich chiliastische und säkulare Varianten dann aber doch immer wieder aufs „unlogischste" miteinander vermischt, sei es nun bei der Ratu-Adil-Protestbewegung in Java und bei den Phibun-Aufständen in Thailand, oder sei es bei den Bauernaufständen im alten China – man denke an die „Gelben Turbane" oder an die „Roten Augenbrauen". All diese vulkanartigen Eruptionen, ob sie nun chiliastisch oder säkular motiviert waren, endeten meist dort, wo sie begonnen hatten, und erwiesen sich damit als Gewitter ohne reinigende Wirkung: als Pyrrhussiege also!

Wie von einer anderen Welt schienen demgegenüber die marxistisch inspirierten Revolutionsbewegungen zu sein, die im 20. Jahrhundert vor allem über China, Vietnam und Nordkorea wie ein Gewitter hereinbrachen. Erst im *nachhinein* wurde auch bei ihnen deutlich, daß ihr Scheitern von Anfang an vorprogrammiert war, und zwar vor allem deshalb, weil sich asiatische Gesellschaftsordnungen ihrer ganzen Natur nach gegen die Herausbildung eines umfassenden Klassenbewußtseins (im Sinne von „Klassen für sich") sowie gegen „Klassenkämpfe" sträuben: Erstens nämlich sind Kasten und Jatis in der Hindugesellschaft, *danweis* und *don vis* in China sowie in Vietnam und *oyabun/kobun*-Beziehungen in Japan auf Segmentierung der Gesellschaft sowie auf Vertikalisierung, keinesfalls jedoch auf (horizontale) Frontenbildungen angelegt. Zweitens schlagen die marxistischen Forderungen nach Klassenkampf und nach Selbstbefreiung allen asiatischen Akzeptanzvorstellungen ins Gesicht, sei es nun dem hinduistischen Gebot, sich dem Dharma zu fügen, sei es dem islamischen Imperativ, sich „in Allahs Willen zu ergeben", oder sei es dem konfuzianischen Postulat, Lösungen konsultativ und „in Harmonie" anzustreben.

Die meisten dieser Überlieferungen – und das mit ihnen verbundene Lebensgefühl – dürften auch im 21. Jahrhundert ihre Gültigkeit behalten. Hätte es noch eines Beweises für die Kontinuität der Tradition bedurft, so wäre er nicht zuletzt durch das Tempo erbracht worden, in dem sich das chinesische, das vietnamesische oder das kambodschanische Erbe nach dem Abflauen der revolutionären Bewegungen wieder zu Wort gemeldet hat. Hier wurde aufs drastischste deutlich, daß einige Jahrzehnte der „Revolution" dem traditionellen Gesellschaftsgefüge kaum etwas hatten anhaben können. Je vehementer „Zivilisationen" durch die Vordertür hinausgestoßen werden, um so energischer drängen sie anschließend wieder gegen die Hintertür! Am Ende des 20. Jahrhunderts ist „Renormalisierung" zu einer Zeitströmung geworden! Sollte es auch im 21. Jahrhundert noch einmal Revolten und Revolutionen geben, so dürften sie vermutlich ebenfalls nicht länger andauern als die gewaltsamen Änderungsversuche eines Mao Zedong oder eines Ho Chi Minh im 20. Jahrhundert.

Was bisher ausgeführt wurde, gilt allerdings nur für „linksradikale" Revolten. Weitaus mehr Chancen haben die „rechtsextremen" Spielarten, soweit sie, wie die islamischen oder hinduistischen „Fundamentalismen", von der *Politisierung* authentischer Traditionsansätze, vor allem aber religiöser Elemente zehren – man denke an die islamische *Dakwah*-Bewegung („Rückkehr zum Glauben") in Malaysia und Indonesien oder aber an den Hindu-Nationalismus der BJP, der zur *Hindutva* aufruft und zum Generalangriff auf den Islam trommelt, nicht zuletzt auch an die fundamentalistischen Bewegungen in Zentralasien.

Fundamentalismen mögen wegen ihrer scheinbaren Nähe zu den Überlieferungen bei der breiten Bevölkerung durchaus Sympathien finden, sie können aber auch Berührungsängste, allergische Abwehrreaktionen und am Ende sogar Bürgerkriege auslösen. Zu dieser schlimmsten aller Möglichkeiten ist es nach dem Zusammenbruch der UdSSR in der neuen zentralasiatischen Republik Tadschikistan gekommen: Dort sahen sich seit Beginn der 90er Jahre die alten – säkular eingestellten – Kader aus der Sowjetzeit mit muslimischen Kräften konfrontiert, die einen Gottesstaat etablieren wollten und die in diesem Bemühen vom Iran, von Pakistan und von den afghanischen Taliban unterstützt wurden.

Kein Wunder, daß sich angesichts dieser weit über die engere Region hinausweisenden Frontenstellung auch der Hauptnachfolgestaat der Sowjetunion, nämlich Rußland, schnell in den (nur oberflächlich) „tadschikischen" Konflikt mit hineingezogen sah. Die Bekämpfung islamischer Fundamentalisten wurde damit zu einer Aufgabe, die nicht nur den säkularen Kräften Tadschikistans, sondern auch der russischen Führung am Herzen lag und sie zur „Wacht am Amu Darya" veranlaßte. Die tadschikisch-afghanische Grenze entwickelte sich mit anderen Worten zu einer Art vorgeschobenem Bollwerk Rußlands. Man glaubte in Moskau zu wissen, daß eine muslimisch bestimmte Führung in den zentralasiatischen Republiken a priori antirussisch eingestellt und gleichzeitig proafghanisch ausgerichtet wäre. Zögen sich die russischen Truppen aus Tadschikistan zurück, so würden die dortigen Konflikte mit an Sicherheit grenzender Wahrscheinlichkeit den weichenden Truppen „hinterherwandern".

Da auch die chinesische Regierung nicht an einem Übergreifen des Fundamentalismus auf Xinjiang und andere Regionen der VRCh interessiert sein kann, ergibt sich hier, in Zentralasien, eine wahrhaft strategische Allianz zwischen Moskau und Beijing!

Solange „Armut" und Ungerechtigkeit (vor allem in Form sozialen Gefälles) zunehmen, bleibt der Fundamentalismus für viele Asiaten eine zwar nicht angenehme, aber letztlich doch akzeptable Alternative: Anders als der Marxismus ist er ja nicht von außen hereingeschneit, sondern wird als bodenständig empfunden, auch wenn ihm der Makel der Politisierung altehrwürdiger Traditionen anhaftet. Mit dem Marxismus hat er lediglich gemeinsam, daß seine Antworten auf die Herausforderungen der Moderne ähnlich unbefriedigend ausfallen – und daß er damit langfristig ebenfalls zum Scheitern verurteilt ist.

Tadschikistan könnte zum Vorboten weiterer fundamentalistischer Konstellationen in Asien werden. Auch sie brächten freilich keineswegs einen „Zusammenstoß der Kulturen" hervor, sondern eine Kollision sozialer Gegensätze (marxistisch ausgedrückt: einen Ausbruch von Klassenkämpfen), die lediglich in kultureller Verkleidung zutage treten.

VII. Partner oder Konkurrenten?

Kann „Asien“ für Europa zum Konkurrenten, ja zur „Gefahr“ werden, oder sind am Ende nicht eher Kooperation und Partnerschaft zu erwarten?

1. Gefahren durch Gegnerschaft? Mythen und Haltlosigkeit von Klischees

Die Geschichte der „west-östlichen Begegnung“ ist alt und stand von Anfang an unter düsterem Vorzeichen: Während sich Asien allzu lange überhaupt nicht für den Westen interessierte, war das Asienbild Europas durch drei Klischees bestimmt, nämlich durch die angstbesetzten Darstellungen des ersten europäischen „Asienforschers“, Herodot, sodann durch die zahlreichen „heidnischen“ Einfälle der Hunnen, Mongolen und Türken sowie schließlich durch die im Gefolge des Kolonialismus nunmehr gerade ins Gegenteil verkehrten Erfahrungen mit einem Asien, das sich zwischen 1750 und 1950 ohne nennenswerten Widerstand dem europäischen Vorherrschaftsstreben unterworfen hatte, so daß Asien entzaubert war und die einstige Furcht durch Geringschätzung und Gönnerhaftigkeit abgelöst wurde – durch eine Haltung also, die von der Gegenseite wiederum mit Abscheu, Rachegefühlen und zunehmend auch mit antikolonialen Widerstandsaktionen quittiert wurde.

Mit dem Begriff „Asien“ verbanden sich außerdem zahlreiche Mythen, die – im abendländisch-asiatischen Vergleich – auf Formeln wie Dynamik-Statik, Jugendlichkeit-Alter, Freiheit-Despotie oder aber auf die Dichotomie zwischen Geschichtlichkeit und „Entwicklungslosigkeit“ (Hegel) reduziert wurden, wobei zusätzlich auch noch die Vorstellung bestimmend war, daß „Asien“ ein zusammenhängendes Ganzes sei – ein typisch westliches Vorurteil!

Klischees dieser Art blieben im großen und ganzen bis in die 60er Jahre des 20. Jahrhunderts hinein maßgebend, wurden dann aber fast ruckartig durch ein neues Asien-Verständnis abgelöst, das erneut höchst emotional ausfiel, weil es nun galt, mit einem „Wunderland" fertigzuwerden, dessen Erfolge sich westlichen Vorstellungen nur schwer erschlossen, nämlich mit Japan. Leitthemen der nachfolgenden Jahre wurden nun schnell die „Gefahren aus Fernost" und, korrelierend dazu, das verschämt-grimmige Postulat, „von Japan zu lernen".

Mit einem Mal tauchte nun sogar die Frage auf, ob das 21. Jahrhundert am Ende nicht gar ein „asiatisch-pazifisches Säkulum" werden könne. Befürchtungen dieser Art nahmen noch zu, als die Weltbank Mitte der 90er Jahre Prognosen herausgab, denen zufolge ein anderes asiatisches Land, nämlich China, bereits im Jahre 2020 die USA als BIP-Weltmarktführer ablösen werde. Nicht auszudenken, was geschehen könnte, wenn dieses China auch militärisch nachzog und zur neuen Supermacht avancierte! Ängste dieser Art führten, Hand in Hand mit der fortbestehenden Nichtbeachtung asiatischer Spielregeln, Denkgewohnheiten und Sprachen, zur Herausbildung einer Fülle neuer Mythen, die sich schlagwortartig mit Formeln wie „Bedrohungstrias", „Eurosklerose" und „Asiensklerose" kennzeichnen lassen.

a) Mythos Nr. 1: „Drei Bedrohungen" aus Asien?

„Asien" ist militärisch, kulturell und wirtschaftlich eine Gefahr für den Westen – so etwa ließen sich, zumindest bis zum Beginn der „Asienkrise", die vagabundierenden Ängste vieler Europäer und Amerikaner auf den Punkt bringen. Bei einer differenzierten Betrachtungsweise erweisen sie sich jedoch schnell als haltlos.

Beim Thema der „militärischen Gefahr" richten sich die Augen fast automatisch auf China, das mit seinen rund 3 Mio. Soldaten über das kopfstärkste Militärkontingent der Welt verfügt, dessen Militärhaushalt größer ist als das Verteidigungsbudget der meisten Nachbarstaaten, das Nuklearwaffen besitzt, seit Ausrufung der Volksrepublik schon eine Reihe von Kriegen geführt hat und das vor allem durch die schiere Größe seines Territoriums und seiner Einwohnerschaft Furcht einflößt.

Solche Bedrohungsvorstellungen erweisen sich jedoch als Chimäre: Da ist zunächst einmal schon die durch zweitausend Jahre mandarinärer Tradition bestätigte Erfahrung, daß das Militär im

Reich der Mitte nie eine ausschlaggebende Rolle gespielt hat. Vor diesem traditionsgesättigten Hintergrund erscheinen die drei Jahrzehnte Volksrepublik, in deren Verlauf die VBA (Volksbefreiungsarmee) eine Schlüsselrolle spielen konnte, wie ein Wimpernschlag der Geschichte. Vor allem die Verteidigungsausgaben, wie sie sich seit Beginn der Reformen (1978ff.) eingependelt haben, weisen darauf hin, daß das Militär längst wieder auf Normalmaß zurückgestutzt worden ist. Gab die Volksrepublik beispielsweise – nach Berechnungen des ganz gewiß unverdächtigen Stockholmer SIPRI[158] – 1996 8,1 Mrd. US-$ für Rüstungszwecke aus, so belief sich der Verteidigungsetat der USA zur gleichen Zeit auf 226 Mrd., also auf das 28fache! Nichts deutet überdies darauf hin, daß sich die beiden Budgets auf absehbare Zeit näherkommen könnten, es sei denn, daß der Vergleich mit den Ausgaben beider Nationen zehn Jahre vorher (1987 war der Verteidigungsetat der USA mit 331 Mrd. US-$ 55mal höher als der der VRCh mit 6 Mrd. US-$) als Indiz für eine „Annäherungstendenz" genommen wird! Neuere Untersuchungen[159] zeigen übrigens, daß es bei den militärischen Auseinandersetzungen der VR China fast immer um Grenzfragen gegangen ist, also um Streitgegenstände, die seit Beginn der Reformen im wesentlichen gelöst sind.

Überdies hat China seit Reformbeginn „der Revolution ade gesagt" und sich wieder jener Rolle zugewandt, die es in Asien viele Jahrhunderte lang auf höchst wohltuende Art gespielt hat, nämlich als Ordnungsmacht zu fungieren. Das konfuzianische Erbe ist eine Garantie dafür, daß es auch in einem Asien der Zukunft keine stabilitätsversessenere Macht geben dürfte als „das Reich der Mitte"! Revolutionäre Ambitionen hat sich das „renormalisierte" China längst abgeschminkt. Schon heute liegt der Maoismus psychologisch mehr als zehntausend Jahre zurück. Militärpolitisches Abenteurertum? Eine absurde Vorstellung! Allenfalls im „Binnenbereich" – oder zumindest dem, was sich die volksrepublikanische Führung unter diesem Begriff vorstellt –, nämlich in Taiwan, Tibet, Xinjiang sowie im Südchinesischen Meer, wäre militärisches Vorgehen denkbar, wenn es auch immer unwahrscheinlicher wird!

Zweitens lassen sich weit und breit auch keine *kulturellen* Gefahren ausmachen, die von Asien nach Europa ausstrahlen könnten. Wer solche Ängste trotzdem zu beschwören versucht, will entweder sich selbst ins Gespräch bringen oder hat sich – nach dem Ende des Kalten Kriegs – auf die Suche nach neuen Feinden begeben. Es mag in diesem Zusammenhang nicht uninteressant sein, daß der amerikanische Politologe Samuel Huntington seine haarsträubenden Thesen vom „Zusammenstoß der Kulturen" (Clash of Civilizations) in einem der einflußreichsten Kampfblätter der amerikanischen Rechten, nämlich in *Foreign Affairs*,[160] herausgebracht und damit übrigens uralte Asienängste à la Herodot neu beschworen hat. Nach Huntington haben Zusammenstöße in der bisherigen Weltgeschichte lange Zeit nur zwischen Monarchien und verhältnismäßig spät erst zwischen Nationen sowie, nach dem Ersten Weltkrieg, zwischen ideologischen „Lagern" stattgefunden. All diese „Clashes" hätten sich jedoch stets innerhalb der einzelnen Kulturkreise, nicht zuletzt innerhalb der westlichen Zivilisation ereignet. Nunmehr jedoch, am Ende des 20. Jahrhunderts, rückten, wie der Prophet meint, die Konflikte zwischen der westlichen und der nichtwestlichen Welt in den Mittelpunkt, und zwar in Form wachsender Zusammenstöße verschiedener Kulturen und Religionen, die sich als „westliche", als „islamische", als „konfuzianische" oder aber als „hinduistische" Herausforderer gegenüberträten.

Aus mehreren Gründen führt diese Kulturalisierung von Konflikten auf einen Holzweg, und zwar ganz besonders in Asien:

Erstens einmal lassen sich dort nirgends Ansätze für eine auch nur annähernd geschlossene antiwestliche Front feststellen – von einem islamisch-konfuzianischen Zusammenschluß, wie Huntington ihn konstruiert, ganz zu schweigen: Weit davon entfernt, einer antiwestlichen Gemeinsamkeit zu gehorchen, haben diese beiden Zivilisationen vielmehr jahrhundertelang selbst miteinander in Konflikt gelegen – und empfinden übrigens bis auf den heutigen Tag keinerlei Sympathien füreinander, auch wenn es zwischendurch immer wieder zu floskelhaften Solidaritätsbekenntnissen kommen mag.

Darüber hinaus fehlt es aber vor allem in China selbst an jenen drei Grundvoraussetzungen, die einem kulturellen Fundamentalismus überhaupt erst den Treibstoff liefern, nämlich am Willen zum Aufstand gegen die Moderne, des weiteren aber auch an einem damit einhergehenden Minderwertigkeitskomplex und nicht zuletzt an einer wie immer gearteten Abriegelungshaltung.

Betrachtet man, zweitens, die wenigen am Ende des 20. Jahrhunderts noch weiterschwelenden asiatischen Hauptkonflikte, so haben sie mit kulturellen Ursachen nicht das geringste zu tun: Zwischen den beiden koreanischen Staaten oder aber zwischen den Bürgerkriegsparteien in Kambodscha verlaufen z.B. ganz gewiß keine kulturellen Bruchlinien, sondern ideologische Meinungsverschiedenheiten der guten alten Art, wie sie im Zeitalter der gerade zu Ende gegangenen bipolaren Welt typisch waren; auch der Spratly-Konflikt wird nicht etwa durch kulturelle Differenzen, sehr wohl aber durch geostrategische Überlegungen und vor allem durch Erdölinteressen genährt!

Wie abstrus, drittens, die Vorstellung von einem kulturellen „Zusammenstoß" zwischen konfuzianischen und westlichen „Zivilisationen" ist, wird sogar im Kontext solcher Fragestellungen klar, die nun wirklich in den kulturellen Bereich hineinspielen und bei denen sich auf asiatischer Seite eigentlich spontan antiwestliche Emotionen einstellen müßten, nämlich bei den Reizthemen „Menschenrechte", „Geschäftsethik" und „Marktfairness":

- Unterschiede bei der Interpretation von *Menschenrechten* sind zwar a priori durchaus vorhanden, können sich aber, wie die Entwicklungen in Taiwan, Singapur oder Japan gezeigt haben, schnell wieder verflüchtigen; alles hängt hier letztlich vom erfolgreichen Verlauf des Demokratisierungsprozesses ab, der übrigens auch in China längst Fahrt aufgenommen hat.
- Desweiteren müssen unterschiedliche Auffassungen *geschäftsethischer* Art, wie sie beispielsweise im Zusammenhang mit dem „Diebstahl geistigen Eigentums" auftreten, keine kulturellen Dauerbarrieren entstehen lassen. Wie der Fall Taiwan gezeigt hat, kann es hier, allen Piraterien der 60er und 70er Jahre zum Trotz, schnell zum Ausgleich kommen.
- Dasselbe ist beim Thema *Marktfairneß* der Fall. Japan beispielsweise, das sich jahrzehntelang mit dem westlichen Vorwurf nichttarifärer Handelsschranken hatte auseinandersetzen müssen, ist seit Mitte der 80er Jahre für jede Art von Kommerz offen wie ein Scheunentor. Wenn viele westliche Unternehmen die dort gebotenen Chancen gleichwohl nicht beim Schopf packen, so liegt dies zwar durchaus an „kulturellen" Hürden, die allerdings weniger mit einem „Clash", sondern im Gegen-

teil mit einer Art Flucht, nämlich mit der Weigerung westlicher Geschäftspartner zu tun haben, sich auf Japan einzulassen und den im Lande der aufgehenden Sonne üblichen Geschäftspraktiken Rechnung zu tragen, vor allem aber Japanisch zu lernen und sich auf diesem Weg in die autochthonen Netze einzuflechten.

Gehören also militärische und kulturelle Zusammenstöße keineswegs zu den vorrangigen Sorgen, so scheint die Furcht vor einer *wirtschaftlichen Gefahr* dafür um so berechtigter zu sein. Trotz des „Platzens der Seifenblase" von 1991 in Japan und trotz der Finanz- und Wirtschaftskrise der Tiger und Drachen in den Jahren 1997/98 sollte nämlich kein Zweifel daran aufkommen, daß Asien schon zu Beginn des 21. Jahrhunderts stärker geworden sein dürfte, als es vor der Krise war, daß sich der asiatisch-pazifische Raum also spätestens dann als geoökonomisch dynamischste Region der Erde etabliert. Sogar die Supermacht USA wird dann aller Voraussicht nach zwischen den Hammer Europa und den Amboß Asien geraten. Es wird sich dann auch herausstellen, daß der Supermachtstatus der USA in den 90er Jahren des 20. Jahrhunderts eher eine Nachblüte war. Schon 1994 wickelte Gesamtasien ja 25 % der globalen Exporte sowie 22 % der Weltimporte ab und verfügte über 33 % der damaligen Weltfinanzreserven. Damals agierten die Tiger überaus effizient auf dem Weltmarkt, während es ihnen zu Hause paradoxerweise an authentisch marktwirtschaftlichen Strukturen fehlte: Diese beginnen sich erst jetzt unter dem Druck der Rezession von 1997ff. herauszubilden und dürften, einmal in die Praxis umgesetzt, zu einer zusätzlichen Dynamisierung führen.

Allerdings wäre es methodisch falsch, die Länderpotentiale schlicht zum „asiatischen" Gesamt-BIP zusammenzuaddieren und diesen Posten als „asiatisches" Gegengewicht zur EU oder zu den USA auf die Waagschale zu bringen; ist doch die „asiatisch-pazifische Gemeinschaft" weit davon entfernt, ein geschlossener Club zu sein, zu dem nicht auch außerasiatische Volkswirtschaften Zugang hätten, so z.B. die Europäer! Mehr noch als heutzutage haben Kooperation und Einigung im 21. Jahrhundert längst nichts mehr mit Geographie und statt dessen sehr viel mit Synergie zu tun. Wenn es also beispielsweise um wirtschaftlich-technologische Kontakte geht, so ist anzunehmen, daß Japan bei der EU oder bei einem „atlantischen“ Einzelland wie Frankreich oder Belgien weitaus mehr Anknüpfungspunkte findet als bei einem „asiatisch-pazifischen“ Staat von der ökonomischen Unattraktivität eines Kambodscha oder eines Papua-Neuguinea! Die „pazifische“ oder „atlantische“ Qualität entscheidet dann ganz gewiß nicht mehr über die Intensität von Beziehungsgeflechten! Raumgebunden sind am Ende höchstens Sicherheits- und Militärüberlegungen, nicht jedoch Wirtschafts- und Technologiebeziehungen, es sei denn, daß man die Transportkosten veranschlagt, die jedoch angesichts der immer leistungsfähigeren Verkehrsmittel sowie angesichts zunehmender Miniaturisierung ohnehin kaum noch ins Gewicht fallen.

Schon heute sehen sich westliche Staaten bisweilen händeringend dazu eingeladen, doch bitte engagierter am Wirtschaftsgeschehen im asiatisch-pazifischen Raum teilzunehmen, mehr zu investieren und sich nicht zuletzt auch stärker als Gegengewicht zu jenem übermächtigen Japan einzubringen, das ja über rund 60 % des gesamtasiatischen BIP verfügt!

Asiatische Volkswirtschaften – und Firmen – sind aber nicht nur aus Investitions- und Kredit-, sondern auch aus Absatzgründen an verstärkter westlicher Mitwirkung interessiert. Auch im 21. Jahrhundert dürften die westlichen Märkte, nicht zuletzt auch das eine Zeitlang belächelte Westeuropa, für die Weiterentwicklung der APR-Volkswirtschaften von elementarer Bedeutung bleiben. Schon im 20. Jahrhundert wäre ein Aufstieg Japans sowie der Drachen- und Tigerländer kaum denkbar gewesen, hätte es für ihre Ausfuhren nicht die offenen westlichen Märkte gegeben. Auf diese Absatzbereiche sind „die“ Asiaten ganz gewiß auch im 21. Jahrhundert noch angewiesen! Heutzutage werden Produkte nicht selten über mehrere asiatische Volkswirtschaften hinweg bearbeitet und treten in den Regionalstatistiken kumuliert unter der Rubrik „innerasiatischer Handel“ auf, während das Endprodukt dann doch irgendwo in Nordamerika oder in Europa landet!

Wie man die Dinge auch dreht und wendet, erscheint „Asien“ letztlich nicht als Gefahr, sondern ganz im Gegenteil als *Chance*, *falls* westliche Partner die dortigen Gelegenheiten beim Schopfe ergreifen und *falls* sie vor allem bereit sind, Sprachen zu erlernen, lokale Geschäftsgebräuche zu akzeptieren und sich in asiatische Netzwerke einzuflechten.

b) Mythos Nr. 2: „Eurosklerose" und „asiatisches Wirtschaftswunder"

Auch das Klischee vom „asiatischen Wirtschaftswunder", das Europa auf die Matte geschickt hat, ergibt ein schiefes Bild, da es weder eine geballte Ladung „Asien" noch ein als solches nicht erklärbares „Wunder" gibt, von einem erschöpften oder gar „sklerotischen" Europa ganz zu schweigen:

„Asien" ist, wie nun schon mehrfach betont, lediglich ein geographisches, nicht jedoch ein kulturelles und schon gar kein wirtschaftliches Kontinuum; selbst die „Armut" kommt, wie oben ausgeführt, in unterschiedlichsten Flicken daher! Gemeinsamkeiten können sich dort allenfalls in Zukunft entwickeln, nämlich im Zeichen (1) einer neuentstehenden „mittelständischen Internationalen", (2) westlich beeinflußter Konsumgewohnheiten, (3) einer nationenübergreifenden Jugendkultur und (4) wachsender internationaler Verflechtung.

Auch von einem „Wunder" kann keine Rede sein, da die Erfolge niemandem in den Schoß gefallen, sondern mit „Blut, Schweiß und Tränen" erwirtschaftet und im Gefolge jener 3:3:6-Strategie errackert worden sind, deren konsequente Umsetzung den Erfolg so gut wie herbeizwang.

Abgesehen davon aber sind all diese Errungenschaften mit hohen sozialen Kosten (Gefällestufen, Arbeitslosigkeit, Rentenlücke und Umweltzerstörung) erkauft worden, und nicht zuletzt ist es bei den „Wunderländern" auch immer wieder zu herben Rückschlägen gekommen, vor allem 1991 und 1997.

Noch in den 80er Jahren, als der wirtschaftliche Aufstieg der Drachen und Tiger unaufhaltsam zu sein schien, hatte es im Westen Reaktionen gegeben, die bisweilen an Hysterie grenzten: Es war die Rede von „Eurosklerose", vom Rückzug in die „Festung Europa" oder von „deutscher Krankheit". Man habe den „Anschluß verpaßt" und müsse nun hinnehmen, daß das 21. Jahrhundert „dem Pazifik gehört". Noch 1960 habe die Atlantische Region (Westeuropa + halbes BIP Nordamerikas) annähernd 50 % des gesamten Weltprodukts erzeugt, während die asiatisch-pazifischen Staaten (ohne Nordamerika) auf gerade einmal 11 % gekommen seien. Bereits zu Beginn der 80er Jahre habe sich dieses Verhältnis aber signifikant verschoben: Nunmehr nämlich erwirtschaftete der APR 36 %, der „Atlantik" dagegen nur noch 32 %. Gleichzeitig komme es zu einer unaufhaltbaren Verschiebung des nordamerikanischen Wirtschaftsschwerpunkts von Ost nach West, also hin zur pazifischen Hälfte.

In den 90er Jahren ist die Stimmung nun geradezu ins Gegenteil umgeschlagen:

c) *Mythos Nr. 3: „Asiensklerose?"*

Es waren die Krisen von 1991 und 1997, die dafür sorgten, daß die Bewertung Asiens durch den Westen jetzt ins andere Extrem umschlug. Hatte einst, im 19. Jahrhundert, die überkommene „Herodot-Angst" einer Asienverachtung Platz gemacht, so wurde jetzt, parallel dazu, aus dem „Asienwunder" im Handumdrehen die „Asiensklerose": Drei Jahrzehnte lang hatte sich „Asien" in ständigem Aufschwung befunden. Warum sollte jetzt nicht ein dreißigjähriger Absturz beginnen? Aus Tigern seien Bettvorleger geworden, und die Wirtschaftswunder hätten sich als Trugbilder erwiesen. Irgend etwas habe an dem „Asienwunder" von vornherein nicht gestimmt – man habe es geahnt, ohne diese Grundstimmung genauer artikulieren zu können. Sei also das „asiatische Wunder" schon wieder vorbei, noch ehe es überhaupt richtig begonnen habe?

Vereinzelte westliche Beobachter[161] hatten dem „asiatischen Wirtschaftswunder" schon lange vor Ausbruch der „Asienkrise" das Ende vorausgesagt – und waren jetzt, im Jahr 1997, ganz auf Triumph eingestellt: Habe in den Sputnik-Jahren, d.h. 1961 ff., nicht sogar die Sowjetunion eine Zeitlang als tödliche Gefahr im wirtschaftlich-technologischen Wettrennen gegolten? Und wer könne schon vergessen, daß Zukunftsforscher à la Herrmann Kahn oder Ezrah Vogel vor nicht allzu langer Zeit das 21. Jahrhundert noch ganz unbekümmert zu einem „japanischen Säkulum" hätten hochjubeln können?

Wenn all diese sogenannten „Wunder"-Länder so spektakuläre Anfangserfolge erzielen konnten, so habe dies offensichtlich vor allem an den gewaltigen *quantitativen* Eingaben (an Mensch und Material) gelegen, die jedoch langfristig zu keiner *qualitativen* (Effizienz-) Steigerung geführt hätten. Bei genauerem Hinsehen seien die asiatischen Staaten effizienzunfähig: wegen mangelnder

TFP (Total Factor Productivity) seien Erfolge und Durchbrüche – ähnlich wie seinerzeit bei der Sowjetunion – immer nur kurzfristig möglich und gehörten dann schnell wieder der Vergangenheit an. Übrigens sei es ja ein gewaltiger Unterschied, ob ein Land lediglich aufzuholen versuche (also alles nachmachen könne) oder ob es die technische Phalanx selbst anzuführen habe!

2. Perspektivenwechsel gesucht: Chancen durch Partnerschaft?

a) Partnerschaft durch Zukunftsfähigkeit

Da zur Partnerschaft immer mindestens zwei gehören, soll nachfolgend sowohl die asiatische als auch die westliche Seite auf ihre Kooperationsbefähigung – und nicht zuletzt auch auf ihren Willen zum Perspektivenwechsel – hin befragt werden; denn ohne die Entschlossenheit, neue Wege zu beschreiten, bleibt die „gläserne Mauer" zwischen Ost und West auch weiterhin bestehen. Parallel zum Aufruf Lee Kuan Yews, „Think Singapore!", müßte das Postulat in Richtung auf die Entwicklung weltweiter Partnerschaften „Think global!" heißen. Der potentielle Partner dürfte künftig also nicht mehr unter „Gefährlichkeits"-, sondern müßte unter Kooperations- und Interdependenz-Gesichtspunkten betrachtet werden. Zukunftsfähigkeit läuft letztlich ja auf die Fähigkeit – und auf den Willen – hinaus, globale Fragestellungen politischer, wirtschaftlicher, sozialer und kultureller Art *rational* anzugehen, sie also ohne Ideologie und ohne den Rückgriff auf Machtmittel, geschweige denn auf Militär, lösen zu wollen. Zukunftsfähigkeit ist mit anderen Worten gleichbedeutend mit der Bereitschaft zum Dialog, zu Partnerschaft, zum Abbau von Berührungsängsten und zur Begegnung, wobei „Begegnung", wenn sie diesen Namen verdienen soll, fast immer „existenziell" – und schmerzhaft – verläuft: Dies läßt sich aus asiatischer Perspektive besonders leicht nachvollziehen: Für Asiaten ist „Begegnung" mit dem Westen ja seit über hundert Jahren eine einzige Zumutung, sei es, daß sie sich ständig mit einer Fremdsprache herumzuschlagen, oder sei es, daß sie westlichen Umgangsformen, westlichen Wertevorstellungen, ja selbst dem American way of life Anerkennung zu zollen haben. Zumutungen dieser Art, die als überaus dreist empfunden werden, sind der Anlaß zu ständigem „Hinunterschlucken" und zu Selbstzweifeln, gleichzeitig aber auch zu stiller Empörung, die hinter einem Lächeln versteckt wird.

Mit umgekehrten Zumutungen werden sich aller Voraussicht nach auch Europäer und Amerikaner abzufinden haben, sobald Asien im 21. Jahrhundert einmal die wirtschaftliche Führung übernommen hat und der Bumerang der Erwartungen und „Zumutungen" nun auf den Westen zurückkommt.

Kulturell geht es bei der „Begegnung" um die Überwindung von Ideologien, um die Vermeidung von „Kulturzusammenstößen" und nicht zuletzt um die Frage, wie sich ethnische Konflikte entschärfen lassen. Im *wirtschaftlichen* Bereich stehen geregelte Handels- und Investitionsbedingungen, Umwelterhaltung, Schutz des geistigen Eigentums und Fragen des „fairen" Ausgleichs im Vordergrund. Bei der *Politik* geht es um wechselseitige Aufklärung, Demokratisierung, Konsensfindung und um Erziehung zu normgerechtem Verhalten sowie zur Eindämmung von Anarchie. Bei der *Sozialpolitik* schließlich interessieren die Modalitäten eines einvernehmlichen Vorgehens gegen Gefahren wie Bevölkerungsexplosion, internationale Wanderungsbewegungen, gegen Drogenhandel, Terrorismus oder gegen grenzüberschreitende Kriminalität.

„Begegnung" zwingt zur Anerkennung asiatischer Spielregeln sowohl im Alltag als auch in der großen Politik. Viele Kehrtwendungen werden dabei nötig sein: Im individualistisch denkenden Westen ist es ja zu einer fixen Idee geworden, alles und jedes vom Standpunkt des autonomen Individuums oder aber – auf die Außenpolitik übertragen – von der *einzelnen* Nation und ihren „Interessen" her zu betrachten, wobei sich bei den „Realisten" der Morgenthau-Schule die nötigen Rechtfertigungen abrufen lassen.

Demgegenüber denkt Asien, vor allem aber seine konfuzianische Einwohnerschaft, in den Kategorien der *Beziehungs*philosophie, bei der nicht das autonome Individuum (und die einzelne Nation!), sondern das Geflecht *zwischen* den Einzelpersonen (und den Nationen) im Mittelpunkt steht. Es gehört ja zu den Hauptpostulaten des Konfuzianismus, daß beim gesellschaftlichen Netz nicht die Knoten, sondern hauptsächlich die Maschen zählen und daß die Qualität einer Gesellschaft von der Solidität eben dieser *Verbindungs*elemente abhängt, die im zwischenpersönlichen Verhältnis „Beziehungen" (*guanxi*), im internationalen Verhältnis aber „Interdependenzen" heißen.

Wo aber *Beziehungen* in den Vordergrund treten, steht nicht mehr die *einzelne Nation* mit ihren „Interessen", sondern die *zwischennationale Interdependenz* mit ihrem Postulat der Wechselseitigkeit im Mittelpunkt – und all jenen daraus folgenden Konsequenzen, die bereits im Einleitungskapitel über die Methoden skizziert worden sind.

„Partnerschaft" erhält hier also eine zusätzliche Begründung. Ganz auf der Linie dieses beziehungsphilosophisch gestützten Interdependenzansatzes soll nachfolgend ein methodischer Schwenk vollzogen werden, und zwar vom Analytischen hin zum Politisch-Appellativen:

b) Sind Asien und der Westen aufeinander vorbereitet?

Die Zukunftsfähigkeit der Asiaten

Im Gefolge der höchst unsanft verlaufenen Begegnung zwischen Europa und Asien im 19. Jahrhundert haben die meisten asiatischen Gesellschaften nolens volens damit begonnen, die Sprachen ihrer Kolonialherren zu erlernen und sich außerdem intensiv mit westlichen „Errungenschaften" zu befassen, um so dem „Geheimnis" der europäischen Überlegenheit auf die Spur zu kommen – und selbst davon zu profitieren. Kein Wunder, daß die meisten Asiaten über „den" Westen weitaus besser Bescheid wissen, als es umgekehrt der Fall ist, und daß sie deshalb auch auf eine „Begegnung" gründlicher vorbereitet sind, selbst wenn sie in nahezu allen Bereichen noch typisch „asiatische" Besonderheiten beibehalten.

– Im *wirtschaftlichen* Bereich bereitet beispielsweise das so erfolgreiche 3:3:6-Modell kaum Verständigungsschwierigkeiten. Alles erscheint hier höchst „wirtschaftsadäquat", sieht man einmal von jenen Auswüchsen des Umweltdumpings ab, das in den Drachen- und Tigerländern viele Jahre lang in Kauf genommen worden ist, das man dort aber inzwischen längst bedauert. „Asiatisch" geprägt sind hier nur noch wenige Bereiche, vor allem das so notorische „Beziehungs"-Denken, das sich in komplizierten Geschenkritualen, in einer ausufernden parteipolitischen Cliquenwirtschaft und nicht zuletzt in einem besonderen Verhältnis zum Geld äußert. Verwiesen sei hier auf die Ausführungen zum MBS in Kapitel IV.2.d. Der „Golfplatzkapitalismus", der auf diesem Humus gedeiht, war übrigens auch einer der Hauptgründe für die Wirtschaftskrisen von 1991 und 1997. Da es unwahrscheinlich ist, daß diese Eigenheiten schnell von der Bildfläche verschwinden, bleibt der 3:3:6-Mechanismus von einer tickenden Zeitbombe begleitet.

– Auch auf *politischem* Gebiet zeigt sich in Asien eine Mischung von westlichen und einheimischen Elementen. Ein Blick auf die Entwicklungen der vergangenen Jahrzehnte läßt deutlich werden, daß sich die Zusammenarbeit asiatischer Gesellschaften mit dem Westen, allen „Zusammenprall"-Prophetien zum Trotz, erstaunlich schnell und weitgehend ideologiefrei entwickelt hat, und zwar nicht nur bei den ohnehin „prowestlichen Staaten" wie Japan, Südkorea, Taiwan oder den ASEAN-Staaten, sondern auch bei einem Land wie der VR China, das verblüffende Anpassungsfähigkeit an den Tag gelegt hat.

Trotz solcher Annäherungen gibt es allerdings noch zahlreiche asiatische Gegenvorstellungen, die für Europäer gewöhnungsbedürftig sind und von denen hier fünf besonders hervorgehoben seien, nämlich (1) die am 28. Juni 1954 von Indien, Birma und China gemeinsam aus der Taufe gehobenen „Fünf Prinzipien der friedlichen Koexistenz", die sich besonders deutlich gegen „Einmischungen" wenden, (2) die Gründung von Bündnissen à la ASEAN, die, anders als etwa die EU, weniger juristisch-institutionell als vielmehr personell-vernetzt aufgebaut sind und deren „Kamingespräche" auch vom ARF sowie vom ASEM übernommen wurden, jenem Asia Europe Meeting also, dessen Grundidee darin besteht, daß die maßgebenden Politiker sich zunächst einmal persönlich kennen und sich gegenseitig vertrauen lernen sollten, ehe sie an die Lösung von schwierigen Sachproblemen herangehen.[162] Ein weiteres (3) „Gewürz" mit starkem Eigengeschmack ist jene Sonderform der „asiatischen" Demokratie, die weniger von Individuen als vielmehr von Netzwerken getragen, weniger vom offenen Konflikt als von Harmonie bestimmt und nicht von knappen Mehrheiten, sondern möglichst vom Konsens getragen wird (Näheres dazu siehe Kap. III.2.b). (4) Eine vierte Besonderheit hängt mit dem ganzheitlichen Verständnis von „Sicherheit" zusammen, wie es von fast allen asiatischen Regierungen geteilt wird (dazu siehe Kap. II), und als fünfte Neuerung darf jene angeblich von Deng Xiaoping entworfene Theorie von „einem Staat und zwei Systemen" (*yi guo liang zhi*) gelten, mit deren Hilfe das hochkapitalistische Hongkong im Juli 1997 einem Staatsgebilde eingepflanzt wurde, das zumindest offiziell nach wie vor „sozialistisch" verfaßt ist – ein Vorgang, der mit westlicher Logik ebenfalls schwer vereinbar zu sein schien.

Wenn die Asiaten darauf pochen, daß solche „hauseigenen" Entwicklungen künftig auch vom Westen beherzigt werden sollen, so behindern sie damit keineswegs die wechselseitige Begegnung, sondern rufen lediglich in Erinnerung, daß Globalisierung ein Prozeß des Gebens *und* Nehmens ist.

– Und der *kulturelle* Handschlag?

Auch hier ist Asien dem Westen weiter entgegengekommen, als es umgekehrt der Fall war, und hat, getreu seiner „Verschichtungs"-Tradition, zahllose westliche Elemente in sein eigenes Wertegepäck übernommen, wobei wiederum nach der Maxime des „Sowohl-Als-auch" verfahren wurde. Die Diskussion der Frage, wie weit westliche Werte und Errungenschaften rezipiert werden sollten, begann in Asien – und hier wiederum vor allem in China – mit einer Polarisierung, deren Spannweite sich mit den beiden Begriffen „totale Ablehnung" und „totale Verwestlichung" wiedergeben läßt. Auf typisch chinesische Weise begannen sich die Extreme jedoch schon bald wieder zu verflüchtigen und sich auf eine neue Mitte einzupendeln. Nichts ist der chinesischen Weltanschauung fremder als Vereinzelung oder begriffliche Ausgrenzung, angefangen vom subjekt-unabhängigen „Ding an sich" bis hin zur Konstruktion von Dualismen, wie sie in der klassischen westlichen Philosophie an der Tagesordnung sind – man denke an die angeblich miteinander unversöhnbaren Gegensätze zwischen Gut und Böse (besonders zugespitzt im Manichäismus), zwischen Denken und Ausdehnung (Descartes), zwischen Subjekt und Objekt, zwischen Idee und Wirklichkeit, zwischen Diesseits und Jenseits oder zwischen Leib und Seele. Demgegenüber hat in China – und in den meisten anderen Ländern Asiens – die dialektische und gleichzeitig ganzheitliche Idee von der Einheit der Gegensätze stilbildend gewirkt. Bei der „Verwestlichungs"-Diskussion fand diese Auffassung Eingang in den berühmt gewordenen Leitspruch *zhong ti xi yong*: „Man nehme die chinesische Kultur zur Grundlage und mache sich dabei das Westliche zunutze." Nicht *chongtu* („Zusammenstoß") heißt die Devise, sondern *ronghe* – ein Begriff, der sich aus dem Doppelbild von „auftauen, schmelzen" sowie von „harmonisieren" zusammensetzt.

Bei aller Aufrechterhaltung asiatischer Traditionen gebietet diese Logik, daß nicht der Gegensatz, sondern das Gemeinsame betont wird. Gleichzeitig müsse der Westen zur Kenntnis nehmen, daß Modernisierung nicht gleich Verwestlichung sei und daß wirtschaftlich so erfolgreiche Staaten wie Japan, Singapur oder Korea bei ihrem Weg nach oben nicht einfach nur den Westen kopiert, sondern Östliches und Westliches optimal miteinander verschmolzen hätten.[163]

Der Westen: Bereit zur „Begegnung" mit Asien?

Nicht wenige Asiaten gehen davon aus, daß sie selbst bereits seit Jahrzehnten Vorleistungen für die „Begegnung" mit dem Westen erbracht haben und daß es nun vor allem am Westen liege, *seine* Hausaufgaben nachzuholen. Zwei große Anpassungsleistungen sind vor allem gefragt, nämlich im organisatorischen und im kulturellen Bereich.

– *Organisatorisch* müssen sich im wesentlichen drei Instanzen angesprochen fühlen, nämlich Staat, Tarifparteien und Betriebe: Der Staat, sei es nun die Bundesrepublik Deutschland oder aber die Gemeinschaft der EU, kann sich längerfristig wohl kaum auf neoliberale Positionen zurückziehen, sondern muß, im Interesse des weltweiten Standortwettbewerbs, auch in Asien mehr Präsenz zeigen, sei es, daß „Deutsche Häuser" (vor allem für die Unterstützung des Mittelstands) oder „European Councils" eingerichtet werden und daß überdies geeignete Finanzierungs- und Forschungsmodalitäten eröffnet werden. Gefordert sind daneben die Tarifparteien, denen es auf die Dauer wohl kaum gleichgültig sein darf, wie asiatische Konkurrenzbetriebe organisiert sind: In Asien steht beispielsweise nicht die Industrie-, sondern die Betriebsgewerkschaft im Vordergrund. Außerdem spielt hier die betriebliche „Familienethik" eine stärkere Rolle – und mit ihr die nachhaltigere Differenzierung der Lohnzahlungen sowie notfalls auch der Lohnverzicht im Falle von Betriebsverlusten. Was schließlich die einzelnen Wirtschaftsunternehmen anbelangt, so sollte ihnen der Innovationsvergleich zwischen japanischen und deutschen Betrieben auf Gebieten wie z.B. der Elektronik eine Lehre sein – und dies um so mehr, als jeder dritte Arbeitsplatz in der Bundesrepublik vom Export abhängt, während dies in Japan nur bei jedem siebten Arbeitsplatz der Fall ist.

– Verstärkte Anstrengungen verlangt vor allem aber die *kulturelle* Begegnung, die durch den nach wie vor notorischen Eurozentrismus behindert wird. Vor allem in drei Bereichen müssen die Europäer spätestens im 21. Jahrhundert über den eigenen Schatten springen, nämlich bei der Anerkennung asiatischer Spielregeln, beim Erlernen asiatischer Sprachen und bei der persönlichen Präsenz auf dem Kontinent:

Der Wandel muß *erstens* damit beginnen, daß neben den westlichen auch die autochthonen asiatischen Spielregeln zur Kenntnis genommen – und respektiert, wenn nicht verinnerlicht, werden. Zu den panasiatischen Haupteigenschaften gehören Erwartungen und Haltungen, die dem westlichen Menschenbild und den daraus abgeleiteten Grundpositionen a priori entgegengesetzt sind, sei es nun dem Vorrang des Individuums, der Inkaufnahme offener Konflikte, dem permanenten Wettbewerb oder aber jenem Fortschrittsglauben, der alles für veränderbar hält.

Demgegenüber klingen in Asien ganz andere Grundthemen an: Die klassische hinduistische Überlieferung beispielsweise stellt den einzelnen in eine durch karmische Gesetzmäßigkeiten festgelegte Kasten- oder Jati-Position hinein. Veränderungen sind hier nur ganz ausnahmsweise möglich – und stoßen als solche a priori auf die geschlossene Abneigung einer Gesellschaft, die sich ansonsten in religiösen Fragen durch eine fast grenzenlose Toleranz auszeichnet. Von den Regularien des westlichen Menschenbilds (Autonomie – Gleichheit – Wettbewerb – Konfliktaustragung – Veränderung – Zukunft) trifft auf die hinduistische Gesellschaftsordnung nicht eine einzige zu!

Auch in der konfuzianischen Gesellschaftslehre fehlt es an Anerkennung für Individualismus und Gleichheit vor dem Gesetz: Wichtiger als das juristische ist dort das natürliche Recht, das den einzelnen nicht als abstraktes Rechtssubjekt, sondern als konkreten Rollenträger in die Pflicht nimmt, sei es nun als Vater, Jüngeren Bruder, Dritten Onkel oder als Zweiten Vorsitzenden eines lokalen Vereins; als *solcher* will er konsequenterweise auch angesprochen – und hierarchiegemäß behandelt werden, ganz gewiß aber nicht als Gleicher unter Gleichen!

Zu den sozialen Haupttugenden gehört ferner nicht die Konfliktfähigkeit, sondern die Bereitschaft, sich in die Gesellschaft einzufügen und „sein Selbst" im Sinne des konfuzianischen *ke ji* permanent zu „disziplinieren": Steht doch das Ganze (im Sinne wechselseitiger „Beziehungen") stets über dem Einzelnen, das soziale „Gesicht" vor der freien Persönlichkeitsentfaltung, die Pflicht vor dem Recht und konsequenterweise auch die „Harmonie" vor jeglicher Streitlösung.

Offene Konfliktaustragung führt auch deshalb auf Abwege, weil Ordnung nach asiatischem Verständnis nicht durch Gesetze, sondern durch zwischenpersönliche Arrangements und durch moralische Regeln hergestellt wird, die durch das Gesetz nicht etwa begründet, sondern lediglich bestätigt werden! Kein Wunder, daß angesichts des durchgängigen Harmonieimperativs die Vorzeichen umgedreht und Rechtsstreitigkeiten sowie juristische Spitzfindigkeiten keineswegs als ordnungsstiftend, sondern, umgekehrt, als manchmal geradezu „ordnungswidrig" empfunden werden. Nicht Rechtsstreitigkeiten, sondern „freundschaftliche Verhandlungen" und „Konsultationen" sind daher angebracht. Man „arrangiert sich" in Asien!

Für westliche Unternehmer, die in Asien investieren, können vor allem betriebliche Spielregeln zum Prüfstein ihrer „Begegnungs"-Fähigkeit werden. Gewohnt an Vorstellungen wie z.B. Top-down- oder Bottom-up-Entscheidungen müssen sie sich bei der Akklimatisierung in Asien auf Konsensbildungsprozesse einstellen, die, wie z.B. im chinesischen Klein- und Mittelunternehmen dem W-Muster (Anweisungen zweimal runter, zweimal rauf) oder dem M-Muster (umgekehrte Reihenfolge) folgen, wobei Besprechungen, Versammlungen (*kai hui*) und Ausgleichsarrangements einander jagen.

Führen heißt hier vorleben; es werden informelle Ordnungsmuster bevorzugt und es herrscht das Konsensprinzip. Häufig wird das Unternehmen auch als Familiengemeinschaft betrachtet, weshalb sich die Betriebsangehörigen meist „im gleichen Boot" fühlen und ein Streik gegen den betrieblichen Pater familias schwer vorstellbar ist.

Auseinanderzusetzen hat sich der Westen auch noch mit der spezifischen asiatischen Auffassung von *Menschenrechten.* Wo dem Individuum keine Autonomie zugestanden wird und wo das Ganze gegenüber dem Einzelnen Vorfahrt hat, stehen nicht „Menschenrechte" im westlichen Sinne, sondern Sozialrechte im Vordergrund. Die traditionelle Apologetik wird hier durch Entwicklungsdefizite zusätzlich gestützt, wie sie in einem Land der Dritten Welt nun einmal an der Tagesordnung sind. In einem Land, das wirtschaftlich und technologisch nachhinkt, steht das („soziale") Recht auf Leben/Überleben und Entwicklung weit vor jedem individuellen Recht auf freie Entfaltung der Persönlichkeit: Bevor man über Individualrechte spreche, müsse man zuerst satt geworden und warm gekleidet sein: Wen interessiere schon „Freiheit", wenn es ums Überleben gehe!?

Mindestens genauso wichtig wie die Anerkennung dieser asiatischen Spielregeln ist, zweitens, die *Erlernung asiatischer Sprachen.* Je mehr der APR – und zwar nach 2020 – zum Nabel der Weltwirtschaft wird, um so weniger dürften die Asiaten bereit sein, sich mit ausländischen Partnern in Fremdsprachen zu unterhalten. Schon heute erscheint es vielen als überaus dreist, wenn westliche Rating-Agenturen einen Standort wie z.B. Hanoi abwerten, weil dort so hohe Verständigungshürden bestünden: Vietnamesisch als Standortnachteil – dies muß man sich einmal vorstellen – und z.B. auf Frankreich übertragen! Selbst Japanisch, also das Idiom eines industriell hochentwickelten Volkes, das von 125 Mio. Menschen als Muttersprache verwendet wird, erscheint dem Großteil der westlichen Japan-Kaufleute nach wie vor als ein Buch mit sieben Siegeln, das sie keinesfalls öffnen wollen. Dies geht soweit, daß sie nicht einmal Statistiken lesen können, sondern auch hier auf Übersetzungen angewiesen sind.

Die gleiche Haltung besteht gegenüber China, der künftigen Wirtschaftsweltmacht Nr. 1, in der über eine Milliarde Menschen Mandarin sprechen!

Sprachen sind ja nicht einfach nur Verständigungsmittel (sonst würde Englisch vollauf ausreichen), sondern Zugangspforten zur anderen Kultur. Wer die Sprache erlernt, schwingt sich zugleich auf die Wellenlänge der Sprecher dieses Idioms ein – und erzeugt damit ein Stück Identifikation, das von der anderen Seite mit Wohlwollen, wenn nicht mit Begeisterung zur Kenntnis genommen wird. Wer sich jahrelang mit einer der so schwierig zu erlernenden asiatischen Sprachen herumgeschlagen hat, weiß auch spontan, daß allzu „direkte" Kommunikationsweisen in der dortigen Kultur tabu sind, und daß man vor allem nie das Wort „Nein" in den Mund nehmen sollte, sondern sich im Interesse ungetrübten Zusammenseins auf ein „Ja" beschränkt, das nicht die reale, sondern die „situative Wahrheit" zum Ausdruck bringt und als solches stets überaus interpretationsbedürftig bleibt.

Ist Asien erst einmal zum Mittelpunkt der Welt geworden – und sei es auch „nur" wirtschaftlich –, so dürften seine Kommunikationsmethoden rasch Zuspruch finden – und mit ihnen die einheimischen Sprachen.

Der Zwang, asiatische Spielregeln künftig beim Wort zu nehmen und überdies asiatische Idiome zu erlernen, erfährt eine Steigerung durch den immer unüberhörbarer werdenden Präsenz-Imperativ: Angesichts des Gewichts, das vor allem metakonfuzianische Kulturen auf das „Zwischenmenschliche" zu legen pflegen, genügt es ja keineswegs, lediglich per Post, Telefon oder Internet Kontakt aufzunehmen. Erforderlich ist vielmehr die physische Präsenz und die tägliche Begegnung mit Geschäftspartnern oder aber mit politisch Handelnden: Vor allem ASEM hat hier unüberhörbare Richtungssignale ausgesandt!

Wie sehr die „Bearbeitung" bestimmter Bereiche Präsenz erfordert, läßt sich unter den Stichworten „Go" und „Sunzi für Manager" illustrieren:

Go (chinesisch weiqi), wörtl. „Einkesselung", ist ein Spiel, das über ein – nur von fern mit dem Schachbrett vergleichbares – Gitterwerk von 19 mal 19 Linien hinweg stattfindet, auf dessen 361 Schnittpunkte die ebenfalls 361 etwa pfenniggroßen weißen und schwarzen Spielsteinlinsen gesetzt werden: 180 weiße und 181 schwarze Steine. Ziel des Go ist es, mit den eigenen Steinen die gegnerischen Linsen einzukreisen und ihnen so die Bewegungsfreiheit zu nehmen. Sieger ist, wer am Ende die meisten Gegner umfaßt oder aber die größten Gebiete „eingekesselt" hat.

Im Gegensatz zum Schach erfolgt das Vorgehen beim Go nicht linear-gezielt, sondern einkreisend-ganzheitlich, wobei es zu den überraschendsten Zugriffen an unerwarteter Stelle kommt.

In Japan gehört die Beherrschung des Go mit zu den obligatorischen Fähigkeiten eines Managers. Übersetzt man die Einkesselung von Gegnern und Feldern mit „Gewinn von Marktanteilen" (und zwar sowohl im horizontal-geographischen als auch vertikal-warenspezifischen Sinne), so enthüllt sich damit zugleich ein Teilstück des japanischen Erfolgsrezepts auf dem Weltmarkt: Ein echter Go-Spieler steht gleichsam ständig unter Zugzwang. Einem Go-Strategen wäre es auch kaum passiert, daß er – wie etwa die Europäer im nachkolonialen Südostasien – einem Konkurrenten das einst so sichere Gelände fast vollständig überlassen hätte!

Was „Bearbeitungs-Präsenz" bedeutet, wird noch deutlicher beim zweiten Paradigma, das der bereits erwähnte Omae Kenichi mit seinem 1991 erschienen Buch *Sunzi für Manager* aufbereitet hat: Sunzi, der berühmteste Militärstratege des Reichs der Mitte, der im dritten vorchristlichen Jahrhundert gelebt hat, dessen Lehren aber noch von Mao Zedong in den 30er und 40er Jahren des 20. Jahrhundert erfolgreich umgesetzt wurden, hat ins Zentrum seiner Überlegungen die Frage gestellt, wie eine Schlacht (oder gar ein Krieg) gewonnen werden kann, ohne daß Waffen eingesetzt werden müssen. Seine Antwort lautete, daß der erfolgreiche Stratege seinen Gegner und das gesamte Umfeld der Schlacht genauestens *kennen* müsse, um den Ereignissen immer einen Schritt voraus zu sein.

Auf das moderne Wirtschaftsleben übertragen heißt dies, daß ein erfolgreiches Unternehmen nicht nur seine Gegner, nämlich die Konkurrenten, genauestens ausgeforscht haben muß, sondern daß es darüber hinaus vor allem das „Umfeld" – in diesem Falle die möglichen Wünsche potentieller Kunden – kennt und sein Angebotsverhalten sowie die Produktpalette gezielt auf sie einstellt. Wer hierbei erfolgreich ist, hat seine Gegner praktisch schon besiegt, noch ehe es zum (wirklichen Konkurrenz-) „Krieg" gekommen wäre. Welche Autos ich anbiete, d. h. welche Getriebearten, welche Karosseriefarben, aber auch welchen Ledergeruch und welche „Ambientegestaltungen" ich zu wählen habe – dies alles muß hellsichtig „erfahren" und dann, immer eine Nasenlänge vor der Konkurrenz, in die Tat umgesetzt werden.

Diagnosen dieser Art können freilich nur dann gelingen, wenn der Wettbewerber nicht nur Sprache, Sitten und Denkweise der Zielgruppe beherrscht, sondern wenn er im Milieu vor allem dauerhaft *präsent* ist. Eine umfassende – und nicht nur physische – Präsenz aber verlangt wiederum *kulturelles Vertrautsein* mit dem autochthonen Umfeld. Wo diese Bodenhaftung vorhanden ist, stellen sich auch Wahlverwandtschaften sowie wirtschaftliche Erfolge ein und möglicherweise auch der große Brückenschlag.

Ex oriente oder *ex occidente lux?*

Im 19. Jahrhundert ist das Licht von Europa ausgegangen, im 20. Jahrhundert haben die USA die Rolle des „Polarsterns" übernommen. Nichts ist für einen Europäer beflügelnder als die Vorstellung, daß die Stafette im 21. Jahrhundert auf den euroasiatischen Kontinent zurückkehren könnte – und zwar vor allem auf seine westlichen und seine östlichen Ränder!

Anhang

Anmerkungen

1 Siehe zu diesem methodischen Neuansatz auch die Vergleichstabelle in *China aktuell* (C.a.), 1998/6, S. 620.

2 Darunter Sakura, Sumitomo, Dai Ichi-Kangyo usf.

3 Näheres dazu in C.a., 1998/5, S. 512 ff.

4 Vgl. dazu den Weltentwicklungsbericht 1997 der Weltbank mit dem Untertitel „The State in a Changing World", erschienen im April 1998.

5 China, Japan, Nord- und Südkorea, Taiwan.

6 Bangladesch, Bhutan, Indien, Malediven, Nepal, Pakistan, Sri Lanka.

7 Brunei, Indonesien, Kambodscha, Laos, Malaysia, Myanmar, Philippinen, Singapur, Thailand, Vietnam.

8 Kasachstan, Kirgistan, Mongolei, Tadschikistan, Turkmenistan, Usbekistan.

9 Zu diesem Begriff Oskar Weggel, *Die Asiaten*, München, 2. Aufl. 1997, S. 66 ff.

10 Ebd.

11 Gemessen in BIP pro Kopf.

12 Näheres dazu in C.a., 1997/2, S. 128–145.

13 *Jinnahs Speeches as Governor General of Pakistan, 1947–48,* Karachi o.J., S. 104.

14 Zwar hat der Kongreß bei den Wahlen vom 28. November 1998 wieder Boden gutmachen können. Doch ist seine alte Vormacht offensichtlich dahin.

15 Am 6. Dezember 1992 hatten BJP-Anhänger die Babri-Moschee in dem auf halber Strecke zwischen Delhi und Kalkutta gelegenen Ayodhya dem Erdboden gleichgemacht – ein den Muslims teures Heiligtum, das zu Beginn der mogulischen Fremdherrschaft (1526–1858) von Kaiser Babur auf den Trümmern eines hinduistischen Tempels errichtet worden war, der dort – am angeblichen Geburtsort des Gottes Rama – seit vielen Jahrhunderten gestanden hatte. Gleichzeitig mit der Zerstörung der Moschee waren rund 2000 Muslims gezielt ermordet worden, und zwar durch die paramilitärische Shiv Sena („Armee Shivas"), deren Repräsentanten, wie jedermann wußte, eng mit der BJP zusammenarbeiten.

16 Zur Shiv Sena und ihren Argumenten vgl. *India Today*, 31. 3. 95, S. 86–89.

17 Dazu Marla Stukenberg, „Der Sikh-Konflikt im indischen Bundesstaat Punjab – Annäherung an das Psychogramm einer Ethnie", in: *Asien*, Juli 1993, 48, S. 58–71.

18 Einzelheiten in *Südostasien aktuell* (SOAa), 1993/9, S. 334–354, hier: 343 ff.

19 Vietnam als Ausnahme bis 2006, Myanmar und Laos bis 2008.

20 Stand: 1998.

21 Einzelheiten in SOAa, 1995/7, S. 289–308.

22 Hierzu im einzelnen C.a., 1992/2, S. 95.

23 Dazu Phongpaichit und Sungsidh Piriyarangasan, *Corruption and Democracy in* Thailand, Chulalongkorn University, Bangkok 1994, S. 55–73; Philipp S. Robertson, „The Rise of Rural Network-Politicians", in: *Asian Survey*, 1996, S. 924–941.

24 Im einzelnen dazu Patrick Köllner, „Japans Rolle in der industriellen Arbeitsteilung in Ostasien: Theorie und Praxis", in: *Japan*, April 1997, S. 171–177, vor allem 174 f.

25 Einzelheiten bei Birgit Kerstan, Jutta Berninghausen, „Kritisch bis konform. Selbsthilfeorganisationen und Genossenschaften in Indonesien", Heft 19 der *Arbeitsmaterialien der DSE*, Bad Honnef 1990, S. 74 ff.; Karla Krause, *Weiße Experten nicht gefragt. Selbsthilfe in indonesischen Dörfern. Protokolle*, Reinbek 1981.

26 Einzelheiten dazu in Sebastian Heilmann, Christiane Hellwege und Urban Hsü, „Verbände in der VR China: Eine Bestandsaufnahme", in: C.a., 1996/11, S. 1064–1071.

27 Francis Fukuyama, *Das Ende der Geschichte. Wo stehen wir?*, München 1992.

28 China: Beteiligung am Koreakrieg 1950–53, Feldzug zur Eingliederung des damals noch unabhängigen Tibet 1950, Grenzkrieg gegen Indien 1962, Grenzauseinandersetzungen mit der UdSSR am Ussuri 1969, Besetzung der Paracel-Inseln 1974, „Erziehungsfeldzug" gegen Vietnam 1979.

Indien: Drei Kriege gegen Pakistan 1947/49 um Kaschmir, 1965 um Kaschmir und 1971 um Ostpakistan/Bangladesch sowie Grenzkrieg mit China, 1962; ferner 1948 Polizeiaktion gegen den Nizam von Hyderabad, 1961 gegen Portugiesisch-Goa und 1987/89 Expedition nach Sri Lanka.

Vietnam: Erster Indochinakrieg gegen französische Kolonialtruppen 1946–54, zweiter Indochinakrieg gegen die USA 1964–73, Grenzauseinandersetzung mit China 1979 und zehnjährige Besetzung Kambodschas 1979–89.

Indonesien: Jahrelange Kämpfe gegen die holländischen Kolonialtruppen; *Konfrontasi*-Politik Sukarnos gegen die Gründung Malaysias – und gegen Singapur 1963-66.

Korea: Der blutigste aller „Kriege der Nachkriegszeit".

29 Sie könnte ähnlich aussehen wie jenes Muster, das am 22. November 1996 anregungsweise von der malaysischen Regierung bekanntgegeben wurde, dazu *Asian Wall Street Journal*, 7. und 8. 3. 97.

30 Dazu C.a., 1994/4, S. 389–393.

31 Korea (Nord), Rußland, Mongolei, Kasachstan, Kirgistan, Tadschikistan, Afghanistan, Pakistan, Indien, Nepal, Bhutan, Sikkim, Myanmar, Laos, Vietnam.

32 Mit Ausnahme von Nordkorea und den beiden Himalayastaaten Bhutan und Sikkim.

33 Grenzverträge mit Laos, Myanmar, Nepal, Afghanistan und der Mongolei; Grenzabkommen mit Pakistan, Kasachstan, Kirgistan, Tadschikistan und Rußland sowie vorläufige Grenzregelungen mit Indien (1993) und mit Vietnam (ebenfalls 1993).

34 Chinesisch-japanischer Streit um Diaoyutai/Senkaku.

35 Ungelöste Abgrenzungsfragen zwischen China und Vietnam.

36 1. Gegenüber Rußland: auf die vier von der Sowjetunion 1945 besetzten Nordkurileninseln, 2. gegenüber Korea: auf Takeshima/Tokdo, 3. gegenüber China und Taiwan: auf Diaoyutai/Senkaku.

37 Die Einzelheiten dieser Konflikte sind dargestellt in Werner Draguhn (Hrsg.), *Umstrittene Seegebiete in Ost- und Südostasien. Das internationale Seerecht und seine regionale Bedeutung*, Bd. 145 der Mitteilungen des Instituts für Asienkunde, Hamburg 1985.

38 Im einzelnen siehe C.a., 1993/9, S. 918–941, hier 927ff.

39 Malaiischer Ausdruck für Rauschgift.

40 Dazu C.a., 1997/3, Übersicht 4.

41 Johan Galtung, *Strukturelle Gewalt. Beiträge zur Friedens- und Konfliktforschung*, Reinbek bei Hamburg 1975.

42 Press Release POP/656 vom 2. Februar 1998. Bei drei variablen Berechnungen wurde ein Maximum von 11,1 Mrd. und ein Minimum von 7,7 Mrd. errechnet. Bei einer anteiligen Umrechnung auf Asien ergibt sich eine Zahl von 5,54 Mrd. Bewohnern im Jahre 2050.

43 UNDP Report 1996, S. 208f.; für Taiwan und Japan vom Autor hochgerechnet.

44 Zahlen von 1992, Key Indicators of Developing Asian and Pacific Countries, hrsg. von der Asian Development Bank, Manila 1995, S. 2.

45 UNDP Report 1998.

46 The World Bank Atlas 1995, S. 18f.

47 UNDP Report 1996, S. 210f., 232.

48 Ebd., S. 206.

49 Dazu Dirk Bronger, „Manila – Bangkok – Seoul: Metropolisierung versus regionale Entwicklung?“ in: *Petermanns Geographische Mitteilungen*, 139, 195/5+6, S. 339–352.

50 Zahlen 1993, UNDP Report 1996, S. 210f.

51 Vgl. dazu C.a., 1993/10, S. 1021.

52 UNDP Report 1996, S. 200f.

53 Ebd., S. 198f.

54 Ebd., S. 193f.

55 Ebd., S. 176f.

56 Bezogen auf das Jahr 1990/91.

57 So Martin Kriele, Die demokratische Weltrevolution. Warum sich die Freiheit durchsetzen wird, München, Zürich 2. Aufl. 1988.

58 Ebd., S. 11f.

59 Hier Begum Khalida Zia, Ehefrau des 1981 ermordeten Staatspräsidenten Ziaur Rahman, dort Sheikh Hasina Wajed, Tochter des 1975 ermordeten Staatsgründers Sheikh Mujibur Rahman.

60 *The Mirror*, Singapur 10. 5. 71.

61 *The Mirror*, 3. 1. 72, S. 8.

62 Kuah Stella, „Social Discipline in Singapore", in: *Journal of Southeast Asian Studies*, Nr.14, 1983, S. 266–289.
63 Zahlen: UNDP Report 1996, S. 200f.; die Mittelstandsberechnungen stammen vom Autor.
64 Dazu im einzelnen Hans-Dieter Evers, Tilman Schiel, *Strategische Gruppen. Vergleichende Studien zu Staat, Bürokratie und Klassenbildung in der Dritten Welt*, Berlin 1988.
65 Näheres dazu C.a., 1997/8, S. 654f.
66 *Asiaweek* (AW), 9. 6. 95, S. 30.
67 Dazu SOAa, 1996/1, Übersicht 61 mit Nachweisen.
68 Dazu C.a., 1997/5, S. 447.
69 So z.B. Ministerpräsident Mahathir in einer Rede zum 50. Jahrestag der UMNO (United Malay National Organization), 1996, dazu Bridget Walshe, „Attitudes toward Democracy in Malaysia. Challenges to the Regime?", in: *Asian Survey*, 1996, S. 882–903.
70 Ausführlich zu dieser Thematik C.a., 1997/8, S. 657f.
71 In diesem Sinne *Renmin Ribao*, 2. 11. 91, S. 5.
72 Ausländischen Behörden bereiten diese Zellularorganisationen oft erhebliches Kopfzerbrechen, so z.B. der amerikanischen oder südostasiatischen Bürokratie, die mit „Chinatowns" zurechtzukommen hat, welche in ihrem Inneren amerikanische oder thailändische Gesetze oft nicht allzu wörtlich nehmen, sich nach außen hin aber als kooperativ und gesetzestreu sowie als gute Steuerzahler erweisen.
73 Dazu Berthold Kuhn, *Participatory Development in Rural India*, New Delhi 1998.
74 Ausführlich dazu mit Nachweisen C.a., 1997/9, S. 892.
75 Im einzelnen dazu Wolfgang Meyer, „Demokratie den Gemeinden. Fünf Jahre Kommunalreform auf den Philippinen", in: E+Z (Entwicklung und Zusammenarbeit), 1997, Nr. 11, S. 302f.
76 C.a., 1997/9, S. 893
77 Näheres dazu oben in Kap. I.3.e und C.a., 1997/9, S. 885.
78 Zu den vier Eckpunkten vgl. Haruhiro Fukui, Shigeko N. Fukai, „Pork Barrel Politics, Networks and Local Economic Development in Contemporary Japan", in: *Asian Survey*, 1996, S. 268–286.
79 Mit Metakonfuzianismus ist hier, wie später noch genauer zu erläutern sein wird, nicht der Konfuzianismus des Mandarinats, sondern des „kleinen Mannes" (also der Bauern-, Händler- und Handwerkerkonfuzianismus) gemeint, der schon im frühkindlichen Alter verinnerlicht wird und die Beurteilungsmaßstäbe dafür liefert, was als „normal" zu gelten hat.
80 Eine umfassende Diskussion zu diesem Thema findet sich in „The East Asian Miracle: Economic Growth and Public Policy" in: *World Bank Policy Research Report*, veröffentlicht von der Oxford University Press, New York 1993.
81 Dazu Beijing Rundschau, 1996, Nr. 32, S. 9.
82 Einzelheiten dazu in Cedric Pugh, „Trade Unions, Welfare and Cooperative Organisations in Singapore", in: *Southeast Asian Journal of Social Science*, Vol. XII (1984, No. 2), S. 68–86.

83 Nach Feststellung des PECC, Pacific Economic Cooperation Council, Jahresbericht 1996.

84 Vergleiche: Japan 14, Frankreich 23, Deutschland 25.

85 UNDP Report 1998, S. 206f.

86 Key Indicators, Asian Development Bank, Manila 1996, S. 19.

87 Vergleich: Japan 31 %, Deutschland 23 % und USA sowie Großbritannien je 15 %, UNDP Report 1998, S. 228.

88 *The World Bank Atlas* 1995, Washington D.C. 1994, S. 3ff.

89 Wie UNDP in seinem „Human Development Report" von 1996 feststellt; leider bleibt das metakonfuzianische Moment hier unerwähnt!

90 UNDP Report 1996, S. 8, 76.

91 UNDP Report 1998, S. 152.

92 *Lunyu* XII, 7.

93 UNDP Report 1996, S. 61.

94 Simon Kuznetz, „Economic Growth and Income Inequality", in: *American Economic Review*, 45 (1955), S. 1–28.

95 Zur „Growth with Equity"-Entwicklung siehe im einzelnen Shirley W.Y. Kuo. u.a., *Growth with Equity. The Taiwan Case*, New York 1979; vgl. auch C.a., 1990/11, S. 845ff.

96 UNDP Report 1996, S. 200f.

97 Ebd., S. 228f.

98 Näheres dazu C.a., 1990, S. 381 ff.

99 OECD (Hrsg.), Agricultural Policy Reform and Adjustment in Japan, Paris 1995.

100 UNDP Report 1998, S. 55, 158.

101 UNDP Report 1998, S. 58 .

102 Ebd., S. 58–160; weitere Ausführungen zu diesem Punkt in C.a., 1997/6, S. 57.

103 Zum Selametan werden – bei allen wichtigen Familienfesten – Nachbarn sowie all jene Geister hinzugebeten, die man versöhnen oder für Hilfeleistungen gewinnen will.

104 Dazu C.a., 1997/12, S. 1227.

105 Vgl. dazu *Die Rolle des Geldes in Japans Gesellschaft, Wirtschaft und Politik*, hrsg. von Angelika Ernst und Peter Pörtner, Bd. 286 der Mitteilungen des Instituts für Asienkunde, Hamburg 1998.

106 WB-Atlas 1995, S. 3.

107 Statistische Nachweise ebd., S. 11–15.

108 UNDP Report 1997, S. 242.

109 Unter Einkommensaspekten: „Arm" ist nach den etwas schlichten Kriterien der Weltbank, wer nicht mehr als 1 US-$ (gemessen in Kaufkraftparitäten: PPP pro Tag und Person) zur Verfügung hat.

110 Unter Grundbedürfnisaspekten gilt Armut als Fehlen jener materiellen Mittel, die nötig sind, um eine minimale, gerade noch akzeptable Deckung menschlicher Bedürfnisse – in den Bereichen Ernährung, Gesundheit und Bildung – sicherzustellen.

111 Unter Befähigungsaspekten schließlich wird Armut als – eher immaterielle – Chancenberaubung betrachtet, d.h. als Ausgeschlossensein von wesentlichen Teilnahmemöglichkeiten: beginnend bei der rein materiellen

Chance, ausreichend ernährt, gekleidet oder untergebracht zu sein, bis hin zu komplexeren sozialen Optionen – etwa der Möglichkeit, an Entscheidungen und am Leben der Gemeinschaft mitzuwirken.

112 Der HPI wird dreifach bestimmt: (1) durch den Prozentsatz jener Menschen, deren Lebenserwartung nicht über 40 Jahre hinausreicht, (2) durch den Prozentsatz der erwachsenen Analphabeten in einer Gesellschaft und (3) durch den Zugang zu Gesundheitsdiensten, die Verfügbarkeit von sauberem Wasser sowie durch den Prozentsatz der unterernährten Kinder unter 5 Jahren (UNDP Report 1997, S. 20 f.).

113 UNDP Report 1997, S. 2.

114 Dies ist auch der Titel eines einschlägigen Artikels zu diesem Thema in der *Far Eastern Economic Review* (FEER) vom 5. 12. 96, S. 50–57.

115 Ausführlich zu diesen Aspekten Weggel, *Die Asiaten*, München 1989, S. 38–53, 187, 201.

116 Ebd., S. 68 ff., 78 ff., 302 ff., 74 ff., 91 ff., 187 ff., 105.

117 Beschreibung dieses Zustands in E. Feder, *Agrarstruktur und Unterentwicklung in Lateinamerika*, Frankfurt 1973.

118 Das Thema wird ausführlich in Weggel, *Die Asiaten*, behandelt.

119 Im einzelnen dazu ebd., S. 76 ff.

120 Näheres Weggel, *Die Asiaten*, S. 66.

121 Ebd., S. 75, 307.

122 Ebd., S. 282 f.

123 Tommy Koh, „The Ten Values that Undergird Asian Strength and Success“, in: *International Herald Tribune*, 11. und 12. 12. 93.

124 Dazu Ian Buruma, „Asiatische Werte? Zum Beispiel Singapur“, in: *Merkur*, Heft 3, März 1996, S. 189–203, hier 191.

125 Kim Dae Jung, „Is Culture Destiny? The Myth of Asias Anti-Democratic Values“, in: *Foreign Affairs*, Nov./Dec. 1994, S. 189–194, hier 191.

126 Karnataka, Kerala, Tamil Nadu und Andhra Pradesh.

127 Zahlen von 1991.

128 Guangdong, Hainan, Fujian, Zhejiang, Shanghai und Jiangsu.

129 Zahlen: Stand 1994.

130 Dazu Hans Stefan Kruse, *Regionalismus in Südindien – die Drawidische Bewegung*, Bd. 67 der Mitteilungen des Instituts für Asienkunde, Hamburg 1975, S. 66, 81.

131 Einzelheiten dazu Weggel, *Regionalkonflikte in China. Süd gegen Nord*, Bd. 210 der Mitteilungen des Instituts für Asienkunde, Hamburg 1992.

132 Band II der *Ausgewählten Werke*, Peking 1968, S. 231.

133 Dazu im einzelnen C. a., 1990/6, S. 470.

134 Ganz im Gegensatz zur Herderschen Auffassung soll das nationale Wir-Gefühl hier nicht aus einer gemeinsamen Vergangenheit, sondern einer gemeinsamen *Zukunft* bezogen werden, die als solche *gewollt* werden müsse – daher die Parole „Think Singapore“.

135 Vgl. dazu FEER, 9. 11. 95, S. 26–28; C. a., 1996/9, Übersicht 2.

136 Ungleichheiten und Elitismus gelten im konfuzianischen Denken ja als Folge von Lern- und Leistungsdifferenzen!

137 Shintaro Ishihara, *Wir sind die Weltmacht. Warum Japan die Zukunft gehört*, Bergisch Gladbach 1992, S. 157–162.

138 Shintaro Ishihara und Mohamad Mahathir, *The Voice of Asia. Two Leaders Discuss the Coming Century*, Tokyo 1995.

139 Lee Kuan Yew im Interview, *Die Zeit*, 19. 2. 98.

140 Dazu Siegfried Enders, *Japanische Wohnformen und ihre Veränderung*, Institut für Asienkunde, Hamburg 1979, S. 65 ff.

141 Zum Thema vgl. Le Corbusier, *Ausblick auf eine Architektur*, Berlin 1963; Brent C. Brolin, *Das Versagen der modernen Architektur*, Frankfurt, Berlin, Wien 1980.

142 Ausführlich zur Verschichtungstheorie Weggel, *Die Asiaten*, S. 331–334.

143 Francis Fukuyama, *Das Ende der Geschichte. Wo stehen wir?* München 1992; John Morgan verkündete daraufhin auch gleich das „Ende der Wissenschaft" (*The End of Science*, New York 1997).

144 World Bank, 1996: *Poverty Reduction and the World Bank. Progress and Challenges in the 1990ies*, Washington D.C. 1996, S. 4; Zahlen von 1993.

145 UNDP Report 1997, S. 25.

146 UNDP Report 1997, S. 212 f.

147 UNDP Report 1997, S. 143.

148 UNDP Report 1997, S. 143.

149 Dazu im einzelnen „Ernährungssicherheit für alle. Mehr Nahrung produzieren – und wer kann sie kaufen?", in: E + Z 1996/10, S. 264–275.

150 Richtlinie des Staasrats vom Dezember 1984, *Gongbao* 1984, S. 1012/14, C.a., 1987/4, S. 310 f., 1987/9, S. 744.

151 FEER, 6. 2. 97, S. 34.

152 Ausführlich dazu mit Skizzen AW, 25. 10. 96, S. 50 ff.

153 Franz Magnis-Suseno, *Javanische Weisheit und Ethik*. Studien zu einer östlichen Moral, München, Wien 1981, S. 123.

154 *Blossoms in the dust*, London 1971, S. 30 f.

155 Ronald Segal, *Die Krise Indiens*, Stuttgart 1968, S. 133.

156 ILO-Bericht in *Die Welt*, 26. 4. 96.

157 Davon 7 Mio. in Indonesien, 6 Mio. in Thailand, 5 Mio. in Malaysia, 2,5 Mio. in Vietnam, Kambodscha und Laos, 2,1 Mio. in Singapur und 2,3 Mio. in Amerika, dazu C. a., 1996/1, S. 34 mit Nachweisen.

158 *SIPRI Yearbook* 1997. Armaments, Disarmament and International Security, Oxford University Press, 1997, S. 195–197.

159 Ian Alastair Johnston, „China's Militarized Interstate Dispute Behaviour 1949-1972: A First Cut at the Date", in: *China Quarterly*, March 1998, Nr. 153, S. 1–30.

160 Juli 1992.

161 Darunter Paul Krugmann, „The Myth of Asia's Miracle", in: *Foreign Affairs*, Nov./Dec. 1994, S. 62–78.

162 Die erste Gipfelkonferenz dieser für europäische Regierungschefs ungewohnten Art hat im März 1996 in Bangkok, die zweite 1998 in London stattgefunden.

163 Näheres mit Nachweisen C. a., 1998/3, S. 319–322.

Literaturverzeichnis

1. Zu den quantitativ-statistischen Aspekten

Asiatische Entwicklungsbank (Hg.), Asian Development Outlook, Oxford (erscheint jährlich).

UNDP (Hg.), Human Development Report, New York/Oxford (erscheint jährlich); deutsch: Deutsche Gesellschaft für die Vereinten Nationen (Hg.), Bericht über die menschliche Entwicklung.

UNO (Hg.), World Economic Survey, New York (erscheint jährlich).

Weltbank (Hg.), Social Indicators of Development, Baltimore/London (erscheint jährlich).

2. Zu den qualitativ-hermeneutischen Aspekten

Chow, Paula K. (Hrsg.), Asia in the Twenty-first Century, Singapore 1997.

Draguhn, Werner (Hrsg.), Das neue Selbstbewußtsein in Asien. Eine Herausforderung?, Hamburg 1995.

Huntington, Samuel P., Der Kampf der Kulturen. Die Neuregelung der Weltpolitik im 21. Jahrhundert, München/Wien [6]1997.

Müller, Harald, Das Zusammenleben der Kulturen. Ein Gegenentwurf zu Huntington, Frankfurt a. M. 1998.

Naisbitt, John, Megatrends Asien. Acht Megatrends, die unsere Welt verändern, Wien 1995.

Pape, Wolfgang (Hrsg.), Shaping Factors in East Asia by the Year 2000 and beyond, Hamburg 1996.

Weggel, Oskar, Die Asiaten, München [2]1997.

Register

Hauptfundstellen kursiv

Buchanzeigen

Asien im Blickpunkt

Bernhard Dahm/Roderich Ptak (Hrsg.)
Südostasien Handbuch
Geschichte, Gesellschaft, Politik, Wirtschaft, Kultur
1999. 683 Seiten mit 70 Abbildungen und 12 Karten. Leinen

Werner Draguhn/Rolf Hofmeier/Mathias Schönborn (Hrsg.)
Politisches Lexikon Asien, Australien, Pazifik
2., neubearbeitete Auflage. 1989. 365 Seiten mit 2 Karten. Paperback
Beck'sche Reihe Band 827
Reihe „Länder"

Oskar Weggel
China im Aufbruch
Konfuzianismus und politische Zukunft
1997. 148 Seiten. Paperback
Beck'sche Reihe Band 1134

Jürgen Osterhammel
China und die Weltgesellschaft
Vom 18. Jahrhundert bis in unsere Zeit
1989. XVI, 607 Seiten mit 2 Karten und 7 Tabellen. Leinen

Hermann Kulke/Dietmar Rothermund
Geschichte Indiens
Von der Induskultur bis heute
1998. 509 Seiten mit 21 Abbildungen und 14 Karten. Leinen
Beck's Historische Bibliothek

Martin Fritz/Martin Kämpchen
Krischna, Rikscha, Internet
Indiens Weg in die Moderne
1998. 240 Seiten. Paperback
Beck'sche Reihe Band 1269

Verlag C.H. Beck München

Länderkunde Asien – Reihe „Länder"

Klemens Ludwig

Birma

1997. 191 Seiten mit 16 Abbildungen und 2 Karten. Paperback
Beck'sche Reihe Band 870

Oskar Weggel

China

4., neubearbeitete Auflage. 1994. 326 Seiten mit 9 Abbildungen und 4 Karten. Paperback
Beck'sche Reihe Band 807

Oskar Weggel

Indochina

Vietnam, Kambodscha, Laos
2., überarbeitete Auflage. 1990. 224 Seiten mit 8 Abbildungen und 4 Karten. Paperback
Beck'sche Reihe Band 809

Oskar Weggel

Taiwan, Hongkong

1992. 222 Seiten mit 9 Abbildungen, 2 Karten und 1 Tabelle. Paperback

Manfred Pohl

Japan

3., überarbeitete Auflage. 1996. 313 Seiten mit 10 Abbildungen und 1 Karte. Paperback
Beck'sche Reihe Band 836

Wolf Donner

Thailand

1996. 144 Seiten mit 8 Abbildungen und 1 Karte. Paperback
Beck'sche Reihe Band 862